普通高等教育经济学管理学重点规划教材

微观经济学

MICROECONOMICS

陈承明　曹艳春　王宝珠◎编著

上海财经大学出版社

图书在版编目(CIP)数据

微观经济学/陈承明,曹艳春,王宝珠编著.—上海:上海财经大学出版社,2016.1
(普通高等教育经济学管理学重点规划教材)
ISBN 978-7-5642-2280-2/F·2280

Ⅰ.①微… Ⅱ.①陈…②曹…③王… Ⅲ.①微观经济学-高等学校-教材 Ⅳ.①F016

中国版本图书馆CIP数据核字(2015)第249229号

□ 责任编辑 顾晨溪
□ 书籍设计 杨雪婷

WEIGUAN JINGJI XUE
微 观 经 济 学
陈承明 曹艳春 王宝珠 编著

上海财经大学出版社出版发行
(上海市武东路321号乙 邮编200434)
网 址:http://www.sufep.com
电子邮箱:webmaster @ sufep.com
全国新华书店经销
上海译文印刷厂印刷
上海景条印刷有限公司装订
2016年1月第1版 2016年1月第1次印刷

787mm×1092mm 1/16 13.75印张 352千字
印数:0 001—4 000 定价:35.00元

目 录

绪　论

西方经济学所要解决的根本问题，是在市场经济条件下，如何实现经济资源的合理配置和高效利用，从而提高生产能力和增加社会财富。从这一目标出发，才能更全面、深刻和准确地理解西方经济学的研究对象和研究方法，才能学会运用其中的基本原理和相关理论，指导现实的经济活动和取得更好的经济效益。

一、经济学的源起

“经济”已经成为我们日常生活中经常提及的一个词语，从宏观的角度来看，我们有“经世济民”“经济匡时”；从微观视野来谈，“经济”又蕴含了“合算”“便宜”的意思，如“经济适用”“经济实惠”等。那么，“经济”这个词源于何处？“经济学”又是如何产生的呢？

从中国古代来看，“经济”一词源于公元4世纪初东晋时代，这一词蕴含着“经邦”“济民”“济世”之意，从这些词的组合和演化，我们不难发现，“经济”在中国古代隐含了“治国平天下”的意思。有一副有名的对联为：“文章西汉双司马，经济南阳一卧龙”，也反映了经世济民的内涵。简而言之，“经济”在我国古代是指如何在宏观上运作财政，从而解决国家的经济问题，管理民众的经济活动，以保证国家的富强和人民的安居乐业等。

从西方起源来看，“经济”的英文是economy，它实际上是源于古希腊语 οικονομα，是家政术的意思，即一个家庭如何管理自家的收入，合理利用和分配家庭所得，而后这一概念扩展到一个国家如何掌握好自己的金融命脉，以更好地繁荣一国经济。

对于中国而言，现代意义上的“经济”，最早是由19世纪日本学者神田孝平借用古汉语中“经济学”一词翻译了“economics”，中国学者严复则将其翻译为“生计学”。然而，这一词的含义已经与古代治理国家的意思不同了，现代意义上的“经济”，主要是与西方语言中的“经济”相吻合。自20世纪80年代以来，“经济学”逐步成为各类有关经济学科的总称。随着各国经济力量的不断壮大，国际贸易的不断增强，世界经济一体化的不断发展，“经济学”作为一门学科越来越受到人们的重视。现代经济学逐渐形成了自己的理论研究体系和科学表述方法。

二、经济学的研究对象

微观经济学的创始人马歇尔(Marshall)认为，经济学(economics)是研究人类一般生活事务的学问。确实如此，因为人们在生活中会面临各种选择：一个大学毕业生是去读研究生还是去工作？一块土地是盖房子还是建球场？一个成年人结不结婚？要不要孩子？出差是坐火车还是坐飞机？该买什么价位的住房和汽车？股票该买入还是该抛出？……在人的一生中会遇到或大或小、或难或易的现实问题，它们都与人们的切身利益息息相关。因此，学习经济学有助于我们对这些问题做出正确的抉择。

人们遇到的经济问题根源于现实资源的稀缺性。人类之所以要进行生产，是为了满足需要。假如人们的生活，以及由此引起的对物品(goods)和劳务(service)的需要是有限的，而满足这些需要的资源又是取之不尽、用之不竭的，便不会产生稀缺的问题。可是，人类所需的资源及生产的产品总是有限的，而人们的欲望却是无限的，于是便产生了资源的稀缺问题。

小链接

《不知足》

清人胡澹庵编辑的《解人颐》一书中收录了一首《不知足》诗：

终日奔波只为饥，方才一饱便思衣。
衣食两般皆具足，又想娇容美貌妻。
娶得美妻生下子，恨无田地少根基。
买得田园多广阔，出入无船少马骑。
槽头拴了骡和马，叹无官职被人欺。
县丞主簿还嫌小，又要朝中挂紫衣。
若要世人心里足，除是南柯一梦西。

相对于人的无穷欲望而言，"经济物品"以及生产这些物品的资源总是不足的，这就是稀缺性(scarcity)。这里所说的稀缺性，不是指物品或资源的绝对数量，而是相对于人类欲望的无限性来说，现有的物品和资源总是不足的。可能你讨厌土豆，但对有些人而言，土豆是稀缺的。除了空气和阳光以外，森林、草地、住房、汽车、服装、水，甚至铅笔、袜子等，我们所能接触到的物品几乎都是稀缺的。由于上述原因，便产生了如何合理利用现有资源去生产更多的经济物品来满足人类需要的问题。

(1)生产什么(what)？因为资源是有限的，所以不可能生产人们所需要的一切产品，而必须区分轻重缓急，对哪些可以生产、哪些暂不能生产要做出合理的选择。对于可以生产的产品，也要根据所需资源的状况，决定恰当的生产数量。

(2)怎样(how)生产？同样的产品可以用不同的方法来生产。一种产品可以用手工劳动的方法生产，也可以用机械化或自动化的方法生产；一种产品可以由一家企业独立生产，也可以由多家企业联合生产；等等。这就要考虑怎样才能节约成本和提高资源的利用效率。

(3)为谁(for whom)生产？这里涉及产品的分配问题。分配关系是生产关系的重要组成部分，直接关系到社会的公平和再生产的效率。如果分配公平，一方面会使贫富差距缩小，以保持社会稳定；另一方面会促使更多的资源投入生产，促进社会经济发展。反之，则会产生相反的结果。

(4)何时(when)何地(where)生产？资源的稀缺性会随时间和地域的改变而变化，因而在不同时间和地域利用资源的代价或成本，以及获得的产品和收益是不同的。因此，对企业来说，就要解决何时何地生产最为有利的问题；对社会来说，就要解决经济资源如何实现合理流动和优化配置的问题。

以上四个问题被认为是人类社会的基本经济问题，纷繁复杂、形形色色的经济现象实质是上述问题的分化或综合，经济学正是为解决这些问题而产生的。

基于上述理由，可以给经济学下这样一个定义：经济学是研究人们如何对经济问题做出选择，如何用稀缺的经济资源在何时何地生产出何种物品，并如何进行分配和消费的一门社会科学。

三、机会成本与生产可能性边界

经济资源的稀缺要求人们做出选择，为了生产某种产品就要放弃其他产品的生产。一定的经济资源用于生产这种产品而放弃生产其他产品可能取得的最大收益，就是生产这种产品的机会成本（opportunity cost）。例如，某人可以选择三份工作中的一份：选择 A 收入为 5 万元，选择 B 收入为 7 万元，选择 C 收入为 4 万元。由于分身无术，且时间和精力上无法兼顾，他只能选择其中一份工作。因此，他选择 A 的机会成本是 7 万元，选择 B 的机会成本是 5 万元，选择 C 的机会成本是 7 万元。可见，他选择 B 的机会成本最小。当人们在做出选择的时候，应该将收益与机会成本进行比较，以判断自己的选择是否合理，上例中正确的选择应该是 B。但在现实生活中，人们往往只注重收益而忽略机会成本，或者有时很难发现真正的机会成本，因而做出错误的选择。因此，在对经济活动进行选择时，力求使机会成本小一些是判断经济行为合理与否的重要准则之一。

与机会成本密切相关的是生产可能性边界。一个经济社会，必然具有一定的人口、资本、土地和其他自然资源，即具有一定数量的经济资源。为简化起见，假定这个社会用既定的经济资源只生产两种产品 X 和 Y，如果多生产 X，必然少生产 Y；反之亦然。将全部经济资源以一定的比例分配，分别用来生产 X 和 Y，或全部用来生产 X 或 Y，将可能得到的组合在坐标系中描点并连接起来，便可得到生产可能性边界，如图 0—1 所示的 AB 曲线。生产可能性边界表明在既定的经济资源和生产技术条件下所能达到的两种产品最大产量的组合，又称生产可能性曲线。

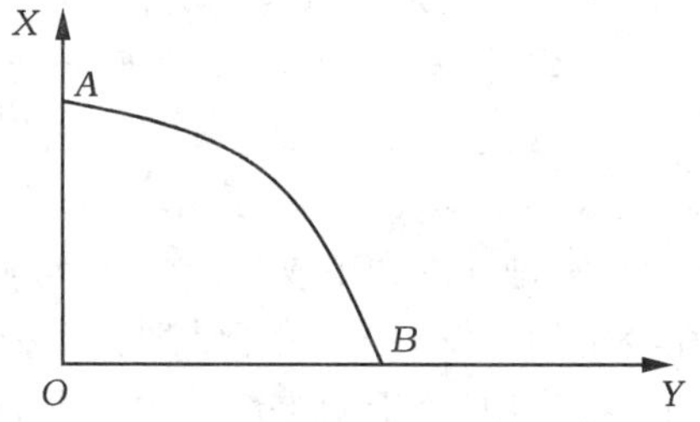

图 0—1 生产可能性边界

处于生产可能性边界之上的点，表示资源利用最充分，生产最有效率；处于生产可能性边界以内的点，表示资源利用不充分，生产还有潜力；处于生产可能性边界以外的点，表示现有资源不够用，不能实现既定的产量。生产可能性边界不是一成不变的，它会随着技术和资源状况的变化而发生改变。

四、“看不见的手”与“看得见的手”

前面所说的几个基本经济问题都是研究稀缺的资源（劳动、土地、资本、企业家才能等）如何用到最需要的生产部门中去，所以是考察资源的合理配置问题。实际上，经常会有一些生产要素，如劳动力、生产设备和自然资源处于闲置状态，因此，经济学还要研究怎样使所有生产要素得到充分、有效利用的问题。

经济资源配置和利用的方式就是所谓的经济体制问题，不同的经济体制实现资源配置和利用的方式不同。计划经济和市场经济是两种主要的经济体制。

计划经济的基本特征是生产资料归政府所有，政府用计划来解决资源配置和利用问题。产品的数量、品种和价格，投资的方向、比例和规模，就业的人数，土地的利用，经济增长和产品分配等均由政府部门的指令性计划来决定，因此，计划经济也称为“看得见的手”。从理论上讲，在这种体制下能够达到资源的最优配置和高效利用。但是，实行计划经济需要具备相应的客观条件，如物质技术手段和经济管理能力等。实践证明，在客观条件还不具备的时候，强制推行计划经济体制会适得其反，会造成生产要素的利用效率低下和经济发展的比例失调。

市场经济的基本特征是企业产权明晰，决策高度分散，各经济主体在市场机制这只“看不见的手”的引领和调节下，通过追求利益最大化的竞争过程，达到合理配置和高效利用经济资源的结果。英国古典经济学家亚当·斯密(Adam Smith)认为，在市场经济中，人们追求各自的利益，却往往能更有效地促进社会利益的增加，市场机制是解决资源优化配置和增进社会福利的有效机制。但是，市场也不是万能的，在克服垄断和外部性弊端、提供公共物品和信息管理、调节收入分配和控制经济波动等方面，市场常常是无能为力的，因此需要国家或者政府通过行政干预来加以解决。

小链接

判断市场化程度的依据

判断一个社会的市场化程度，主要根据以下五大要素：(1)政府作用；(2)企业权利与行为；(3)投入要素的成本与价格；(4)进出口贸易与投资；(5)金融参数。中国经济的市场化程度已超过市场经济的临界水平(60%)，毫无疑问属于发展中的市场经济国家。到2013年6月，已有包括新西兰、新加坡、菲律宾、韩国、俄罗斯、马来西亚、巴西等81个国家相继承认中国的市场经济地位。但美国、日本、欧盟目前还没有承认中国的市场经济地位。

在现实中，各国的经济体制常常是计划和市场相结合的体制，它们之间的区别只是计划和市场发挥作用的程度不同。在经济学的发展中，关于计划和市场的争论从未停止过，比较普遍的看法是应该尽可能地让市场发挥作用，争论的焦点集中在少数经济领域该不该发挥政府的主导作用，在经济发展的不同阶段又该如何看待政府的不同作用。目前，我国正在加快发展社会主义市场经济，如何充分发挥计划和市场两种手段在配置和利用资源中的积极作用，也是一个值得研究和解决的现实问题。

五、微观经济学和宏观经济学

经济学从研究的层次和范围出发，可以分为微观经济学(microeconomics)和宏观经济学(macroeconomics)两部分，它们并不是完全独立的，而是紧密联系和相互制约的。

微观经济学研究社会中经济个体包括消费者、生产者(厂商)和生产要素所有者的行为，阐述经济个体为什么和怎样做出经济决策。例如，消费者怎样做出购买产品或劳务的决策，厂商怎样针对消费者的需求做出生产的决策，要素所有者怎样针对生产的需要做出投入要素的决策，等等。对上述问题的研究，就是要解决合理配置和利用资源的途径和方法。消费者如何达到满足程度最大化？企业如何实现利润最大化？要素所有者如何取得收益最大化？这些都是资源配置和利用问题的具体化。微观经济学被看作是研究资源配置的科学，而资源配置是通过市场来进行的，更确切地说，是通过供求的变化和价格的波动来实现的。从这个意义上说，市场供求或价格变化的规律是微观经济学要研究和解决的主要问题。因此，微观经济学又被称为研究市场或价格变化的理论。

宏观经济学则是以社会的经济总量及其变化规律为研究对象，如国民生产总值及其增长率、通货膨胀、失业率、宏观经济政策等。

当然，微观经济与宏观经济并不是完全分离的，它们之间存在着相互依存、相互补充的关系。微观经济是宏观经济的前提和基础，宏观经济是微观经济的外部环境和制约因素。随着经济现代化和经济全球化的发展，人们越来越重视对宏观经济与微观经济的相互关系的研究。

微观经济学和宏观经济学的区别如表 0－1 所示。

表 0－1　　微观经济学与宏观经济学的区别

区　别	微观经济学	宏观经济学
研究对象	经济个体的行为	经济整体的运行
解决的问题	资源配置	资源利用
中心理论	市场和价格理论	国民收入决定理论
研究方法	个量分析	总量分析

六、经济学的基本研究方法

经济学，一方面要研究资源的优化配置和充分利用，因而与自然科学密切联系；另一方面又要研究人们之间的物质利益关系和收入分配问题，因而与社会科学密切联系。可见，经济学是联系自然科学和社会科学的桥梁和纽带。从研究方法上讲，经济学既要运用与自然科学密切联系的数学方法，又要运用与社会科学密切联系的哲学方法。从总体上讲，经济学的基本研究方法是科学抽象法，具体表现在以下五个方面：

（一）实证分析与规范分析

实证分析（positive analysis）是对经济事物本来面目及其因果关系的客观描述，即在既定的前提下，对经济事物的实际状态进行深入细致的分析，具体阐明其产生、发展和变化的条件、原因以及后果。它的任务仅仅是对经济事物的客观过程进行揭示、描述和推测，而不对其可能产生的影响和作用做出主观的判断和评价。

规范分析（normative analysis）是对经济事物的作用和意义进行理性的价值判断。在正确认识经济事物的前提下，运用一定的判断标准或评价体系，对经济事物做出好坏、优劣的主观评价，从而得出应该怎样而不应该怎样的结论。因此，规范分析的结果与人们所处的社会环境和已有的价值取向是密切联系的。

西方经济学中既有实证分析，也有规范分析，但是实证分析处于主导地位，而规范分析处于从属地位。实证分析是规范分析的前提和基础，规范分析是实证分析的延续和深化。对于经济问题的研究，常常需要实证分析和规范分析的有机结合。如果要回答“我国目前的收入分配是否合理"这个问题，既要对收入分配的现状进行实证分析，又要依据一定的价值标准，对其产生的结果和改进的方法进行规范分析。

(二)均衡概念与均衡分析

均衡是事物内部的矛盾双方暂时达到平衡，使事物处于相对稳定状态的表现。同样，在一个经济体系或经济事物中，当它们内部的主要因素及变动力量处于相对平衡状态，因而使经济事物的性质保持稳定时，就称为经济均衡(equilibrium)或处于均衡状态。例如，当某种轿车的价格为 4 万美元时，市场的需求量为 10 万辆，而企业生产的数量也是 10 万辆，这时可以说，该种轿车的供求处于均衡状态。如果价格上升到 5 万美元时，市场的需求量就会降到 8 万辆，在企业生产能力不变时，就会有 2 万辆轿车销售不出去；相反，如果价格降到 3 万美元时，市场的需求量就会增加到 12 万辆，在厂商生产能力不变时，又会出现 2 万辆轿车的需求缺口。在前一种情况下，会因供过于求，造成价格下降，促使企业减少生产；在后一种情况下，会因供不应求，造成价格上升，促使企业增加生产。也就是说，这时的轿车价格与供求关系都在发生变化，处于非均衡状态。即使实现了供求平衡的状态也是暂时的，现实的经济运行会不断打破旧的均衡，并在新的基础上建立起新的均衡，正是在这种不断反复的过程中，社会经济才得到发展。尽管如此，均衡作为经济变动的趋势，作为经济运行的阶段性状态，仍然是人们关注和研究的重要内容。均衡分析又可分为局部均衡分析和一般均衡分析两种。局部均衡分析，是假定分析的市场与其他市场不存在相互影响的关系；一般均衡分析，是对整个经济体系的分析，是研究经济总体达到均衡的条件及其结果。

(三)边际概念与边际分析

边际分析是数学中的增量分析方法在经济学中的运用。在经济活动中，当一个变量发生微小变动时，会引起另一变量的相应变动，经济主体可以根据这种变动的趋势做出合理的选择，这就是边际分析方法。例如，当某种生产要素最后一单位的投入会使增加的成本和收益相等，则可判定该要素的投入量与实现的产出规模为最优。如果增加最后一单位的要素投入，会使增加的成本大于收益，就要减少生产；反之，则要增加生产。因此，边际分析方法是确定最佳生产规模的有效途径。西方经济学家普遍重视边际分析方法，并把它的发现和应用看作经济学中的一场"革命"。自 19 世纪 70 年代"边际革命"兴起后，边际概念和边际分析法得到广泛传播，并成为西方经济学的重要组成部分。

小思考

有个人肚子饿极了，就去买了 1 块饼，狼吞虎咽地吃起来。他觉得，从来没有食物这样美味可口。他立刻又去买了 10 块相同的饼，一块又一块地吃着。奇怪的是，饼的味道一块不如一块。吃到第六块时，他觉得肚子还饿，于是又啃起第七块来。可是，第七块刚吃了一半，他就觉得饱了。再将剩下的饼吃完，他觉得有点撑。请问：他到底应该吃几块饼呢？

(四)静态分析、比较静态分析和动态分析

静态分析是抽象掉经济运行中的时间因素和变化过程，仅仅分析均衡状态下的经济现象及其形成条件。比较静态分析则是对两个均衡状态的经济现象进行分析比较，但不论及它们从原状态到新状态的变动过程。动态分析是在经济研究中强调时间因素，重点分析经济事物从一种均衡状态进入另一种均衡状态的变化过程。

从局部均衡到一般均衡，从静态分析、比较静态分析到动态分析，就是在认识经济规律中从简单到复杂、从抽象到具体的深化过程。微观经济学一般采用静态的、局部均衡的分析方法，而宏观经济学则多采用动态的、一般均衡的分析方法。

（五）经济模型

经济模型是数学在经济学中的运用，经济思想借助于经济模型可得到更简单、明了的表达。经济模型可简单也可复杂，一段文字、一个图形、一个方程或方程组都可以成为一个经济模型。在现代经济中，经济模型的运用越来越广泛，发挥的作用也越来越大。但是，其效果的好坏则要以经济思想的正确与否为前提。如果是科学合理的经济模型，它能更好地帮助我们认识客观的经济规律和理解正确的经济理论；如果是反映错误经济理论的模型，其可能造成的危害则更大。因此，在经济理论研究的过程中，要科学严谨地创建和使用经济模型，使其更好地为揭示经济规律和运用经济理论服务。

七、理性经济人假定

经济学建立的基本前提，是假定人们的经济行为是理性的。在西方经济学中，把“经济人”看作个人利益或集团利益的抽象主体或典型代表。作为理性的经济人，他们从事经济活动的目的是明确的，就是要取得自身利益的最大化。当经济行为与经济利益出现矛盾时，他们会根据利弊得失及其大小做出正确的选择。例如，作为消费者，要求取得消费效用的最大化；作为生产者，要求取得企业利润的最大化；作为生产要素的所有者，要求取得要素收益的最大化。

虽然在实际中许多人的行为是不合理的，但是把利益最大化作为理想的目标和判断的标准，是理论分析的必要基础和基本前提，否则难以对人们的经济行为做出合理的判断和准确的评价。理性的经济人可看作人们追求的理想和目标，它可以帮助人们纠正现实中的错误，提高经济活动的理性化程度。

经济生活是纷繁复杂的，一个经济变量常常是多种因素共同作用的结果。研究经济问题和揭示经济规律时，如果把所有的经济因素都考虑在内，就根本无法进行和取得成果。可见，在经济研究中必须忽略掉一些次要的因素，进行必要的理论抽象，才有利于研究的深化和取得科学的结论。在研究经济理论时，总是要以严格的假定条件为前提。当假定条件严重背离实际时，则会影响经济理论的正确性和有效性。因此，经济理论的运用是有条件的，不能生搬硬套，否则会犯教条主义的错误。

小链接

占座：理性人与边际分析法的结合

在大学生活中，我们经常会发现占座现象，同学不仅为自己占座，而且还为自己的室友或者好朋友占座。其实在这一现象中包含着经济学原理——理性人假定和边际分析。

当我们一早起来去图书馆时，多占一个位置花不了多少额外的“成本”，但是会获得一个比较高的收益。比如，室友或好朋友会认为我们很关心他们，从而改善对我们的印象，也是为以后获得别人帮助的一种“投资”。那么，这样的行为就是理性经济人利用边际分析法进行思考后的一种行为。

八、学习微观经济学的现实意义

微观经济学是一门解释微观经济现象和掌握微观经济运行规律的学科。尽管微观经济学并不能提供在任何背景和条件下都适用的理论和决策，但是其对我们现实经济生活中的行为有着重要的指导意义。

首先，就微观经济学和个人经济决策而言，我们在日常经济行为中会不自觉地利用微观经济学的相关原理来思考和指导自己的行为，尽管有的时候我们并未察觉。学习微观经济学相关原理之后，我们便可以更加理性地对现实问题进行考量，做出对自己发展更有利的判断和决策。

例如，我们在经济繁荣和衰退时期分别应该使用何种策略来进行投资？我们在大学毕业之后是选择工作还是继续深造？我们选择继续读研究生的机会成本是什么？上海的房价为何会暴涨？二线城市的房价为何会很不稳定？火车上的食品为何会比一般商店里面的贵？如此种种，都是我们平时生活中常见的问题，微观经济学尽管不能为这些问题提供一个“包治百病的良方”，但是它会使我们所做出的决策更加理性。

对于个人而言，一方面，微观经济学的学习会使我们拥有更强的决策能力，运用所学的理论工具去解决经济活动面临的困境，能够迅速通过经济事物的表象看到事物的本质，从而学会从根本上去解决问题；另一方面，微观经济学的学习能够增强我们的预测能力，根据当前所发生的经济现象预测未来的走势和可能发生的变化，从而在一定程度上规避风险。这还使我们获得解决问题的一种新的思维方式，在面对同一问题时，能够使用不同的方法去寻求解决的最佳途径。

其次，就企业而言，微观经济学为企业的经营决策和管理提供了诸多有益的指导和创新的视角，更为企业的最优化决策提供了较为实际的优化工具。

企业在发展过程中，市场的供求状况是其进行决策的首要前提。从消费者角度来说，企业必须要了解消费者的需求，进行市场调研，微观经济学为消费者的市场细分提供了理论依据和分析手段。例如，如何细分市场中的消费者，如何确定不同消费者的偏好和消费能力、水平，如何应对竞争对手的决策改变，如何掌握市场中产品的供应和需求变化，等等。从企业自身角度来看，决定生产多少产品，雇用多少劳动者，采取何种销售策略，采取什么样的定价方式，等等，这些都是企业所需要考虑的重点。微观经济学正好为这些问题的解决提供了不错的思路和方法，为企业的决策提供了有力的指导和帮助。

小链接

亚当·斯密与《国富论》

亚当·斯密（Adam Smith，1732～1790 年）是英国古典经济学的主要代表、著名的道德哲学家和经济学家，被称为“现代经济学之父”和“自由企业的守护神”，他还曾经担任苏格兰海关税务司司长、格拉斯哥大学校长。《道德情操论》和《国民财富的性质和原因的研究》（简称《国富论》）是其代表作，分别于 1759 年和 1776 年出版。亚当·斯密 14 岁考进了格拉斯哥大学，进行数学和哲学的学习，17 岁转入牛津大学。1748 年，亚当·斯密于爱丁堡大学讲授文学与修辞学，3 年之后又回到格拉斯哥大学讲授逻辑学。格拉斯哥是苏格兰的工业中心，亚当·斯密在这里能够长期关注和观察工业经济的发展与规律。直至

1764 年,他辞去了大学任教这一职务,开始担任布克莱公爵的私人教师,并陪同其到欧洲大陆旅游。在游历法国巴黎期间,他结识了启蒙思想家伏尔泰,重农学派代表人魁奈、杜尔格等名流,这些学者的思想对他产生了巨大的影响,尤其是他的经济学说。因此,1767 年,他辞去私人教师职务,开始致力于《国富论》的写作,耗时 10 年,这一巨作诞生,成为经济学的经典著作。

《国富论》创建了古典政治经济学的完备体系。这一著作的创作背景是自由资本主义迅速发展的大机器工业时期,资产阶级取得了统治地位。这一著作是从价值创造开始揭示财富起源的,代表了新兴资产阶级的利益和要求。

中国对《国富论》的第一个译本是严复的《原富》(1902)。当时,严复效仿亚当·斯密将"富其君又富其民"当作国策献给英王的精神来献策给光绪皇帝,希望能够对"维新"大业有所帮助。1931 年,郭大力和王亚南重新对这本著作进行了翻译,译名为《国富论》,由商务印书馆出版。这本书的第三个译本是 2001 年由杨敬年翻译,并由陕西人民出版社出版的《国民财富的性质和原因的研究》。

亚当·斯密在这本光辉巨作里介绍了一系列重要理论,包括古典劳动价值论,工资、利润、地租理论与斯密教条,资本理论,生产和非生产性劳动,分工理论,批判了重商主义和重农主义,提出了国家功能和政府开支,以及"看不见的手",等等。

课后习题

一、单项选择题

1. 经济学产生的原因是(　　)。

A. 生产的需要　　B. 欲望满足的需要

C. 稀缺性与选择的必要　　D. 选择的需要

2. 经济学的研究对象是资源的(　　)。

A. 配置　　B.配置和利用　　C. 稀缺性　　D. 利用

3. 下列各项中,属于经济品的是(　　)。

A. 环境　　B. 空气　　C. 公海海水　　D. 苹果电脑

4. 亚当·斯密认为解决资源优化配置和增进社会福利的有效机制是(　　)。

A. 计划经济体制　　B. 市场机制

C. 计划与市场相结合　　D. 以上都对

5. 表明在既定的资源和技术条件下所能达到的各种产品最大产量组合的曲线称为(　　)。

A. 生产可能性曲线　　B. 机会成本线　　C. 均衡产量线　　D. 资源配置线

6. 经济模型可以是(　　)。

A. 一段文字　　B. 一个图形

C. 一个方程或方程组　　D. 以上都对

7. 与静态分析相比,动态分析是指在经济研究中强调(　　)。

A. 均衡状态　　B. 比较分析

C. 时间因素和变化过程　　D. 均衡条件

8. 在经济活动中,分析一个变量所引起的另一个变量的变化的方法称为(　　)。

A. 经济模型　　B. 动态分析　　C. 局部均衡分析　　D. 边际分析

9. 下列关于经济学基本问题的说法中,正确的是(　　)。

A. 利益分配　　B. 劳动、土地和资本

C. 资源配置问题　　D. 生产什么、生产多少、如何生产和为谁生产

10. 对经济事物的作用和意义进行理性价值判断的方法称为(　　)。

A. 经济模型　　B. 静态分析　　C. 规范分析　　D. 实证分析

二、多项选择题

1. 微观经济学的内容包括(　　)。

A. 价格　　B. 成本　　C. 利润　　D. 经济整体的运行

E. 以上都对

2. (　　)不是宏观经济学的内容。

A. 国际收支　　B. 物价水平　　C. 经济增长　　D. 厂商均衡

E. 以上都对

3. 经济学的研究方法包括(　　)。

A. 经济模型　　B. 静态分析、比较静态和动态分析

C. 局部均衡分析与一般均衡分析　　D. 经济模型

E. 以上都不对

4. 以下关于"理性人"假定的说法中,正确的是(　　)。

A. 经济学建立的基本前提　　B. 假定人们的经济行为是理性的

C. 利他行为是其主要表现　　D. 其目的是追求自身利益最大化

E. 个人利益或集团利益的抽象主体或典型代表

三、名词解释

1. 稀缺性
2. 实证分析
3. 规范分析
4. 生产可能性边界
5. 机会成本
6. 理性人

四、简答题

1. 为什么说稀缺性的存在与选择的必要是经济学产生的原因?
2. 为什么经济学的研究对象是经济资源的合理配置和充分利用问题?
3. 比较微观经济学与宏观经济学的区别。
4. 西方经济学的理性经济人假定的含义是什么?

第一章　需求、供给与均衡价格

价格理论是微观经济学的基础和核心内容，而市场的需求和供给是决定均衡价格的两大基本力量。阐述价格理论和市场机制，为深入研究消费者行为和生产者行为提供了理论基础。本章从需求、供给的分析入手，讨论均衡价格的形成过程，并考察价格变动对市场主体及其经济活动的影响。

第一节　需　求

需求是市场竞争的重要方面，也是消费者行为的集中体现。本节通过分析需求的含义，引申出需求表、需求曲线和需求函数，目的是揭示商品价格与它们的购买量呈反方向变化的需求规律。

一、需求的含义

需求(demand)是指在一定时期内，市场上对应于某一价格，人们愿意而且能够购买的商品数量。需求不同于人们的主观需要，它要受货币购买力的约束。因此，需求实际上有两层含义：一是有主观的真实需要，二是有实际的购买能力。需求必须是这两者的统一，如果消费者有需要而无财力，或者有财力而无需要，都不能成为现实的需求。例如，一位刚刚在上海毕业的大学生，有在上海买房的意愿但是缺少支付的能力，那么，在做房屋需求市场调研的人就不能将这个人的意愿列入房屋的需求之中；反之亦然。我们不妨假设有人发明了一种对人类无用的药物，即使这一药物的价格极低，大多数人对其有支付的能力，但是由于这种药物对病人不具有治疗效果，那么，人们就没有消费和购买它的需要，这也不能构成现实需求和列入需求之中。

小思考

你觉得目前班上同学对汽车的需求大不大？

小链接

住房需求与价格

从1999年下半年起，上海房地产供给与需求都快速增长、竞相攀升，房地产价格快速上涨，房地产市场进入繁荣期，开发量、销售量与房价都在高位运行。

自2004年以来，市场中不断发出房地产市场存在“泡沫”的质疑。从2004年年底以来，关于上海市房地产市场的需求究竟有多大的争论一直没有停止过。这场争论的目的是要回答，上海目前房地产市场价格是否虚高？

要回答这个问题，需要对上海居民收入的现状、对未来收入的预期、外来投资者对上海的偏好、银行的信贷政策、中国经济的增长前景等多种因素作深入的调查分析。

有不少人拿住房的需要来讨论房地产市场供求关系问题，其实是一种误导，把个人住房需要看作一种刚性需求更是在概念上混淆视听。住房的需求其实是指住房的有效需求，与其他商品的有效需求一样，不仅反映了个人的实际需要，而且必须有现实的支付能力。

人们在对某一种物品产生需要时，首要考虑的便是这种商品的价格。在日常生活中，我们可以得到这样的经验，即当某种商品的价格较高时，往往会少买一些；当某种商品的价格较低时，如超市商品打折，就会多买一些。换句话说，在其他条件不变时，人们购买商品的数量同商品的价格密切相关。那么，这种关系究竟是怎样的呢？这种关系可以描述为：如果商品的价格提高，消费者的购买量就会减少；反之则会增加。两者呈反方向变化。这种关系还可以通过需求表(demand schedule)、需求曲线(demand curve)和需求函数(demand function)这三种形式表现出来。在这里，先介绍需求表和需求曲线，然后介绍需求函数。

需求表是用图表来表示在不同的价格水平之下，消费者愿意购买某一种物品的数量，如表1—1所示。

表1—1　某消费者对水杯的需求

水杯价格(元/个)	100	80	70	60	50	40
水杯需求量(个/年)	1	3	4	6	7	9

需求曲线如图1—1所示。假定纵轴P表示自变量，横轴Q表示因变量，图中那条向右下方倾斜的曲线，就是某消费者对水杯的需求曲线。

由图1—1和表1—1我们发现，价格与需求量之间的对应关系，可以用图形和表格的方法表示出来，横轴即为这位消费者对水杯的需求量，纵轴即为水杯的价格。由图1—1可知，两者之间的关系表现为一条向右下方倾斜的曲线，这条曲线即为消费者的个人需求曲线。然而，我们得出的需求曲线图，实际上是根据表1—1举出的几个价格与需求量的组合所得到的散点图。从理论角度讲，若价格和需求量可以无限细分，就能得到连续的、无限多的点，这些点可以连成一条平滑的曲线。从单个消费者的角度来看，每个人可能都是以整体来购买商品，而不会买商品的几分之几。因此，这种假设可能不符合现实。然而，要是放眼整个市场，考虑到每一种产品会有众多的消费者，那么，无限细分就有现实意义了。比如，我们说某一消费者今年买了3.5个杯子，对其个人而言，0.5个杯子可能无法给出很好的解释；但是，对一群消费者而言，人均购买3.5个杯子就很正常，而且这种统计数据将会对生产者和消费者的决策产生影响。

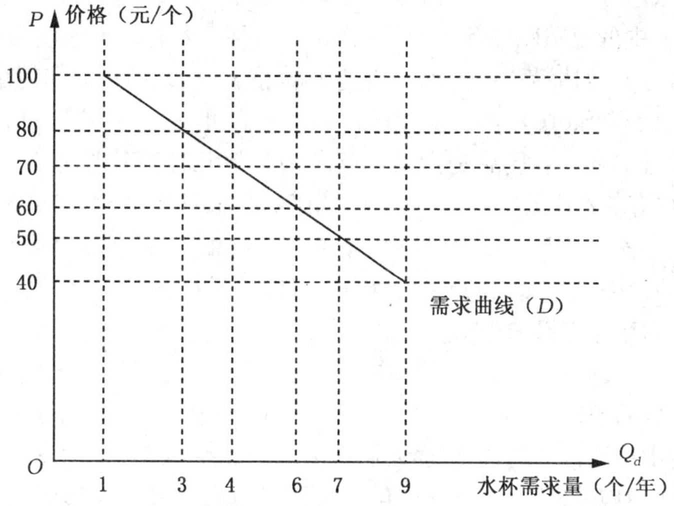

图 1—1　某消费者的需求曲线

更为重要的是，在这种假定之下，我们的数学处理也更加方便，可以将数学中的函数与之完美结合。

二、需求函数

(一)影响需求量的因素

需求函数表示在市场上，商品的需求量和影响它的因素之间的数量关系。那么，在讨论具体的需求函数之前，我们就有必要对这些影响因素进行探讨。影响需求量的因素繁杂众多，应该对其进行合理的分类和适当的抽象，从而筛选出最为重要的几个因素。在经济学中，每当我们分析某一变量受到几种因素的影响时，往往会假定其他因素都不改变，仅仅探讨当一种因素改变时，这一变量会发生怎样的变化。在这些因素中最为重要的是价格，在前面已对价格和需求量之间的关系进行了简单的阐述。除价格之外，我们也不能忽略一些其他的重要因素。结合已有的经验和现有的研究，可将影响需求的因素概括为以下几点：(1)商品本身的价格(P)；(2)相关商品的价格(P')；(3)预期价格(P_e)；(4)经济收入(M)；(5)主观偏好(F)。下面将对这五种因素分别进行探讨：

1. 商品本身的价格

一般情况下，商品的需求量与其价格呈相反方向变化，这是人们逐利避害的必然要求。当某一商品的价格下降时，在消费者愿意并且有能力购买的情况下，其总是愿意多购买一些；反之，当这种商品的价格上涨时，消费者便会减少对该商品的购买量。因此，这就表现为商品的价格和其需求量之间呈现出一种反向的变动关系。这种关系出现的原因可以从两个方面来解释：一是因为当这种商品的价格上升时，消费者会倾向于购买另一种可以替代它的，且价格较低的商品；反之亦然。这也可以称之为替代效应。二是当这种商品的价格上升时，消费者的实际收入就趋于下降，即同样的收入只能买到更少的商品；而当商品的价格下降时，消费者的实际收入趋于上升，即同样的收入就能买到更多的商品。这种效应称为收入效应。

2. 相关商品的价格

所谓相关商品，一般可以分为互补品和替代品。互补品是指一些商品只有被同时使用时才能满足消费者的需要，如手机与信息服务、汽车与汽油、乒乓球与乒乓球拍、苹果公司的平板电脑与 Apple Store 中的应用软件等。如果汽车价格下降，人们购买和使用汽车的数量增加，便会增加对汽油的需求；如果苹果公司的平板电脑价格上升，人们购买和使用该电脑的数量减少，便会减少对其 Apple Store 中相关应用软件的购买。可见，互补品之间的价格变化会按相反方向影响它们的需求量。替代品是指某种商品和其他几种商品都能满足消费者的某种需要，它们在这方面具有基本相同的功能，如大白兔奶糖和金丝猴奶糖、三星手机和 HTC 手机、康师傅方便面和统一方便面等。若大白兔奶糖的价格上涨，消费者便会倾向于多购买金丝猴奶糖；若三星手机的价格下降，消费者便会减少对 HTC 手机的购买量。可见，替代品之间的价格变化会按同方向影响它们的需求量。

3. 预期价格

对商品未来价格的预期会影响它们当前的需求量，“买涨不买跌”正是这种价格预期的反应。这是源于生活中一个常见的现象：当人们预测某种商品的价格将会发生某种变动时，这种商品的价格确实会朝着人们预期的方向变化。这是因为当大多数人形成同样预期时，这种预期便会在一定程度上影响人们的决策，而这种决策也会反过来加强这种预期，形成循环加强的效应。比如，当人们预期某一只股票价格将要上涨时，便会增加这种股票的购买量，会使这只股票的需求增加，从而促使股票的价格上涨。反过来，当人们预期某种商品的价格会下降时，生产者为了降低损失，就会尽快抛售该商品；而想要购买的人又会希望等到价格下跌时再买，买卖双方的决策无疑会促使商品朝着降价的方向发展。

4. 经济收入

收入是消费者购买能力的体现，一般情况下它与一般商品的需求量呈同方向变化，但与劣等商品的需求量呈反方向变化。当某消费者的收入增加时，其购买力增加，因此他会增加对正常品的消费；若其收入下降，其购买力也会相应下降，他便会减少对正常品的购买。然而，对于劣等品而言，若消费者的收入增加，其购买力增加，那么消费者便会选择质量更好的商品，因此会减少对劣等品的购买，即收入上升反而会使劣等品的购买量减少；反之，若收入下降，则会增加对劣等品的消费需求。

5. 主观偏好

同样的商品，不同消费者的偏好差异很大。消费者的主观偏好(preference)程度与商品的需求量呈同方向变化。消费者对某种商品的主观偏好并非一成不变，而会随着时代的变化而变化。比如，电视刚刚起步时，每个家庭都想要拥有一台电视机，并对电视节目有着很强的偏好。然而随着社会科技的迅猛发展，电脑逐渐渗透到人们的生活中，并逐步取代了电视的地位。人们开始偏好通过网络从电脑上选择自己爱看的节目，而不局限于观看固定的电视节目。因此，人们对电视的偏好也会下降，从而减少对电视机的购买量。

(二)需求函数的含义

商品的需求量 Q_d 与其他相关因素之间的关系，可用需求函数来表示：

$$Q_d=f\ (P,P',P_e,M,F,\cdots)$$

其中，Q_d 为因变量，表示该商品或者服务的需求，而 P、P'、P_e、M、F 等为自变量，分别表示该商品自身的价格、相关商品的价格、预期价格、经济收入、主观偏好等。

这一需求函数表示出了某种商品的需求与其影响因素之间的关系。那么，在实际运用过程中，自然也会发现不同因素对需求的影响程度是不一样的，我们势必会思考不同因素对商品的影响程度如何？不同因素在这一影响中的地位如何？这就需要找出该商品的需求函数关系。这里，我们假设需求函数呈线性状态：

$$Q_d=a_1P+a_2P'+a_3P_e+a_4M+a_5F+e$$

其中，a_1、a_2、a_3、a_4、a_5 分别表示该商品自身的价格、相关商品的价格、预期价格、经济收入、主观偏好这几个重要因素对商品需求的影响系数，e 则表示其他因素对商品需求的影响。例如，a_1 表示当该商品自身的价格变动一单位，该商品的需求将发生 a_1 单位的变化，a_1 的值越大则表示商品自身价格对该商品需求影响越大。若考虑比较极端的情况，即 a_1 的值为 0，那么，这就表示该商品自身的价格变化不会影响商品的需求。当 a_4 为正值时，表示消费者收入每增加一单位，对该商品的需求将上升 a_4 单位，可以判断出该商品为正常品；若 a_4 为负值，则表示消费者的收入每下降一单位，对该商品的需求将下降 a_4 单位，可以判定该商品为劣等品。

三、需求曲线与需求规律

在经济分析中，如果要同时考虑很多因素，分析会相当困难。在影响商品需求的因素中，最重要的是商品本身的价格。在现实生活中，假定影响需求的其他因素不变，当某种商品的价格下降时，消费者对这种商品的需求量就会增加；反之，就会减少。我们把这种需求量与商品价格呈反向变化的必然性，称为需求规律(demand law)。

需求曲线是表示商品价格与需求量呈反向变化的函数图像，即有需求函数 $Q_d=f(P)$。根据需求规律，商品价格与需求量具有反向变化的必然性。为分析方便，进一步假定 Q_d 与 P 之间存在线性关系，则需求方程为：

$$Q_d=a-bP$$

其中，常数 a 表示当 $P=0$ 时的需求量；系数 $-b$ 表示当 P 发生变动时所引起的 Q_d 的反向变动程度。通常，a、b 均为大于 0 的实数。这里需要注意：经济分析与数学上的习惯相反，一般以纵轴表示自变量，横轴表示因变量。在上述假定下，需求曲线见图 1－2。

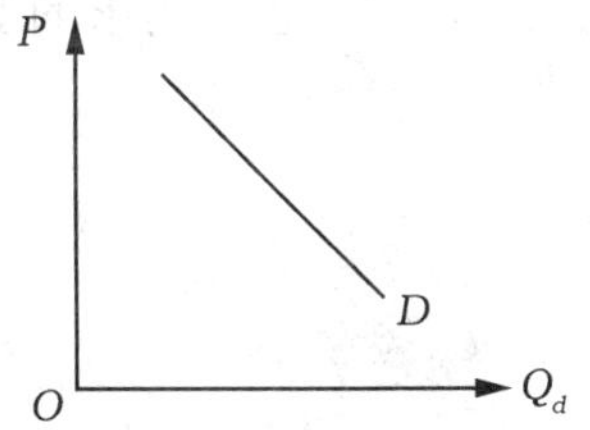

图 1－2　需求曲线

当然，在实际生活中，需求规律并非在任何情况下都成立，也可能存在例外。例如，对古董、收藏品而言，并非价格越低，人们愿意购买的数量就越多。你还能举出违背需求规律的例子来吗？

小链接

吉芬商品

吉芬商品是需求规律的例外。在 1845 年爱尔兰发生自然灾害时，马铃薯的价格上涨而需求量却增加，原因是灾荒造成爱尔兰人的实际收入下降，而只能增加这类低档食品的消费。因为是英国学者吉芬发现这种现象，所以将这类商品称为吉芬商品。

小思考

你觉得现代社会还存在吉芬商品吗？是不是所有的低档商品都是吉芬商品？

四、需求和需求量的区别

为使消费者购买更多商品，是采取降价还是采取其他策略，对生产者而言是不一样的，这里要把需求量的变化与需求的变化区分开来。需求量的变化是指在其他因素不变的情况下，只是由于价格变化而引起的购买数量变化。在图 1－3(a)的需求曲线上，从 A 点到 B 点的移动，表示由于商品价格变化而引起的需求数量的变化。可见，需求量的变化是同一条需求曲线上点的移动。

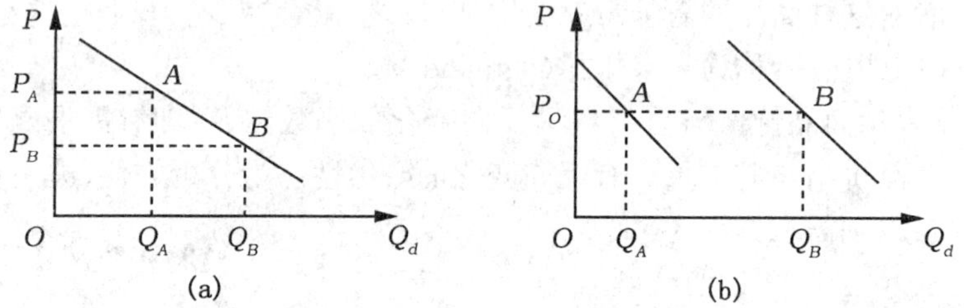

图 1－3　需求量变化与需求变化

需求的变化则是在商品自身价格不变时，由于其他因素如个人收入、相关商品的价格，以及季节等变化引起的需求数量变化。从图形上看，需求的变化不是同一条需求曲线上点的移动，而是需求曲线本身的移动。如图 1－3(b)所示，从 A 点到 B 点的移动，表明在价格不变时，需求数量发生变化的状况。

五、个别需求与市场需求

需求可以分为个别需求和市场需求。个别需求是指单个消费者或家庭对某种商品的需求，市场需求则是所有个人或家庭对某种产品的总需求，因此，市场需求是个别需求的总和。

小应用

假设某商品市场上只有 A、B、C 三个消费者，其需求函数分别为：$Q_{dA}=100-5P$，$Q_{dB}=200-2P$，$Q_{dC}=300-3P$。则该商品的市场需求为：

$Q_D=Q_{dA}+Q_{dB}+Q_{dC}=600-10P$

在现实生活中，个别需求的改变有时会引起市场需求的极大变动，有时则不会，这主要取决于需求变化的主体在市场份额中的比重。

第二节 供 给

相对于需求来说，供给是市场经济中另一个十分重要的变量，它是从卖方角度出发来探究市场竞争中的一些规律。本节通过分析供给的含义，引申出供给表、供给曲线和供给函数，目的是揭示商品价格与它们的供给量呈同方向变化的供给规律。

一、供给的含义

供给(supply)是指企业面向市场愿意而且能够提供的商品数量。现实的供给不仅要有必要性，而且要有可能性。所谓必要性，是指企业根据市场的需求有提供某种商品的主观愿望；所谓可能性，是指企业具备提供该商品的客观条件。如果仅仅具有必要性而无可能性，则不能提供现实的商品供给；如果仅仅具有可能性而无必要性，则会造成经济资源的损失和浪费。因此，现实的供给必须是必要性和可能性的统一。一般来说，商品价格越高，企业的供给量就越大；商品价格越低，企业的供给量就越小。这说明供给量与商品价格之间存在着必然的内在联系。

小链接

“油荒”与供给

前几年，“油荒”成为国内经济中一个挥之不去的“魅影”，不时袭扰企业与个人的正常生活。2005 年，全国各地出现“油荒”，广州、深圳、上海、南京等城市供应紧张，仅深圳市就有百家油站停业。2006 年，多地“90 号”汽油、“0 号”柴油供应紧张，再现“油荒”。2007 年，北京、石家庄、太原、日照、南京、杭州、南昌、长沙、云南、西安等地的柴油市场持续缺油，中石化、中石油全面停批保零。2008 年，“油荒”又来袭，京沪等一线城市也未能幸免，加油的车辆在油站前排起长龙。2010 年 9 月开始，桂、粤、苏、浙地区又出现了局部柴油供应短缺，市场恐慌随之北上西进，不久之后，“柴油荒”蔓延至大半个中国。

“柴油荒”导致货物流通速度大幅降低，一些日常的经济生活备受干扰。2010 年 11 月 11 日，由于柴油紧缺，宁夏固原市 130 辆城市公交车全部停运；温江的海峡科技产业开发园内，由于买不到柴油，11 月 13 日，方便面品牌“康师傅”停产一天；很多购物网站提高了快递费用，而原先只要 3 天就能收到的货品当时也要一周了；运菜车缺油导致蔬菜供应跟不上，菜价上涨……“柴油荒”以各种方式渗透进人们的生活，整个社会都感到了“油荒”的痛苦。

与需求的表示方法类似，既然供给是表达在某一价格水平下厂商愿意提供的某种商品的数量，那么，其同样可以用供给表、供给曲线和供给函数表示。我们首先对供给表和供给曲线加以描述，然后着重对供给函数加以阐述。

所谓供给表，是指一张用来表示某种商品的各种价格和其供给量之间关系的表格。假设某生产运动鞋的厂商在不同价格水平上，对该运动鞋的供给量如表 1-2 所示。

表 1－2　　某厂商的运动鞋供给量

价格(元/双)	100	150	180	200	230
供给量(万双/年)	10	15	20	21	22

供给曲线是表示某商品的价格和其供给量之间关系的曲线，根据表 1－2 中的数据，可以画出如图 1－4 所示的供给曲线。从图 1－4 中可以看出，运动鞋的供给量随着其价格水平的升高而增加，即运动鞋的价格越高，该厂商愿意供给的数量就越多；反之则反是。这一变动趋势刚好与需求曲线相反。与需求曲线相同的是，供给曲线不仅可以用直线表示，也可以用曲线表示。

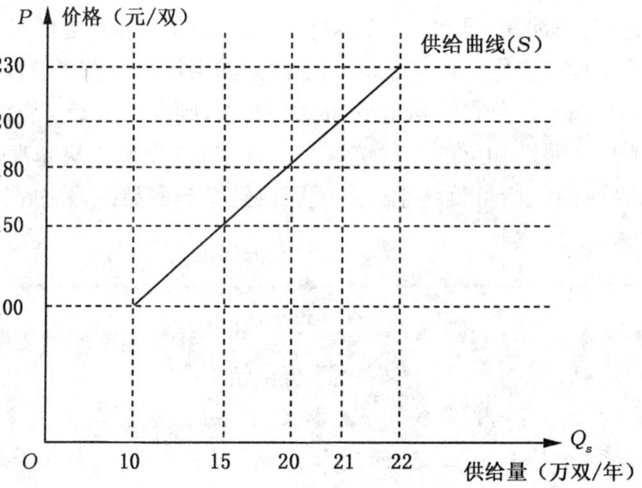

图 1－4　某厂商的供给曲线

二、供给函数

(一)影响供给量的因素

在商品的价格和其供给量关系的不同表示方法之中，供给函数是最为确切的一种方法。供给函数(supply function)表示在市场上，商品的供给量与影响它的因素之间的因果关系。因此，我们首先要对影响商品供给量的因素加以探究。我们将这些因素大致归纳为以下几种：(1)产品价格(P)；(2)相关商品价格(P')；(3)预期价格(P_e)；(4)生产成本(C)；(5)自然条件(N)。下面将对这些因素加以具体的分析和论述。

1. 产品价格

当其他因素保持不变时，某种商品自身的价格变动将与其供给量呈同向变动的趋势。这是因为当产品的价格提高，企业的利润就会增加，从而刺激生产增加，以便获取更多的利润；反之则反是。因此，供给量与产品价格呈正向变动，这是企业追求利润最大化和亏损最小化的必然结果。

2. 相关产品价格

前面介绍影响需求的因素时，我们已经对需求中的互补品和替代品含义进行了阐述。那么，当某种产品价格发生变化时，对生产它的互补品和替代品将产生怎样的影响呢？互补品是指厂商在生产某一种产品时，也需要生产另一种产品，只有使这两种产品配套，才能形成社会所需要的供给；替代品是指厂商将其资源用于生产某一种商品时，势必会影响其生产另一种商品，这两种可以相互替代生产的商品称为替代品。互补品和替代品同样会对相关商品的供给产生影响。如果互补品的价格上升，其供给量增加，就会带动相关产品生产的增加；如果替代产品的价格上升，其供给量增加，就会使相关产品的生产减少。

3. 预期价格

在现实生活中，厂商往往会考虑其未来的收益、市场未来的发展和变化。因此，对于厂商的决策来说，预期就显得尤为重要。一般来说，价格可能上涨的产品，企业会产生惜售心理，他们往往想要囤积商品，等待价格上涨后再抛出；相反，对于价格可能下跌的产品，要是等价格下降后再售出的话，厂商就会少赚很多利润。因此，为了追求利润最大化和损失最小化，厂商就会对可能降价的商品进行抛售，使该商品的供给量大幅增加。

4. 生产成本

如果劳动力、机器设备或原材料等生产要素的价格下降，会引起供给量的相应增加；反之则反是。当这些生产要素的价格下降时，用这些生产要素所生产的产品的成本下降，对于厂商来说，他们的利润增加，在该商品的市场价格还未发生变化时，厂商就会提供更多的这种商品；相反，若生产某种商品的生产要素价格上涨，势必会带来这种商品的生产成本上升，对于厂商来说，他们的利润降低了，便会考虑减少这种商品的供给量。例如，钢铁价格上涨后，以钢铁为原材料的相关商品的成本上升，若这些商品的市场价格并未发生变化，厂商会减少以钢铁为原材料的商品供给。

5. 自然条件

自然条件在某些情况下会极大地影响商品的供给量，尤其是依赖于自然资源的一些行业的产品。例如，富矿比贫矿能提供更多的矿产品，天气和土质对农产品的供给有很大影响。随着工业化程度的提高、科学技术的进步，人们会越来越多地研发出替代自然资源的新能源或者提高资源的利用效率，使得生产对自然资源的依赖性越来越弱，即生产受自然条件的影响会逐步减少。

(二)供给函数的含义

产品的供给量(Q_s)与相关因素的因果关系，可用供给函数表示：

$$Q_s=f(P,P',P_e,C,N,\cdots)$$

其中，Q_s 为因变量，即某种商品的供给量；P、P'、P_e、C、N 等为自变量，分别表示产品价格、相关商品价格、预期价格、生产成本和自然条件等。

与研究需求函数相类似，供给函数既可以是线性函数，也可以是非线性函数，这取决于不同因素对商品的影响，且若知道函数的具体形式，便可以分析不同因素对供给的不同影响。在此不妨假设供给函数的形式为：

$$Q_s=b_1P+b_2P'+b_3P_e+b_4C+b_5N+e$$

其中，b_1、b_2、b_3、b_4 和 b_5 分别表示产品价格、相关商品价格、预期价格、生产成本、自然条件这几类因素对供给的影响程度，e 表示除上述各类因素之外其他有影响的因素。如 b_1 表示该商品价格 P 发生一单位变动时，其供给量 Q_s 将会发生 b_1 单位的变动；若其生产成本 C 上升一单位，那么，其供给量 Q_s 将会下降 $b_4(>0)$ 单位。

在一般情况下，产品的成本和价格对产量的影响最大。为分析方便，我们假定其他条件不变，主要研究商品价格的变动对供给量的影响，即 $Q_s = f(P)$。

三、供给规律与供给曲线

供给规律(law of supply)是指商品的供给量与其价格之间的正向依存关系。由于价格上升，会使利润增加，因而刺激供给增加；反之则反是，即 $P\uparrow \Rightarrow Q_s\uparrow, P\downarrow \Rightarrow Q_s\downarrow$。

为简便起见，假定 Q_s 与 P 之间存在线性关系，则供给函数是：

$$Q_s = -c + dP$$

其中，$-c$ 表示价格为零时的供给量。由于企业的产量不能为负数，因此其实际含义是，企业提供产品的最低界限是价格高于 c/d。这是因为，在 $Q_s = -c + dP$ 中，当 $Q_s = 0$ 时，则 $P = c/d$，这表示只有当价格高于 c/d 时，企业才会提供产品。式中的 d 是供给曲线的斜率，它表示价格变动对供给量的影响程度。供给曲线是一条自左下方向右上方延伸的曲线。可见，当商品的价格下降时，企业提供的产品数量就会减少；反之则反是。这种对应关系见图1－5。

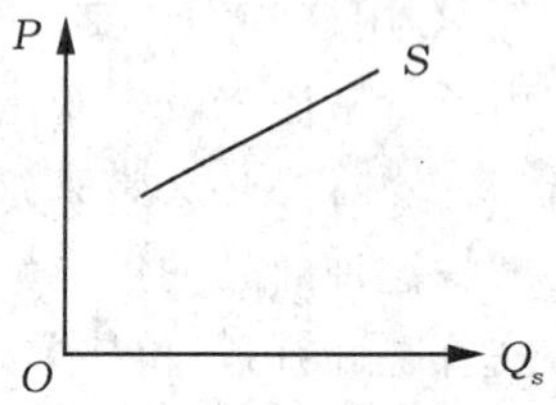

图1－5　供给曲线

在现实中，供给规律也有例外，如工资与劳动力的供给之间的关系。由于人们会在物质需要与精神需要之间进行选择，因此当工资提高过多时，有些人愿意工作的时间反而会减少。因为他们可以利用更多时间来满足休闲和娱乐的需要。

四、供给和供给量的区别

类似于需求量和需求变化的区别，根据供给变化的不同原因，同样可以区分为供给量和供给的变化。如果是由价格因素引起的供给数量变化，称为供给量的变化；如果是由价格以外的其他因素，如生产成本、自然条件等引起的供给数量变化，则称为供给变化。例如，某商品因为其价格上升了10％，从而带来其供给量增加了10％，这就是供给量变化；若是由于生产成本下降了10％，而带来其供给量增加了10％，这就是供给变化。同理，由于相关商品价格、预期价格和自然条件等其他因素所引起的供给的变化，统称为供给变化。

供给量的变化是同一条供给曲线上点的移动，而供给的变化则是供给曲线本身的移动，两者的区别可用图1－6表示。图1－6(a)表示供给量的变化，图1－6(b)则表示供给的变化。

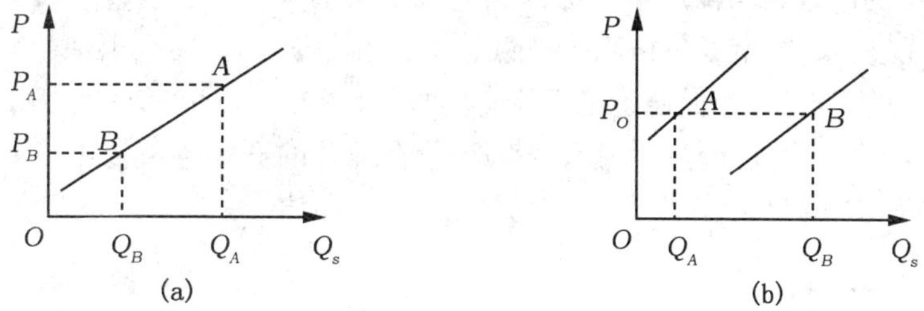

图 1－6　供给量变化与供给变化

第三节　市场均衡

市场是需求与供给共同发挥作用的场所，商品的价格是需求与供给共同作用的产物。因此，必须将需求与供给结合起来，研究供需平衡时的价格决定问题，从而说明均衡价格的来源及其变化过程。

一、均衡价格的决定

需求是商品在不同价格下的购买量，而供给是商品在不同价格下的销售量。在竞争性的市场上，对于商品的任一价格来说，其需求量和供给量可能不相等，但在该商品的价格变动中，必有一种价格能使它的需求量和供给量相等，从而达到均衡状态。市场均衡则表示在这一状态下，所有厂商所供给的某商品数量刚好等于该市场上所有消费者需求的数量。

均衡价格(equilibrium price)是指商品的需求量与供给量相等时的市场价格。均衡价格是由需求和供给两种力量共同决定的。在均衡价格下的交易量称为均衡交易量或均衡产量。我们在市场上购买商品所支付的价格并非一定是均衡价格，市场价格有可能和均衡价格相等，也有可能不相等，这正是源于市场机制的作用。当市场价格恰好和均衡价格一致时，市场价格便不会发生较大的变动，但若市场价格与其均衡价格出现较大的偏离时，市场机制便会发挥“看不见的手”的作用，不断调整市场价格，使其与均衡价格趋于一致。在现实生活中，多数情况下，市场价格与均衡价格是不相一致的。均衡价格的形成可以用图 1－7 说明。

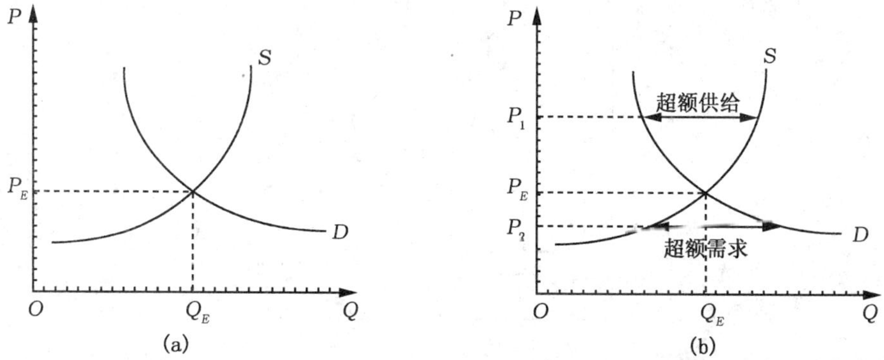

图 1－7　均衡价格的形成

如图 1－7(a)所示，需求曲线 D 和供给曲线 S 的交点即市场均衡点，其对应的价格为均衡

价格 P_E，其对应的产量为均衡产量 Q_E，因而它既是需求量也是供给量。图 1—7(b)则说明了均衡价格的形成过程。当市场价格高于或低于均衡价格 P_E 时，要么出现超额供给，要么出现市场短缺。当供过于求时，会促使价格下降；当供不应求时，会促使价格上升。因此，随着供求关系的变动，市场价格会逐渐趋向均衡价格 P_E。在纯粹的竞争性市场中，均衡是一种必然的趋势。通过市场供求的自发调节，形成相对稳定的均衡价格。

二、均衡价格的变动

以上对均衡价格的分析，是在需求和供给既定，即需求曲线和供给曲线不发生移动的前提下进行的。但在现实中，影响需求和供给的因素很多，其中一种或多种因素总是在变动的，这会导致需求曲线或供给曲线的移动，因而引起均衡价格的变化。从这个意义上说，现实中的价格不一定是均衡价格，分析均衡价格的意义在于了解价格的变动趋势。

图 1—8 说明了供给不变、需求增加，需求不变、供给减少，需求减少、供给增加这三种情况下均衡价格和均衡产量的变化。当需求和供给中只有一个变化时，均衡价格和均衡产量的变化趋势是确定的；而当需求和供给都变动时，均衡价格和均衡产量中有一个变动趋势可确定，而另一个变动趋势则不可确定，既可以升高，也可以降低。在现实中，需求和供给都是变动的，这就要求经营者对价格的走向做出准确的判断。

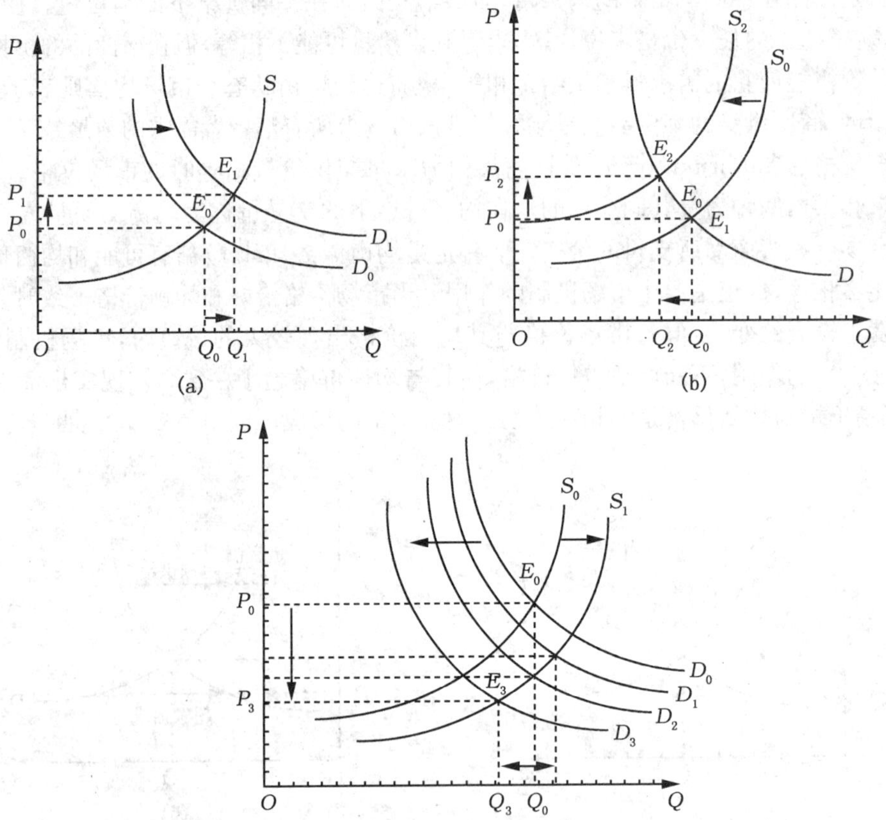

图 1—8　均衡价格和均衡产量的变化

当某种商品的供给不变，由于消费者的收入或者其对该种商品的主观偏好增加，那么其需求曲线会向右上方移动，如图1－8(a)所示，新的需求曲线 D_1 与原供给曲线相交于 E_1 点，此时，新的均衡价格为 P_1，新的均衡产量为 Q_1。在新的均衡点与旧的均衡点相比较的过程中可以发现，均衡价格和均衡产量均比以前提高了。相反，我们可以得出，若供给不发生变化，需求曲线向左下方移动，形成新的均衡点，均衡价格和均衡产量都会减少。

当某种商品的需求不发生变化，而由于生产要素的价格上升时，厂商生产这种商品的成本上升，那么，厂商的利润空间下降，就会减少这种商品的供给，如图1－8(b)所示，表现为供给曲线向左上方移动，此时，新的均衡点向上移动，均衡价格为 P_2，均衡产量为 Q_2。在新的均衡点与旧的均衡点比较中发现，均衡价格比以前提高了，而均衡产量比以前减少了。相反，我们可以推导得出，若生产要素的价格下降，则生产某种商品的成本下降，那么，厂商便倾向于增加商品的供给量，这就表现为供给曲线向右下方移动。此时，会形成一个新的均衡点，表现为均衡价格下降，而均衡产量增加。

当某商品的需求和供给均发生变动时，新的均衡点将会因为需求和供给变动的程度不同而有所不同，如图1－8(c)所示。新的均衡价格和均衡数量均有可能上升、下降或者不变，均衡点到底如何变化取决于供给和需求两者力量的对比。就以某产品的价格为例，若市场上对这一产品的需求增加大于其供给增加的幅度，那么在新的均衡中该产品的均衡价格将会上升。若市场上对这一产品供给的增加超过了需求的增长，那么，这一产品新的均衡价格将会下降。若市场中的消费者对这一产品需求的增加与该产品供给的增加刚好相等，那么产品的价格将趋于不变。

小链接

均衡价格

均衡价格的调整在经济学中有着重要的地位与作用，在现实经济中，有关均衡状态的调整也十分常见，我们就以最为常见的食堂排队为例加以阐述。

中午11点半左右，正是大学生去吃饭的时候，在学校食堂的每个窗口前都排起了长队，此时若有一个新的窗口开始使用，将会出现怎样的情况呢？

我们会发现有很多学生迅速向新的窗口涌去，而他们往往是原来窗口排队较后的学生。几分钟之后，队伍又会恢复平静，这时将会看到新的队伍和原来的队伍长度一样。

为什么会发生这样的现象呢？这是因为新的窗口开设时，大家都在权衡加入新队伍所带来的利弊，若是利大于弊则会立刻加入，若是弊大于利则会按兵不动。比如，在原来队伍中排在前面的同学一般会选择不加入。也就是说，只有当人们觉得有机会改善自身的现状时，才会进行必要的改变。

对于食堂排队这一现象，从全局来讲，其均衡就是所有队伍经调整之后将会达到同样的长度。

三、均衡价格的运用

在纯粹的竞争性市场中，需求与供给两种力量决定了均衡价格，价格机制就像一只“看不见的手”，指挥着人们的经济活动。但纯粹的竞争性市场只是一种理论假设，在现实的经济中，某些社会的、政治的因素会影响均衡价格的形成。由于消费者或生产者的有限理性及信息不充分等因素，也会使实际价格偏离均衡价格，从而不能合理地配置资源。因此，政府常常会利用某些经济手段或行政手段，影响商品的价格与市场的供求，以协调各部门之间的经济利益关系。

(一)支持价格

支持价格是政府为了扶持某一行业的生产，对该行业产品规定的高于均衡价格的最低价格。如政府为了扶持农业，对某些农产品实行支持价格。由于支持价格高于均衡价格，会导致农产品的供给增加，因此政府必须采取相应的措施：一是增加财政开支，以收购过剩的农产品，或将其用于储备，或用于出口等；二是对农产品实行限量生产，将生产控制在均衡产量 Q_E 上，以保证供求平衡。但在实施时需要有较强的指令性安排和较高的财政支出。具体见图 1－9。

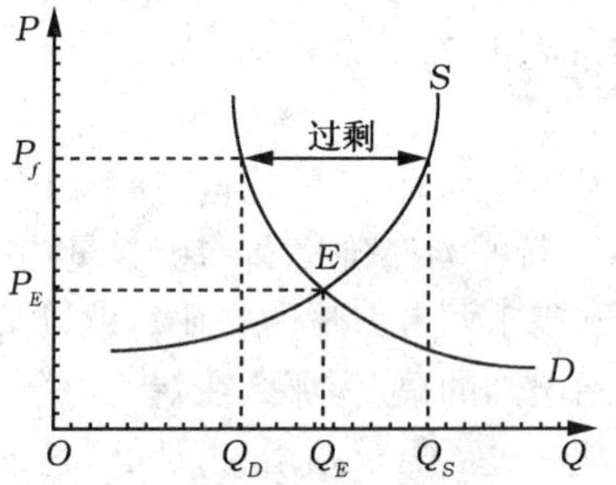

图 1－9　支持价格

(二)限制价格

限制价格是指政府为了保证人们对某些产品的需求，而对它们规定的低于均衡价格的最高价格。例如，对某些生活必需品规定限制价格，有利于安定民心和稳定生活。在限制价格的政策下，某些产品会出现短缺，市场可能形成抢购或是黑市交易。为了解决商品短缺问题，政府可以采取措施，如实行配给制、发放购物券等，以控制需求量。但是，配给制只能是权宜之计，不能长期实行，否则一方面会使购物券货币化，形成非法交易；另一方面会挫伤企业的生产积极性，使短缺更加严重。具体见图 1－10。

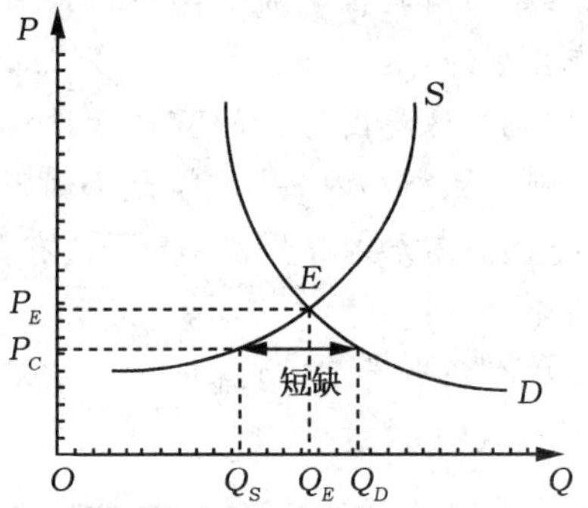

图 1－10　限制价格

(三)政府税收

政府可以通过税收手段来影响企业生产和行业发展。假定政府对企业征收 T 单位的从量税，将使企业的生产成本提高，因此供给曲线向左移动。如图 1－11 所示，供给曲线 S 向左

上方平移到 S_1 的距离为税收 T，均衡价格由 P_0 上升至 P_1，为生产者转嫁给消费者的部分税收，剩余部分则由生产者自己承担。在现实中，税收由消费者和生产者承担的比例主要取决于需求弹性和供给弹性。一般情况下，需求弹性大的商品，消费者承担的比例较小。因为这类商品的价格上涨，会导致消费者需求量的显著减少，企业无法将税收转嫁出去。相反，供给弹性大的商品，企业承担的比例较小。因为税收使生产这类商品的成本提高和利润下降，企业就会显著减少它们的生产。因此，有些限制企业生产的税收政策，常常会侵害到消费者的利益。

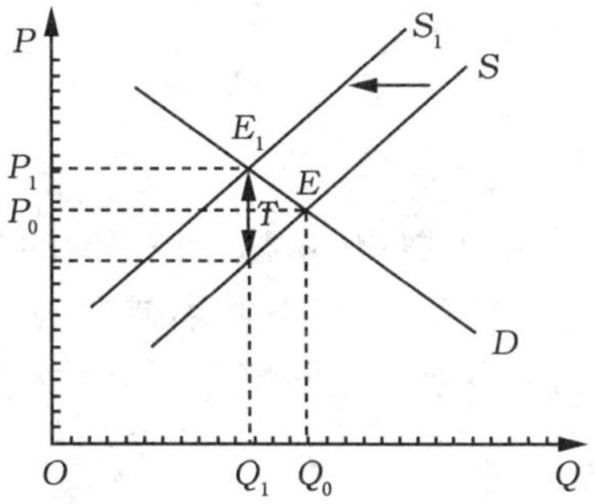

图 1—11 政府税收

小思考

如果政府向消费者征收消费税，对生产者和消费者的影响如何？请画图分析。

小链接

价格听证会制度

价格听证会制度是价格决策民主化和科学化，消费者直接参与定价的重要形式。《中华人民共和国价格法》第 23 条规定，制定关系群众切身利益的公用事业价格、公益性服务价格、自然垄断经营的商品价格等政府指导价、政府定价，应建立听证会制度，征求消费者、经营者和有关方面的意见。建立价格决策听证会制度的重要意义是显著的。实行听证会制度，邀请社会各方面代表参加，有利于增进经营者与消费者之间的联系，有利于使价格决策形成多方制约的格局，提高政府制定价格的科学性、全面性，减少盲目性、片面性，使定价更加符合实际。公共交通、铁路票价、电信资费、民航机票、自来水和居民用电等价格听证会，近年来在我国的经济生活中普遍出现。当然，政府对价格的管制要有相应的成本，所以只有关系国计民生的重要商品，政府才会加以干预。

第四节 蛛网模型

蛛网模型(cobweb model)是考察现行价格波动对下一周期产量影响的理论，常用来分析完全竞争市场中某些商品的价格和产量之间的关系。这些商品具有以下特点：(1)产品本身不易储存，必须尽快出售；(2)市场信息不灵通，企业无法预期未来，只能以目前的价格决定下期的产量，但需求量则会根据市场价格随时进行调整。若用 P 表示价格，D_t 和 S_t 分别表示需求量和供给量，t 表示时期，则上述关系可用下列函数表示：

$$D_t = f(P_t)$$

$$S_t = f(P_{t-1})$$

根据需求曲线和供给曲线的价格弹性，蛛网模型通常有封闭式、收敛式、发散式三种形式，如图 1—12 所示，下面将分别进行阐述。

一、封闭式

在这种模型中，需求曲线和供给曲线的价格弹性是相同的，即两条曲线斜率的绝对值是相同的。当供不应求时，由于价格上升使生产增加、需求减少；相反，当供过于求时，由于价格下降使生产减少、需求增加。由于价格波动按相同幅度影响供求量，因此始终不会达到决定均衡价格和均衡产量的那一点。由于价格和产量的波动始终沿着一个封闭的线路循环，因而称为封闭式蛛网模型(如图 1—12 所示)。

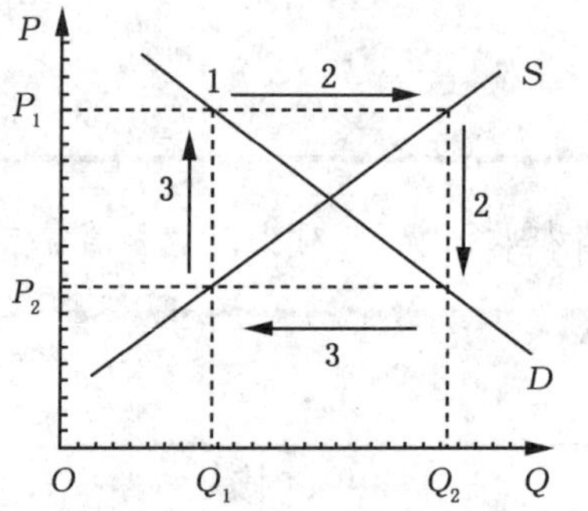

图 1—12　封闭式蛛网模型

二、收敛式

在这种模型中，需求的价格弹性大于供给的价格弹性，即供给曲线的斜率大于需求曲线的斜率，需求曲线比供给曲线平坦，价格波动对供给量和需求量的影响幅度越来越小，直至决定均衡价格和均衡产量的那一点。这种情况是动态的稳定均衡，因而称为收敛式蛛网模型(如图 1—13 所示)。

三、发散式

在这种模型中，供给的价格弹性大于需求的价格弹性，即需求曲线的斜率大于供给曲线的斜率，供给曲线比需求曲线平坦。在这种场合，价格变动引起的供给量的变动大于价格变动引起的需求量的变动，一旦出现市场失衡状态，竞争机制不仅不能使其恢复均衡，而且会使价格和产量的变动越来越偏离均衡。这种情况称为发散式蛛网模型(如图 1—14 所示)。

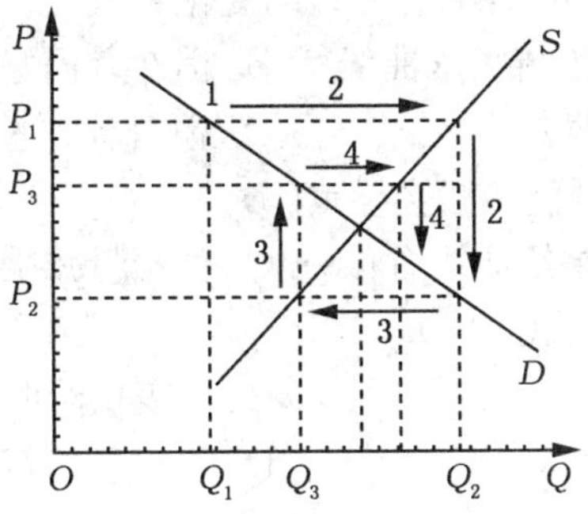

图 1—13　收敛式蛛网模型

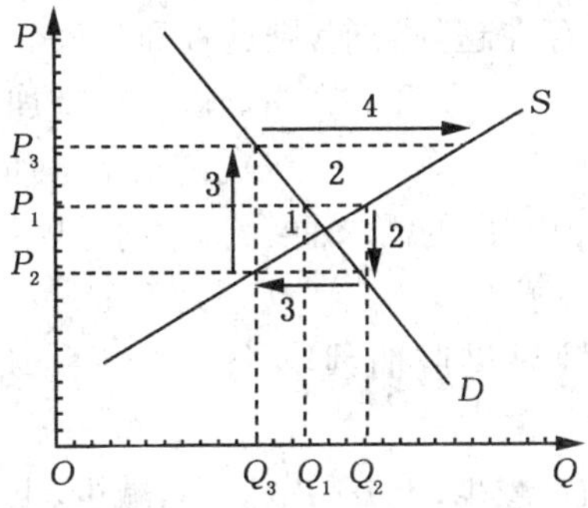

图 1—14　发散式蛛网模型

蛛网模型是西方学者根据假设条件提出的一种理论，对理解某些行业的价格和产量的波动关系具有借鉴意义。

在中国，特别是在较落后的农村，发散式蛛网模型并不罕见，这种波动不利于农业生产稳定和农民收入提高。但在农业发达地区，发散式蛛网模型则较少，农村的信息化、产业化程度提高，有助于克服这一现象。

课后习题

一、单项选择题

1. 单个消费者的需求曲线描述的是(　　)。

A. 在不同收入水平上消费者的需求量

B. 在不同价格水平上消费者的需求量

C. 消费者购买不同数量商品所需要的收入

D. 消费者收入所能购买的商品量

2. 咖啡价格上升一般会导致咖啡的(　　)。

A. 需求曲线右移　　B. 互补品的需求增加

C. 替代品的需求减少　　D. 替代品的需求增加

3. 如果甲商品的价格上升会导致乙商品需求曲线左移，则甲与乙是(　　)。

A. 替代品　　B. 互补品　　C. A、B 都有可能　　D. A、B 都不是

4. 需求受到价格以外变量的影响,(　　)的变化导致(　　)移动。

A. 其他商品价格,需求量沿着需求曲线　B. 消费者偏好,需求曲线本身的

C. 商品供给,需求曲线本身的　D. 消费者收入,需求量沿着需求曲线

5. 一种生产要素的价格下降,一般会导致(　　)。

A. 供给量增加　B. 供给曲线右移　C. 供给量减少　D. 供给曲线左移

6. 小麦价格下降一般会导致(　　)。

A. 小麦供给量增加　B. 小麦供给曲线右移

C. 麦片供给曲线右移　D. 麦片供给量增加

7. (　　)时存在超额需求。

A. 实际价格低于均衡价格　B. 实际价格高于均衡价格

C. 实际价格围绕均衡价格波动　D. 实际价格等于均衡价格

8. 如果在现有价格水平上存在超额需求,则这种商品(　　)。

A. 价格趋于上升　B. 供给量增加,需求量不变

C. 价格趋于下降　D. 需求量增加,供给量不变

9. 在需求函数为 $Q=100-0.1P$ 的需求曲线上,需求弹性(　　)。

A. 等于1　B. 小于1　C. 大于1　D. 三者都可能

10. 如果蔗糖价格下降,糖果供应曲线会向(　　)移动,均衡交易量(　　),均衡价格(　　)。

A. 右,增加,下降　B. 右,减少,上升　C. 左,减少,上升　D. 左,增加,下降

二、多项选择题

1. 下列关于单个厂商的供给曲线的描述中,错误的是(　　)。

A. 在不同价格水平上全体厂商供给的商品数量

B. 该厂商生产不同数量商品时所需的资金供给

C. 在不同利润水平上该厂商供给的商品数量

D. 在不同价格水平上该厂商供给的商品数量

2. 下列各项中,不能使 X 商品的供给曲线向左移动的有(　　)。

A. 居民的收入增加　B. 政府对 X 商品征税

C. 生产 X 商品的要素价格下降　D. 居民对 X 商品的偏好减少

3. (　　)的变化是商品供给曲线移动的原因。

A. 自然环境　B. 技术　C. 该商品价格　D. 生产要素价格

4. (　　)变化可能导致电影票需求曲线移动。

A. 电影供给　B. 录像带租价　C. 电影院规模　D. 电影价格

5. 下列选项中,会导致麦当劳的汉堡需求曲线移动的是(　　)。

A. 肯德基汉堡价格下降　B. 消费者收入增加

C. 必胜客比萨饼价格上升　D. 麦当劳汉堡价格下降

三、名词解释

1. 需求

2. 供给

3. 均衡价格

4. 均衡产量

5. 支持价格

6. 限制价格

四、计算题

某商品的市场需求函数为 $Q_d=300-P$，供给函数为 $Q_s=-30+0.5P$，要求：

(1)计算该商品的均衡价格和均衡数量。

(2)如果政府对生产者征收 9 元的销售税，均衡价格和数量将发生什么变化？实际上谁支付税款？征税总额是多少？

(3)如果政府给生产者 12 元的补贴，均衡价格和数量将发生什么变化？

五、简答题

1. 简述需求变化与需求量变化的区别，以及影响商品需求和需求量变动的因素。

2. 简述供给变化与供给量变化的区别，以及影响商品供给和供给量变动的因素。

3. 什么是限定价格？政府实行限定价格会导致什么结果？

4. 请以电脑为例，说明哪些因素会影响电脑的需求和供给。

第二章　需求弹性与供给弹性

企业在生产过程中常常需要进行多方面的决策，包括产品的品种、产量和价格等。有些人认为，价格的降低能带来销量的提升，这样总利润就能增加。也有些人认为，“谷贱伤农”，粮食价格的下调难以提升销量，甚至会使总收入下降。这两种似乎矛盾的情况都是在降价时发生的，为什么不同产品会出现截然不同的结果呢？

在特定条件下，上述两种结果都可能发生，而且有各自的特殊原因。例如，在机票可以公开打折以后，人们会更多地选择飞机作为出行方式。价格降低带来的乘客数量增加更多，因此，从总体来说民航利润反而提升了。对农民来说，粮食是一种需求量相对稳定的产品，人们不会因为价格变化而大幅度改变对它的需求量。所以，在某些丰收的年份，由于粮食销售价格降低，农民的收入反而会减少。本章在前一章对供求规律进行定性分析的基础上，将侧重从定量的角度来分析当价格和其他因素变化时，供求关系对企业实际收益所产生的影响。

本章介绍的是关于价格弹性的基本理论和计算方法，价格弹性包括需求弹性和供给弹性两部分。需求弹性又可分为需求价格弹性、需求收入弹性和需求交叉弹性等，而供给弹性主要集中在销售价格的弹性上。通过价格弹性的学习，可以解决上述案例中的矛盾，也能够帮助我们理解，为什么有些行业对价格变动的反应比较敏感，而有些行业却比较迟钝。通过对价格弹性理论的研究，可以帮助人们根据实际情况来制定正确的价格策略。

第一节　弹性及其分类

弹性(elasticity)是一个变量对另一个变量反应程度的测量。“弹性”最初是一个物理学上的词汇，指的是对某物体施加一个外力时，其在物理上产生的形状变化程度，具体地讲，是指一个变量为百分之一的变化，会引起另一个变量百分之几的变化。商品本身的价格、相关商品的价格、消费者收入等的变化都会引起需求量或需求的变化，我们可以用需求的价格弹性、交叉弹性、收入弹性等来度量其变化的程度。

假设 X 为自变量，Y 为因变量，E 为弹性系数，那么，弹性的一般定义可以用下面的公式来表达：

$$E=\frac{Y\text{变动的百分比}}{X\text{变动的百分比}}=\frac{\Delta Y/Y}{\Delta X/X}=\frac{\Delta Y}{\Delta X}\cdot\frac{X}{Y}$$

其中，X 和 Y 分别表示变动前的取值。ΔX 指的是 X 的变动量，假定变动前 X 的取值为 X_1，变动后为 X_2，那么，$\Delta X=X_2-X_1$；ΔY 表示 Y 的变动量，假定变动前 Y 的取值为 Y_1，变动后为 Y_2，那么，$\Delta Y=Y_2-Y_1$。

在需求弹性中，其影响因素非常多，因此，可以根据变量的性质差异来划分不同类型的需求弹性。一般是通过商品的价格、消费者收入和其他商品价格等不同的影响因素进行分类。因此，需求弹性主要有三种类型，即需求价格弹性、需求收入弹性和需求交叉弹性，其表示的分别是商品价格、消费者收入和其他商品价格变动对该商品的影响程度。另外，由于需求的价格弹性非常普遍，因此，一般讲的需求弹性，就是指需求的价格弹性。

根据影响供给的不同因素，同样可以将供给弹性分为不同的类型，如供给价格弹性、供给交叉弹性、供给预期价格弹性、供给中间产品价格弹性等。也就是说，将供给的影响因素与产生的实际变化相结合，就可以将供给弹性加以分类，以定义某个因素对供给产生影响的类型。

第二节 需求弹性

前面分析了价格对需求和供给的影响趋势，然而我们更想知道的是，价格变动会引起需求量或者供给量多大程度的变化呢？在经营中是维护高价有利还是薄利多销有利呢？某一种经营理念和营销策略是否对所有商品都适用呢？对需求弹性和供给弹性的分析，将有助于我们更准确地回答这些问题。这里首先从分析商品的需求弹性开始。

一、需求的价格弹性

需求的价格弹性(price elasticity of demand)简称需求弹性。需求弹性表示商品价格变化引起需求量变化的程度，它等于需求量变化的比率与价格变化的比率之比，用公式表示如下：

$$E_d=\frac{\Delta Q/Q}{\Delta P/P}=\frac{\Delta Q}{\Delta P}\cdot\frac{P}{Q}$$

一般情况下，需求量与价格的变动方向是相反的，所以需求弹性为负数。由于需求弹性所要关注的不是它的变动方向，而是它的变动程度，因此在计算时总是取其绝对值。

需求弹性可分为点弹性(point elasticity)和弧弹性(arc elasticity)。在需求曲线上某一点的弹性称为点弹性，它反映价格变动极小时的弹性。在需求曲线两点之间的弹性称为弧弹性，它反映价格变动较大时的弹性。

在计算 A、B 两点之间的弧弹性时，由于从 A 点到 B 点和从 B 点到 A 点的计算结果是不同的，因此，一般采用折中的方法，求中点的弧弹性，其公式如下：

$$E_d=-\frac{\Delta Q_d\Big/\frac{(Q_{d1}+Q_{d2})}{2}}{\Delta P\Big/\frac{(P_1+P_2)}{2}}=-\frac{\Delta Q_d}{\Delta P}\cdot\frac{P_1+P_2}{Q_{d1}+Q_{d2}}$$

点弹性表示价格发生微小变动时，需求量的相应变动。假定需求函数连续可导，则点弹性可以表示如下：

$$E_d=\lim_{\Delta P\to 0}-\frac{\Delta Q_d/Q_d}{\Delta P/P}=-\frac{dQ_d}{dP}\cdot\frac{P}{Q_d}$$

假定需求曲线为直线，如图 2－1(a)所示，则点 A 的需求弹性为 $E_{dA}=\frac{AB}{AC}$（读者可根据定义做出数学证明）。如果 A 点为 CB 直线的中点，则 AC 之间点的需求弹性 $E_d>1$；而 AB 之间点的需求弹性 $E_d<1$；A 点的需求弹性 $E_d=1$，如图 2－1(b)所示。

如果需求曲线不是直线，其上某一点的弹性如图 2－2 所示。一般来说，若商品的需求曲

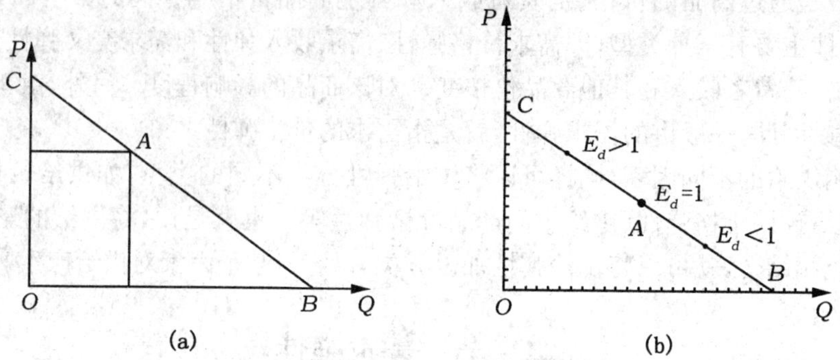

图 2—1　需求曲线为直线时的点弹性

线较为平坦，则它的需求价格弹性较大。

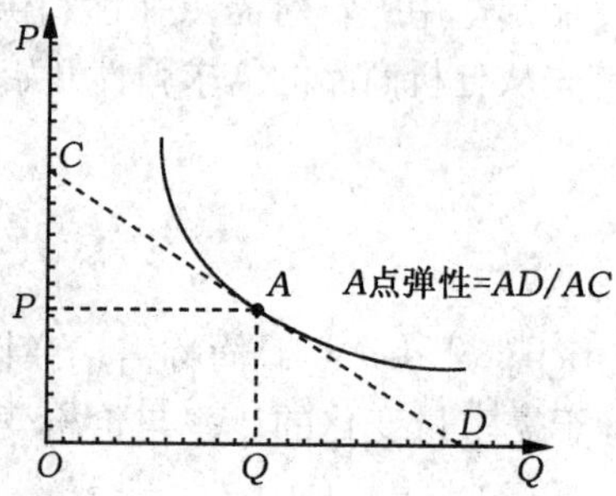

图 2—2　需求曲线的点弹性

二、需求价格弹性的分类

根据不同商品的特点，需求价格弹性可分为如下几类(如图 2—3 所示)：

(一)$|E_d|=0$:完全无弹性

这个时候需求曲线就是一条开始于数量轴的垂线。从定义中可以知道，当价格发生变化时，如果需求没有产生任何变化，那么需求弹性就为零，也就是说，ΔP 不等于零时，ΔQ 为零。这样的情况非常少见，一般是指现实中与人的生命有关的商品，或者在生活中没有同类的替代品，如沙漠中的水、绝症的特效药等[见图 2—3(a)]。

(二)$|E_d|=\infty$:弹性无穷大

这个时候需求曲线就是一条从价格轴开始的水平直线，也就是说，只要价格产生了一点点变化，就会引起需求量的极大变化，这种情况下需求对价格极为敏感。在后文提到的完全竞争市场中，单一的厂商所面对的需求曲线就是这样的一条水平线，对于该厂商来说，价格具有外在的性质，与自身的行为没有任何关系[见图 2—3(b)]。

(三)$|E_d|=1$:单元弹性

这时候的需求曲线就是一条等轴双曲线在第一象限中的部分，在这样的情况下，只要价格产生了 1%的变化，就会同样地在需求上产生 1%的变化，也就是说，需求量与价格按相反方向的同一比率变动，而总收益不变[见图 2—3(c)]。

(四)$|E_d|<1$:缺乏弹性

这个时候价格上的变化百分比在需求上引发的变化并不大,大幅度的价格变动只能够引起需求上小范围的变化。一般来说,人们生活中的必需品就是一种缺乏弹性的商品,如粮食、面粉、调味品等。反之,也可以将需求价格缺乏弹性的商品均称为必需品。在曲线上,需求量变动的比率小于价格变动的比率,总收益与价格按同方向变动[见图 2—3(d)]。

(五)$|E_d|>1$:富有弹性

这个时候需求量的变化百分比会远远大于价格变动百分比,也就是说,少量的价格变动会引起大量的需求变化。人们生活中的奢侈品就是这样一种富有弹性的商品,如酒店、美容、桑拿等。反过来,这些需求富有弹性的商品也可以被称为奢侈品。在曲线上,需求量变动的比率大于价格变动的比率,总收益与价格按反方向变动[见图 2—3(e)]。

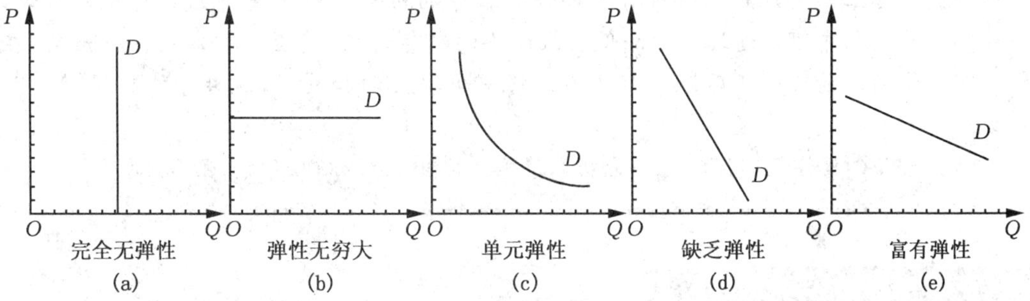

图 2—3　需求弹性的分类

可见,由于不同商品的需求弹性不同,经营者采取的价格策略也会不同。一般来说,对于需求弹性大的商品应采取降价策略,对于需求弹性小的商品应采取涨价策略,以增加总收益。

小链接

需求价格弹性

20 世纪 80 年代,国内某厂商进口了一套生产设备。根据当时的市场调查,能够提供该生产设备的厂家全世界只有 8 家,价格为 500 万~800 万元。厂商自身的心理预期分布在 500 万元左右,能够承受的最高价为 650 万元。于是,厂家先选择了一家日本的企业进行谈判,当厂家提出 500 万元的心理预期时,日本厂家立刻就答应了该成交价,并且提出了尽早签订交易合同的想法。国内厂家代表当时就怀疑起来,怎么会这么爽快就答应成交了呢,这里面是不是有什么问题?但是想来想去也没有头绪,加上对方提供的设备验货后也没有任何问题,该厂家随即就签订了购买合同。谁知在该生产设备使用了半年之后,便陆陆续续地出现了各种小毛病,易损耗的零部件都需要及时更换才能保证稳定的生产,国内厂家向日本厂商提出了该问题,对方表示可以进行更换,但是更换的价格必须是原来成交价格的 2 倍。于是,厂长怀疑对方这是故意在自己身上占便宜,但是在考察了其他几家的同类设备之后,发现这些设备的零部件与自己购买的均不兼容,加上当初的购买合同中并没有明确提出后期更换零部件的价格仍然与设备购买时的价格相同,厂长没办法只好忍气吞声地购买了该日本厂商提供的零部件。后来经过几年的继续使用,前前后后加起来所花的费用已经远远高于当初购买时的 500 万元,国内厂家不得不在心里暗暗地骂日本厂商太狡诈。

如果这位厂长当初在计划购买的阶段就学习了需求价格弹性，就不会发生后来的吃亏事件了。如今经济全球化的发展使得各个厂家之间的市场竞争非常激烈，对于整套生产设备来说，需求弹性非常大，但是一旦使用了某一家厂商提供的生产设备之后，需求弹性就几乎为零了。所以说，该事件中日本厂家抓住了这样的原理，在当初购买整套设备的时候故意将价格压得非常低，让国内厂商尽快购买其整套设备，然后将其套在零部件的"圈子"内，根据零部件的刚性需求在后期进行提价销售。所以说在该案例中，并不能够完全怪日本厂商太过狡诈，只能说厂长在购买前还不够了解需求价格弹性的原理。从经验上来看，在购买国外进口整套设备的过程中，由于其在价格上弹性非常大，在价格谈判的过程中应当积极主动，用最优惠的价格购买设备和后期的全部零部件。如果有一些易损耗的器件，应当在购买整套设备的过程中一起购入，并且在购买的合同中明确标注出前期和后期所有零部件和服务的价格。对于设备的销售厂商来说，在前期销售过程中可以通过尽量降低主机设备的销售价格，甚至以亏本的价格出售，在扩大市场份额的前提下在后期零部件的销售中争取主动和利润，这样才能够帮助自身厂家获得最大的利润回报。

[资料来源]黎诣远:《微观经济分析》，清华大学出版社 2000 年版，第 53 页。

三、影响需求价格弹性的因素

有了具体的需求函数，我们就可以使用点弹性的计算思路来获得需要的需求价格弹性。但是在没有具体需求函数的情况下，或者价格和需求量等参数都不能够定性地获得的情况下，怎样才能判断出某一种特定商品或者服务的需求价格弹性的大小呢？一般来说，我们可以从以下四个角度来经验化地判断对应商品需求价格弹性的大小情况，这样就能够帮助企业的产品生产决策者进行生产战略的决策，避免在管理中出现重大的方向性错误。

(一)替代品的状况

如果一种商品的替代品很多，当其价格上涨时，人们就会去购买它的替代品，该商品的销售量就会大量减少，表现为需求弹性较大；反之，则需求弹性较小。例如，人们生活中所必需的燃气、电话、电力供应等，从电器的角度来说，电灯可以使用蜡烛来替代，但是从动力来源来说，人们在生活中并没有有效的替代品，所以说这些商品的弹性系数较小。如果一些商品或者服务在生活中能够寻找到良好的替代品，那么可以称其弹性系数较大，如凉茶饮料王老吉就存在着同类的替代品加多宝，统一方便面同样也可以有康师傅作为有效的替代方案。当统一方便面的价格升高时，消费者很快就会转向购买康师傅方便面产品。另外，如果生活中的商品存在着替代品，其替代程度的大小也会影响到弹性系数的大小。在上面所举的例子中，蜡烛和电灯有着可替代性，但是替代的程度并不大，在加多宝饮料和王老吉之间的替代程度就非常大，甚至一些消费者在不知道两者包装的情况下，凭借自己的味觉很难判断出两种饮料的品牌区别。

(二)商品的用途

如果一种商品的用途很广，当它的价格下降时，消费者就会想方设法从多方面利用它，因而对它的购买量就会显著增加，表现为需求弹性较大。而如果消费者在短时间内很难快速找到合适的替代商品，进行相应的调整也非常困难，这个时候的弹性系数就会比较小。比较典型的例子就是石油的价格，美国经济学家曾经估算过汽油的弹性系数，在短时间内汽油的弹性系数约为 0.2，也就是说，如果在短期内石油价格涨了 1%，那么汽油的需求量则下降 0.2%。但是从长期的角度来说，汽油的弹性系数则为 0.7。出现这种结果的主要原因是消费者在短期内汽油价格上涨的情况下仍然会保留当前拥有的汽车，并且在生活取暖上也会采用燃油的方式，只是在使用量上会略有减少。然而在长期实践中石油价格一直高居不下，人们可能会将自己的汽车换成相对省油的汽车，在取暖的燃料上也会寻求新的材料，放弃原有的燃油方式，这样就最终表现为弹性系数的增大。

不仅如此，在判断商品价格弹性的大小时，还与定义的范围有关，在宽泛的定义中，人们很难找到替代品，弹性就会较小；如果定义狭窄，那么就很容易找到替代品，弹性较大。比如，在研究方便面的弹性时，在寻找替代品的过程中就会有些困难，但是如果研究的是康师傅品牌的方便面，其替代品就非常丰富。又如，在研究凉茶饮料的过程中，替代品很难找，但是如果研究的是加多宝品牌的凉茶，那么消费者很容易在市场上寻找到同类替代品，弹性系数就会增大。

(三)人们对商品的需要程度

消费者对生活必需品的需要量比较稳定，即使价格上涨也难以减少，因此需求弹性较小，这种商品一般与人的生存有着非常密切的关系，如生病时所用到的药品、野外生存时需要的食物等；反之，对奢侈品的需要量随价格变动的波幅较大，如果价格下降，需求量就会显著增加，因此需求弹性较大，如生活中的一些体育运动或者休闲活动等。如果缺少一次这样的消费或者服务，对原本的生活也不会产生太大的影响，因此弹性系数较大。

(四)商品的耐用性及其占消费支出的比重

一般来说，耐用消费品如住房、汽车等的价格较高，占消费支出的比重较大，因而它们的需求弹性较大；而日用消费品的价格较低，占消费支出的比重较小，因而它们的需求弹性较小。例如，生活中一些重要的耐用品，弹性系数就非常大，该弹性表现也可以从侧面反映该商品在消费中的用途；反之，则需求弹性较小，商品在生活中的需求程度并不高，那么，即使价格上产生了较大的波动，消费者对其需求仍然影响不大，弹性系数就非常小。例如，女性在化妆过程中使用的化妆棉，原来价格是 2 元一包，现在涨到了 5 元一包，女性消费者使用化妆棉的频率非常稳定，并且价格占据收入的比例也很小，基本不会有太大的变化。又如生活中的调味品，即使价格产生了较大比例的变化，由于用途非常稳定，在收入中的支出比例也不高，因此弹性也非常小。

小思考

2015 年 7 月 10 日，上海市交通委透露，为应对地铁大客流问题，正研究增加高峰期票价，以避免高峰时段拥堵。地铁的替代性如何？居民能否承受调高的票价？这项措施能实现预定目标吗？运用弹性理论分析这项措施的效果。

小链接

“谷贱伤农”

“谷贱伤农”是经济学的一个经典问题。农民粮食收割后到底能卖多少钱取决于两个因素：产量和粮价两者的乘积。但这两个变量并不是独立的，而是相互关联的，其关联性由一条向下倾斜的对粮食的需求线来决定。也就是说，价格越低，需求量越大；价格越高，需求量越小。另外还要注意的是，粮食需求线缺少弹性，也就是说，需求量对价格的变化不是很敏感。当粮价下跌时，对粮食的需求量会增加，但增加得不是很多。其基本的道理在于，粮食是一种必需品，对粮食的需求最主要的是由对粮食的生理需求所决定的。此外，当今对大部分人来说，粮食方面的花费在全部花费中所占比例已很小了，并且还会越来越小，这也导致人们对粮价的变化反应不敏感。

认识到粮食市场的这一特性后，就不难理解下面的现象：当粮食大幅增产后，农民为了卖掉手中的粮食，只能竞相降价。但是由于粮食需求缺少弹性，只有在农民大幅降低粮价后才能将手中的粮食卖出，这就意味着，在粮食丰收时往往粮价要大幅下跌。如果出现粮价下跌的百分比超过粮食增产的百分比，就出现增产不增收甚至减收的状况，这就是“谷贱伤农”。

［资料来源］于善波：《西方经济学案例》，中国商务出版社 2008 年版，第 18～19 页。

四、需求的交叉弹性和收入弹性

需求的交叉弹性(cross price elasticity of demand)是指一种商品(X)需求量的变化受另一相关商品(Y)价格(P_Y)变动的影响程度。它用来表示某一种特定的商品或者服务的需求对另外一种商品或者服务的价格的影响程度，也可以表示某一种特定的商品或者服务的价格对另外一种商品或者服务的需求的影响程度。以 E_{XY} 代表需求的交叉弹性系数，用 P_X 和 ΔP_X 分别表示商品或者服务在变化前的价格和价格变动量，用 Q_Y 和 ΔQ_Y 来表示另一种商品或者服务在变化前的需求和需求变动量，那么有：

$$E_{XY}=\frac{\text{X 商品需求量变动的百分比}}{\text{Y 商品价格变动的百分比}}=\frac{\Delta Q_X/Q_X}{\Delta P_Y/P_Y}=\frac{\Delta Q_X}{\Delta P_Y}\cdot\frac{P_Y}{Q_X}$$

相关商品可分为替代品和互补品。如果两种商品的用途相同，可以相互替代，就可称为替代品(substitutes)。例如，米饭和面点、三得利啤酒和青岛啤酒、雨伞和雨衣等，其中一种商品的价格上升会引起另一种商品的需求量增加；反之则反是。由于一种商品的价格与另一种商品的需求量按同方向变化，因此替代品的交叉弹性系数是正值。

如果两种商品的用途有联系，并且具有互相补充的作用，就可称为互补品(complements)。例如，硬件和软件、汽车和汽油、手机和通信服务等，其中一种商品的价格上升会引起另一种商品的需求量减少；反之则反是。由于一种商品的价格与另一种商品的需求量按反方向变化，因此互补品的交叉弹性系数是负值。

由于消费者收入(M)的变动而引起的商品需求量(Q)的变动，称为需求的收入弹性(income elasticity of demand)，可用以下公式表示：

$$E_m=\frac{\Delta Q_d/Q_d}{\Delta I/I}=\frac{\Delta Q_d}{\Delta I}\cdot\frac{I}{Q_d}$$

其中，E_m 表示收入弹性，I 表示收入，Q_d 表示需求量。但是，收入提高时，并不是所有商品的需求量都增加；收入下降时，也并非所有商品的需求量都减少。根据收入弹性的状况，可将产品分为以下两类：

(一)正常商品

我们把需求量与收入呈正向变动的商品称为正常品(normal goods)。正常品的收入弹性

$E_m>0$。根据 E_m 是否大于1，又可将正常品分为两种：

(1)奢侈品(luxury goods)。这种商品的收入弹性 $E_m>1$，也就是说，在收入变动时，需求量的变动幅度要大于收入变动的幅度。

(2)必需品(necessities)。这种商品的收入弹性 E_m 处于0与1之间，也就是说，虽然在收入变动时，它的需求量也会按相同方向变动，但是需求量变动的幅度要小于收入变动的幅度。

(二)劣等商品

我们把需求量与收入呈反向变动的商品称为劣等品(inferior goods)，其收入弹性 $E_m<0$。这时候，随着人们收入水平的提升，人们对于该类商品的需求量反而会不断降低，反过来说，如果消费者的个人收入水平降低了，反而对某种商品的需求量增加，需求随着收入的变化而呈现出相反的变化，那么商品的弹性系数就为负数，这样的商品就被称为劣等品。例如，人们在收入降低时会增加购买劣质的便宜商品，而收入提高后则会减少对这类商品的需求。因此，劣等商品的收入弹性系数往往是负值。

然而，在特定的时间段内，消费者的个人收入在一定的国家或者地区内为正的弹性系数商品，在另一个时间段中，或者在不同的国家和地区范围内也有可能会表现为负的弹性系数。比如在我国的一些城市中，人们每月的个人收入约为1 500元，这时候大米作为粮食必需品是一种正向的收入弹性，然而当人们的每月收入提升到5 000元时，其对大米的需求反而会降低，这时候大米不再是人们生活中的必需品，在消费者的购买力范围内已经有了其他替代品，这时候大米的收入弹性就变为负值。

第三节　供给弹性

在供给弹性中，根据影响供给的不同因素，可以将供给弹性分为不同的类型，如供给价格弹性、供给交叉弹性、供给预期价格弹性、供给中间产品价格弹性等。由于供给的价格弹性是最基本、最主要的类型，因而也是我们在这里阐述的重点内容。

一、供给的价格弹性

供给的价格弹性(price elasticity of supply)是一种商品的供给量对其价格变动的反应程度，其弹性系数等于供给量变动的百分比与价格变动的百分比之比。一般来说，供给弹性就是供给价格弹性，它可以从两个角度进行定义：一是价格变化对供应量的影响程度，二是供给量对价格变化的敏感程度。供给的价格弹性，可以用价格变化1%所带来的供给量变化的百分比表示。这里以 E_s 表示供给弹性，以 Q_s 和 ΔQ_s 分别表示供给量和供给的变动量，以 P 和 ΔP 分别表示价格和价格的变动量，则供给弹性为：

$$E_s=\frac{\text{供给量变动的百分比}}{\text{价格变动的百分比}}=\frac{\Delta Q_s/Q_s}{\Delta P/P}=\frac{\Delta Q_s}{\Delta P}\cdot\frac{P}{Q_s}$$

类似于需求价格弹性的计算，供给弹性的计算也可采用以下两个公式：

(一)供给的弧弹性公式

$$E_s=\frac{\Delta Q_s\Big/\frac{(Q_{s1}+Q_{s2})}{2}}{\Delta P\Big/\frac{(P_1+P_2)}{2}}=\frac{\Delta Q_s}{\Delta P}\cdot\frac{P_1+P_2}{Q_{s1}+Q_{s2}}$$

(二)供给的点弹性公式

$$E_s=\lim_{\Delta P\to 0}\frac{\Delta Q_s}{\Delta P}\cdot\frac{P}{Q_s}=\frac{dQ_s}{dP}\cdot\frac{P}{Q_s}$$

一般情况下,商品的供给量与价格是按同方向变动的。因为价格越高,厂商愿意提供的产品就越多;反之则反是。因此,商品的供给弹性为正值。

二、供给价格弹性的分类

根据弹性系数的大小,供给价格弹性可分为如下几类(如图 2－4 所示):

(一)$E_s=0$:完全无弹性

无论价格怎样变动,供给量都不会变动(如土地、文物等在客观上不具备增加的可能性),这时候坐标上的供给曲线是一条从数量轴开始的垂直直线,见图 2－4(a)。从供给曲线的定义中可以知道,在价格产生变化,并且供给量保持不变的情况下,供给相对于价格的弹性系数就为零。也就是说,ΔP 没有变成零的时候,ΔQ 为零。从供给的角度来说,弹性系数完全为零的情况并不多。例如,在短时间内企业不能够迅速改变自己的资产投入。又如,收藏的文物,即使价格波动幅度非常大,文物本身的供应数量也不会产生改变。所以,文物价格的上涨会促使人们不断地寻找新的同类物品来稀释价格。虽然当前世界上的文物总量仍然是固定的,但是人们受到利益的驱使,会不断寻找更多文物进入市场。

(二)$E_s=\infty$:弹性无穷大

在既定价格上,供给量可以无限增大(这是在短期内由于盲目生产造成的特殊现象),这时候坐标上的供给曲线是一条从价格轴开始的水平直线,见图 2－4(b)。也就是说,如果价格产生了一点细微的变化,在供给量上就会带来极大的改变,市场供给对于价格的波动反应非常敏感。

(三)$E_s=1$:单元弹性

供给量与价格按同一比率变动(供给曲线是一条过原点的角平分线),这时候坐标上的供给曲线是一条从原点开始的直线,见图 2－4(c)。在这样的情况下,如果价格发生了 1%的波动,那么在供给量上也会产生 1%的波动,两者呈同方向、同比例变化。

(四)$E_s<1$:缺乏弹性

供给量变动的比率小于价格变动的比率(供给曲线与横轴相交),见图 2－4(d)。在这样的情况下,供给量的波动小于价格变化的比例,也就是说,大幅度的价格波动在供给量上产生的变化并不大。一般来说,对于那些生产难度较大的产品,如果价格产生了较大的变动,其在供给量上很难产生相应的变化。

(五)$E_s>1$:富有弹性

供给量变动的比率大于价格变动的比率(供给曲线与纵轴相交),见图 2－4(e)。这时候,供给量变化的比例相对于价格变动的比例要大得多,也就是说,小范围的价格波动就会产生较大幅度供给量的变化。例如,在企业生产能力较强,该产品的市场价格变动时,企业就能在短时间内迅速调整生产量来满足市场需求。

三、影响供给价格弹性的主要因素

供给价格弹性在实际生活中并不是一成不变的,而是受到产品类型、企业的产能、产品的

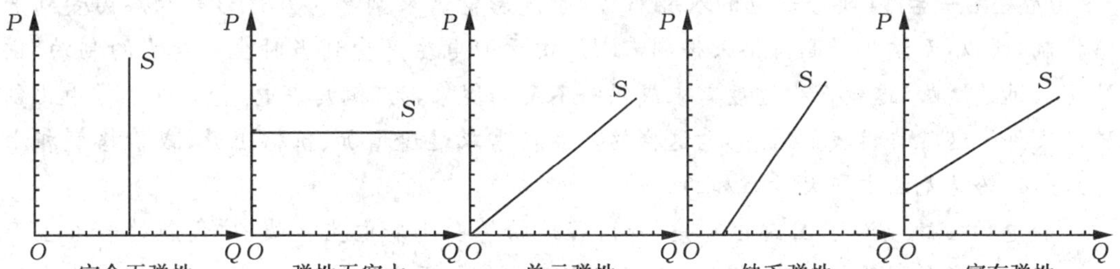

完全无弹性 (a)　弹性无穷大 (b)　单元弹性 (c)　缺乏弹性 (d)　富有弹性 (e)

图 2—4　供给弹性的分类

资源供给等因素的影响。总的来看，影响供给弹性的因素主要有以下三个方面：

（一）生产难度

一般而言，容易生产的产品，当价格变动时其产量变动的速度快，因而供给弹性较大。对于一些生产能力较强的企业，其产品在面临价格波动的情况下，企业能够快速地调动产能，通过降低或者提高生产率的方式对价格变化做出反应，形成灵敏的价格弹性；难以生产的产品则相反，这些产品在生产过程中需要消耗大量的资源和资本，因此在供给量上能够做出的改变很小，不会因为价格变化而产生大幅度的变动，因而其供给弹性较小。

（二）生产规模

一般而言，资本密集型企业的生产规模大、调整周期长，在产品的市场价格产生变动的情况下，受到全面配置生产资源的影响，在短期内很难对某一特定产品进行调整和改变，因而其产品的供给弹性较小；而劳动密集型企业的生产规模小、调整周期短，面对市场价格的变动，能够迅速做出反应，供给量可以根据市场需求进行调整和改变，因而其产品的供给弹性较大。

（三）生产成本

如果随着产量的提高，单位产品的成本微幅提高、不变甚至降低，该产品的供给弹性就较大。也就是说，当产品的市场价格发生变动时，厂商为了应对变化，需要及时改变供给量。如果在供给量增加时产品成本并没有显著增加，那么就可以帮助厂商赢得更多的利润，因而企业会调动所有的产能投入生产，使供给量显著增加，这样供给弹性就会变大；如果随着产量的提高，单位产品的成本明显上升，企业则不希望因此而降低产品的利润，也就不会投入过多的生产资源和改变产量，因而其产品的供给弹性就较小。

此外，自然条件、原材料的供应、技术水平等因素，都会对产品的供给弹性产生一定的影响，因此，我们要对具体产品的供给弹性做出具体的分析和准确的判断。

小链接

从供给弹性看彩电由短缺到过剩的转变

20 世纪 80 年代初，彩电相当紧俏，有人就是靠“倒卖彩电”发了财。尽管国家控制着彩电价格，但与当时的收入水平相比，彩电的价格还是相当高的。由于彩电供不应求，彩电凭票供应，从而造成彩电票本身有了“价格”。据说，有的彩电厂把彩电票作为“奖金”发给工人，每张彩电票可以卖到好几百元。20 世纪 90 年代之后，彩电供求趋于平衡，以后就是彩电卖不出去，爆发了降价风潮，拉开了中国彩电价格战的序幕。

20 世纪 80 年代，随着人们收入普遍增加，彩电成为首选的耐用消费品，能买得起

1 200元左右一台14英寸彩电的人相当多，于是彩电需求剧增。当时彩电价格仍受到严格控制，所以，无法用调高价格来抑制需求。由于彩电生产受到当时生产能力的制约，供给无法迅速增加，这就产生过度需求或供给不足的现象，为“倒卖彩电”和彩电票货币化创造了条件。这就告诉我们，像彩电这样的产品在需求迅速增加、价格上升（或价格变相上升）时，供给是无法立即大量增加的。

彩电的短缺刺激了国内的有关部门，各地纷纷引进彩电生产线，建设新的彩电生产厂。彩电业在全国开花，除西藏外，各省市都有了彩电厂。这就导致彩电市场逐步走向供求均衡，甚至走向过剩。这个过程说明在需求增加、价格上升（或变相的价格）后，供给的变动是与时间长短相关的。我们可以用供给弹性的概念来说明这一点。

某一种物品供给弹性的大小与生产所需的生产要素和技术相关。所以，不同行业产品的供给弹性是不同的。一般来说，所用设备先进、生产规模一旦确定就不易改变的重工、化工、电子、汽车等行业的产品往往供给缺乏弹性。当需求增加时，供给难以马上增加，而需求减少时，供给也难以马上减少，彩电的情况就是这样。20世纪80年代彩电需求激增时，彩电厂受生产规模限制，难以很快增加，但到20世纪90年代后供大于求时，彩电产量也难以有大幅度减少。正因为如此，这些行业要确定一个最优规模。规模小会失去赚钱的机会，规模大又会形成生产能力过剩。彩电业后来的困境正在于当年遍地开花，造成生产能力过剩。这种产品缺乏供给弹性，产量难以减少，剩下的出路只有降价了。

对同一种产品来说，供给弹性也不是一成不变的，而是与时间长短相关。对许多产品来说，当需求与价格变动时，供给变动的可能性很小。例如，即使彩电涨价100%，在短时期内，产量也难以增加，因为设备与生产能力是相对固定的，原料与人力也难以增加，除了把库存投入市场外，供给变动不大。这就是说，在即期内，供给弹性几乎为零。在短期内，尽管设备与生产能力不能变，但可增加原材料与劳动力，产量还是可以增加的，这时供给虽然缺乏弹性，但是比即期的弹性要大。在长期中，设备与生产能力都可以根据市场需求与价格预期来调整，因此供给是富有弹性的。从20世纪80年代到90年代，彩电由短缺走向平衡正是供给弹性随时间而加大的过程。至于以后，彩电出现过剩的局面则是在调整生产能力时预期失误所造成的恶果。

一般来说，企业在投资时要根据长期市场需求和行业经济特点确定最优规模。短期中要根据暂时的市场变动做出反应。在做出这种决策时，一定要考虑到供给弹性这个因素。彩电市场就是没有考虑到这一点，以致后来彩电产量难以随价格下降而减少。

[资料来源]梁小民：《微观经济学纵横谈》，生活·读书·新知三联书店2000年版，第65～68页。

第四节　短期弹性与长期弹性

当我们分析需求和供给时，有一点是非常重要的，那就是区分短期和长期。如果想知道价格的变化对需求和供给会有怎样的影响，就必须确定相应的时间跨度。

一般来说，商品的长期需求弹性要比短期需求弹性大，原因之一是人们需要较长的时间才能改变他们的消费习惯；原因之二是人们对一种商品的需求可能与另一种商品的存量有关，后者只能慢慢地改变。如煤炭的价格上涨，由于烧煤炭的锅炉数量短期内不会有大的变化，因而对煤炭需求的影响可能很小。只有经过较长时期,人们才能对锅炉的使用量或类型做出调整,进而影响煤炭的需求量。

对于有些特殊商品来说,情况刚好相反,短期需求弹性会大于长期需求弹性,如对某些耐用消费品的需求,价格变动会明显影响它们的短期需求,但是从长期来看,市场对它们的需求是相对稳定的,并不会因为价格的变动而影响人们对它们持久的需求量。

对多数商品来说,它们的长期供给弹性都要大于短期供给弹性。因为在短时期内,企业难以迅速改变生产条件和调整生产能力,即使在价格上涨时也无法大量增加生产;相反,在价格下降时,也难以大量减少生产。但是,只要有足够的时间,企业就可以根据价格变动的实际情况,改变生产条件和调整生产能力。了解短期弹性与长期弹性的区别,有助于企业根据自身的实际状况,对市场变化做出准确的判断和合理的应对。

小链接

名人传记——马歇尔

阿尔弗雷德·马歇尔(Alfred Marshall,1842～1924 年)是近代英国最著名的经济学家,新古典学派的创始人,剑桥大学经济学教授,19 世纪末和 20 世纪初英国经济学界最重要的人物之一。在马歇尔的努力下,经济学从仅仅是人文学科和历史学科的一门必修课,发展成为一门独立的学科,具有与物理学、化学等学科相似的科学性。剑桥大学在他的影响下建立了世界上第一个经济学系。

马歇尔于 1842 年出生于伦敦郊区的一个工人家庭,虽然家境一般,父母却努力让他受到很好的教育。青年时的马歇尔进入剑桥大学学习数学、哲学和政治经济学,尽管他对哲学饶有兴趣,但最后还是选定经济学为专业。做出这个决定的重要原因是马歇尔曾走访英国的贫民区,无法忘却他所见到的贫穷和饥饿。毕业后,马歇尔在剑桥大学任教 9 年,然后到了牛津大学,1885 年他回到剑桥大学任教直到 1905 年退休。

马歇尔从小接受他那极为严厉的、期望他儿子能成为一个牧师的父亲的教育。但他背叛了他父亲的意愿,于 1861 年获奖学金入剑桥大学圣约翰学院,学习西洋古典学与数学。1865 年,他以高分通过数学学科的荣誉考试(Tripos,"second wrangler")。1879 年他将 19 世纪 70 年代的早期零星作品集结出版为《纯粹贸易理论》(*The Pure Theory of Foreign Trade*);同年出版与玛莉培里共同写作的《产业经济学》(*Economics of Industry*)。1880 年,他担任英国协会第六小组的主席,正式领导了创建英国(后改为皇家)经济学会的运动。1881 年,他开始构思写作《经济学原理》(*Principles of Economics*),于 1890 年出版,该书至 1920 年共更新 8 版。这本书不但成为当时英国最通行的经济学参考书,其中对于供求、边际效益与生产成本的重新整理更奠定了马歇尔作为经济学创始人之一的地位。在 20 世纪 30 年代凯恩斯主义产生以前,马歇尔的新古典经济学占据经济学支配地位,自此之后,新古典综合派、经济自由主义都与该学派有着一定的学术渊源。1923 年,马歇尔出版了《货币、信用与商业》(*Money, Credit, and Commerce*),大胆地将他一生的理论集结于该书中。马歇尔于 1924 年逝世于剑桥家中(马歇尔楼),享年 81 岁。

马歇尔是局部均衡分析的创始者,他研究单个市场的行为而不考虑市场与市场之间的影响。他用上升的供给曲线和下降的需求曲线分析收入、成本的变化对价格的影响。马歇尔最重要的贡献之一是建立了弹性的概念和计算弹性的公式。他分析了需求的价格弹性和供给的价格弹性，发现在短时期内需求的上升会带动价格和产量的小幅度增加，但更多地会导致价格的上升。在长时期内，产量较容易扩张或收缩，企业可以进入或退出，这使得长期的供给曲线显得比较平坦。因此，马歇尔得出结论，在短期内，需求是影响价格的决定性因素；而在长期内，供给或生产成本是影响价格的决定因素。

马歇尔特别关注收入分配和贫困问题。他把贫困问题归因于劳动市场。在劳动市场里，非技术性劳动的供给由马尔萨斯的人口法则所决定，即工资水平上升时，人口增加，从而劳动供给也增加。但对非技术性劳动的需求却因为机械化而持续减少。供给与需求这两种力量使非技术性劳动的工资维持在相当低的水平。缺乏技能和谈判力量的工人只会得到较低的工资，这导致穷人的健康和教育水平无法提高，他们的儿女也会有同样的遭遇。马歇尔把解决贫困的希望寄托于教育，他主张限制非技术工人的家庭规模和建立累进税制度，但不主张设立最低工资保障和工会。在宏观经济学方面，马歇尔采用了购买力平价的概念来解释不同国家货币之间的汇率。

[资料来源]

Groenewegen, Peter. (2007). *Alfred Marshall: Economist* 1842－1924. Palgrave Macmillan.

Keynes, John Maynard. (1924) "Alfred Marshall, 1842－1924," *The Economic Journal*, 34:135, pp. 311－372.

课后习题

一、单项选择题

1. 如果一种商品的需求价格弹性是2，价格由1美元上升至1.02美元，则需求量(　　)。

A. 上升4%　　B. 下降4%　　C. 上升2%　　D. 下降2%

2. 如果企业降低商品价格后收入也下降，则该商品需求(　　)。

A. 缺乏价格弹性　　B. 富有价格弹性

C. 具有单位价格弹性　　D. 曲线向右下方倾斜

3. 随着收入的增加，人们对某一食物的需求将减少，那么该食物是(　　)。

A. 奢侈品　　B. 生活必需品　　C. 劣等品　　D. 单一弹性产品

4. 如果商品需求具有完全价格弹性，则需求曲线(　　)。

A. 水平　　B. 垂直　　C. 向下倾斜　　D. 不确定

5. 若需求曲线为向右下方倾斜的直线，当价格从最高处逐一下降时，供给者的总收益(　　)。

A. 不断增加　　B. 起初趋于增加，达到最大值后逐渐减少

C. 起初趋于减少，达到最小值后逐渐增加　　D. 不断减少

6. 就长期而言，寻找某种商品合适的替代品会比短期内(　　)，因此需求的价格弹性在长期内可能较(　　)。

A. 困难，高　　B. 困难，低　　C. 简单，高　　D. 简单，低

7. 如果一种商品的价格改变3%，供给量改变2%，则该种商品的供给(　　)。

A. 缺乏价格弹性　　B. 富有价格弹性

C. 有单位价格弹性　　D. 价格弹性无穷大

8. 如果一种商品的供给价格弹性是 0.5，价格由 1 美元上升至 1.04 美元，则供给量（　　）。

A. 增加 4%　　B. 减少 4%　　C. 增加 2%　　D. 减少 2%

9. 如果一种商品的供给完全没有价格弹性，而且该商品的一种替代品的价格上升，那么均衡量（　　），均衡价格（　　）。

A. 不变，上升　　B. 不变，下降　　C. 增加，不变　　D. 减少，不变

10. 支持价格是（　　）均衡价格的法定价格，会导致产品（　　）。

A. 低于，短缺　　B. 低于，过剩　　C. 高于，短缺　　D. 高于，过剩

二、多项选择题

1.（　　）会导致某种电脑市场价格降低。

A. 另一种更先进的电脑上市　　B. 该电脑生产技术扩散

C. 该电脑在生活、工作中的用途越来越广　D. 该电脑生产材料价格降低

E. 以上说法均错误

2. 如果存在短缺，则下列说法中错误的是（　　）。

A. 消费者按照现行价格愿意购买的商品量多于可以销售的商品量

B. 现行价格高于均衡价格

C. 销售商按照现行价格愿意出售的商品多于可以卖出的商品

D. 按照现行价格交易的实际数量由需求曲线确定

E. 以上说法均正确

3. 某商品需要交税，那么，这种商品的需求价格弹性越大，下列不会发生的是（　　）。

A. 消费者和销售商平均分担税收的机会也越大

B. 生产者承担税收的比例也越大

C. 消费者承担税收的比例也越大

D. 税收带来的收入越大

E. 以上情况均会发生

4. 以下关于需求价格弹性的公式中，表达错误的是（　　）。

A. 需求量变化÷价格变化

B. 价格变化÷需求量变化

C. 需求量变化百分比÷价格变化百分比

D. 价格变化百分比÷需求量变化百分比

E. 以上表达均正确

5. 如果一种商品价格变动 5%，需求量变动 1%，那么下列说法中错误的是（　　）。

A. 需求富有价格弹性　　B. 需求缺乏价格弹性

C. 具有单位需求价格弹性　　D. 需求曲线移动了

E. 以上说法均正确

三、名词解释

1. 弹性

2. 需求价格弹性

3. 供给价格弹性

4. 交叉弹性

5. 收入弹性

6. 奢侈品

四、计算题

1. 假定某种商品的需求函数和供给函数分别为 $Q_d=100-2P$ 和 $Q_s=10+4P$，求：

(1)均衡价格和均衡数量；

(2)均衡点的需求弹性和供给弹性；

(3)当供给函数改变为 $Q_s=28+4P$ 时，新的均衡点需求弹性和供给弹性，并与原来的弹性相比较。

2. 如果某种商品的需求函数是 $P=30-2Q$，供给函数是 $P=10+2Q$，求均衡价格、均衡交易量、均衡时的需求价格弹性系数和供给价格弹性系数。

五、简答题

1. 简述需求价格弹性的分类。

2. 简述需求的点弹性及影响需求弹性的因素。

3. 供给价格弹性的决定因素有哪些？

4. 当商品的需求弹性大于 1 和小于 1 时，对厂商的定价策略有何影响？

第三章 消费者及其效用理论

没有什么能比水更有用，然而水很少能交换到其他东西。相反，钻石几乎没有什么用，但却经常可以交换到大量的其他物品。为什么？

——亚当·斯密在《国富论》中提出的价值悖论

第一章通过分析需求和供给及其相互关系，说明了均衡价格的形成与变动。需求是消费者行为的表现，而供给是生产者行为的表现。因此，本章将在需求规律的基础上，进一步研究消费者行为，即消费者如何通过购买商品和满足需要来取得消费者效用的最大化。

第一节 基数效用

在西方经济学中，对消费效用的定量分析主要采用了基数效用和序数效用两种计量方法。下面先用基数效用来分析消费者行为。

小思考

如果羊肉串卖一角钱一串，你会吃多少串？如果电话充值卡卖一元钱一张，你会不停地买卡打电话吗？我们可以借助于效用和边际效用这两个概念来分析这个问题。

一、效用和边际效用

西方经济学认为，商品价值是由它的效用决定的。商品的效用（utility），是指消费者通过使用商品所取得的好处，这里的效用是商品的客观作用与消费者的主观感受相统一的表现。

小链接

关于偏好的故事

兔子和猫争论，世界上什么东西最好吃。兔子说："世界上萝卜最好吃。萝卜又甜又脆又解渴，我一想起萝卜就要流口水。"猫不同意，它说："世界上最好吃的东西是老鼠。老鼠的肉非常嫩，嚼起来又酥又松，味道美极了！"兔子和猫争论不休、相持不下，跑去请猴子评理。猴子听了，不由得大笑起来："瞧你们这两个傻瓜蛋，连这点儿常识都不懂！世界上最好吃的东西是什么？是桃子！桃子不但美味可口，而且长得漂亮。我每天做梦都梦见吃桃子。”兔子和猫听了，全都直摇头。那么，世界上到底什么东西最好吃呢？

由此可见，虽然商品有其客观效用，但是消费者对其的主观感受在很大程度上决定了这一商品的效用大小。

消费者行为取决于他的动机，这种动机主要来自于他的欲望，或是为了满足物质需要，或是为了满足精神需求，或是兼而有之。人可以有各种各样、不同层次的欲望。由于效用包含人的主观心理感受，因此，同样的商品对不同人的效用是不同的，即使是对同一个人，由于时间或地点不同，其效用也可能不同。

西方经济学家认为，效用可以用基数来确定、计算和比较，这种理论称为基数效用论。例如，一个面包的效用是 10.5 个单位，一件衣服的效用是 90 个单位，一幢房子的效用是 50 万个单位等。这种理论认为，消费者可以通过主观评价来确定商品的效用大小。

对于商品的效用，可计算它的总效用和边际效用。总效用（total utility）是指消费者消费一定量商品或劳务所取得的效用总和。一般情况下，总效用会随消费数量的增加而增加。边际效用（marginal utility）是指增加最后一单位商品或劳务带来的总效用的变化量。一般情况下，边际效用会随消费量的增加而减少。如果以 TU 表示总效用，X 表示商品的数量，则总效用函数为：

$$TU=U(X)=\sum Ux_i$$

如果以 ΔTU 表示总效用增量，ΔX 表示商品增量，MU_X 表示边际效用，则：

$$MU_X=\frac{\Delta TU_X}{\Delta X}$$

$$MU_X=\lim_{\Delta X\to 0}\frac{\Delta TU_X}{\Delta X}=\frac{dTU}{dX}$$

总效用与边际效用如图 3－1、表 3－1 所示。

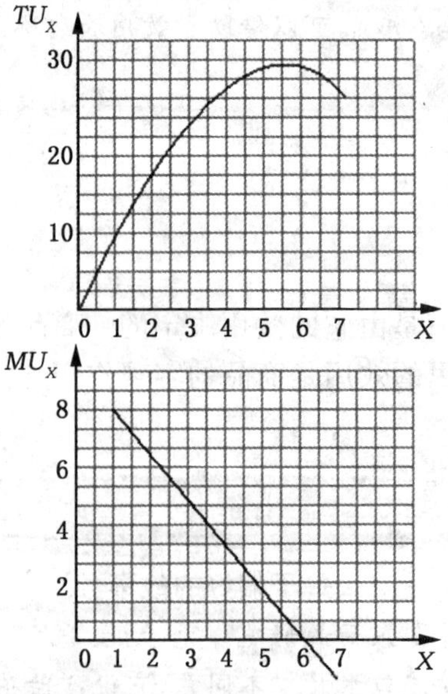

图 3—1　总效用与边际效用

表 3－1　　总效用与边际效用

消费品数量	总效用	边际效用
1	10	10
2	18	8
3	24	6
4	28	4
5	30	2
6	30	0
7	28	－2

在其他条件不变的情况下，一种商品的边际效用会随着消费数量的增加而减少，边际效用可降到零，甚至是负数。为什么边际效用会递减呢？根据西方学者的解释，有两个原因：一是生理或心理的原因。人的欲望虽然多种多样、永无止境，但就每个具体的欲望来说则是有限的。开始时欲望最大，随着商品消费的增加，欲望随之减少，感觉上的满足程度也逐渐下降。二是因为物品用途有多样性，且重要性各不相同。人们首先把它用于最重要的地方，然后才会用于次要的地方，故后一单位物品给消费者带来的满足或提供的效用一定小于前一单位。

在消费商品的过程中，总效用不断增加而边际效用却在下降。当边际效用等于零时，总效用最大。当边际效用为负值时，总效用也开始下降。由于边际效用决定于物品的稀缺性，而边际效用又是形成商品价值的基础，于是，有些用处极大的东西(如水)，由于数量很多，因而货币意义上的价值就很小，而有些用处很小的东西(如钻石)，由于其数量很少，因而很值钱，这可以用边际效用递减规律与需求曲线之间的关系来说明。

小应用

当一张价格为 10 元的电话卡能为你提供 100 分钟的长途电话服务时，刚开始打电话给亲人、朋友、同事带给你的效用，可能远远超过 10 元钱带给你的其他效用，所以你会很高兴地购买电话卡消费。但是随着你不断地打电话，渐渐地打电话给你带来的效用可能会和 10 元钱带给你的其他效用一样。如果继续打电话，10 元钱给你带来的效用还不及其他效用(比如，再打电话无话可说，甚至觉得啰嗦)。所以，当打电话给你带来的效用仅仅等于 10 元钱的其他效用时，你会停止购买电话卡。

当一个人很穷时，10 元钱能给他带来很大的效用和满足，而当一个人很富有时，即使面对10 000元钱可能也会无动于衷。由此，随着财富或者收入的增加，货币的边际效用也会递减。但是，在收入不变的条件下，每一单位货币对同一个人的效用是相同的。对不同收入的人而言，每一单位货币的效用显然是不同的。所以我们可以体会到，为什么有些人步行很长的路程，只是为了节约 1 元钱的车费，而有些人经常乘坐出租车，也不考虑车费的昂贵程度。

小链接

“狼来了”故事的经济学原理

“狼来了”是家喻户晓的故事。这个故事是说：从前，有个放羊娃，每天都去山上放羊。一天，他觉得十分无聊，就想了个捉弄大家寻开心的主意。他向着山下正在种田的农夫们大声喊：“狼来了！狼来了！救命啊！”农夫们听到喊声急忙拿着锄头和镰刀往山上跑，他们边跑边喊：“不要怕，孩子，我们来帮你打恶狼！”农夫们气喘吁吁地赶到山上一看，连狼的影子也没有！放羊娃哈哈大笑：“真有意思，你们上当了！”农夫们生气地走了。第二天，放羊娃故伎重演，善良的农夫们又冲上来帮他打狼，可还是没有见到狼的影子。放羊娃笑得直不起腰：“哈哈！你们又上当了！哈哈！”大伙儿对放羊娃一而再，再而三地说谎十分生气，从此再也不相信他的话了。过了几天，狼真的来了，一下子闯进了羊群。放羊娃害怕极了，拼命地向农夫们喊：“狼来了！狼来了！快救命呀！狼真的来了！”农夫们听到他的喊声，以为他又在说谎，大家都不理睬他，没有人去帮他，结果放羊娃的许多羊都被狼咬死了。

请大家思考一下这个故事反映了经济学中的什么原理呢？

二、边际效用与需求规律

需求规律认为，在其他条件不变的情况下，消费者购买的商品数量与该商品的价格呈反向变化。根据需求规律，我们可以画出一条向右下方倾斜的需求曲线。下面我们利用基数效用理论对此作进一步的分析。

在其他条件不变时，消费者对某一商品的需求曲线完全取决于这种商品对他的边际效用。消费者购买商品是要支付货币的，货币和其他商品一样也有效用。消费者之所以愿意用货币去购买商品，是因为商品给他带来的效用与他支付的货币的效用相同。如果商品对他的效用大，他愿意支付的货币就多；如果商品对他的效用小，他愿意支付的货币就少。根据边际效用递减规律，随着消费者购买的商品数量增加，该商品的边际效用就会下降，人们愿意支付的货币数量也会减少。

消费者在购买某种商品时，一方面能给他带来增加的效用，另一方面付出的货币又使他失去一部分效用。假设价格为 P，单位货币的边际效用为 λ，则其购买商品付出货币的效用为 $P\cdot\lambda$。消费者在失去的货币效用和得到的商品效用之间进行比较：若 $MU>P\cdot\lambda$，意味着购买商品的行为使他的总效用增加。假设商品可以无限细分，则消费者购买这种商品的行为会一直持续到 $MU=P\cdot\lambda$。因为若他继续购买，根据前面的分析，会出现 $MU<P\cdot\lambda$，这意味着购买商品的行为使他的总效用下降，理性的消费者是不会这样做的。因此，消费者在购买商品时，只有当 $MU=P\cdot\lambda$ 时，才能实现对他的总效用最大。上式 $MU=P\cdot\lambda$ 可变形为：$P=\frac{MU}{\lambda}$。

一方面，随着购买的商品增多，商品的边际效用递减；另一方面，随着购买的商品增加，所持货币减少，货币的边际效用递增。因此，商品的边际效用递减和货币的边际效用递增，共同决定了需求曲线向右下方倾斜，可用图 3－2 来表示。

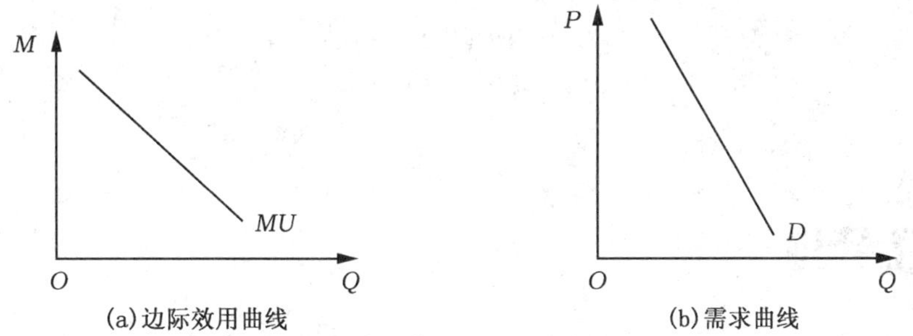

图 3－2 边际效用与需求曲线

三、消费效用的最大化

为了使花费一定量货币获得的总效用最大，在价格既定的情况下，消费者应买进哪些商品？各种商品的购买量应为多少？当消费者做出合理的选择时，他不会再对消费行为进行调整，因为他已经实现了效用的最大化，也就是实现了消费者均衡。

所谓消费者均衡（consumer equilibrium），是指在货币收入和商品价格既定时，消费者购买各种商品获得的最大总效用。可以说，这时消费者的行为是最合理的。这里需要注意的是，消费者获得的最大效用并不是消费者的欲望得到完全满足，而是在既定支出下能够得到的最大效用，或者说实现了消费效用一定时的最少支出。

假设某消费者购买 X、Y 两种商品，如果他花费 100 元货币购买 X 的边际效用大于购买 Y 的边际效用，他就会增加购买 X，而减少购买 Y，这样可以使他获得的总效用增加；相反，如果他购买 X 的边际效用小于购买 Y 的边际效用，他就会减少购买 X，而增加购买 Y，这样也可以使他获得的总效用增加。当然，消费者实际需要的商品可能很多，不限于 X、Y 两种，但是再多的商品也可以对它们的边际效用进行比较，从而决定购买的比例。

实践表明，只有当相同货币购买各种商品的边际效用相等时，购买者才会取得效用的最大化，这时他们不再需要改变各种商品的购买比例，因为任何改变都会使消费者获得的总效用减少。上述理论可用数学方法推导，具体如下：

消费者购买商品 X、Y、Z 时应分别满足：

$$\lambda=\frac{MU_X}{P_X}$$

$$\lambda=\frac{MU_Y}{P_Y}$$

$$\lambda=\frac{MU_Z}{P_Z}$$

因为在不同商品上，单位货币所体现的边际效用相等，所以消费者取得的总效用最大，因而效用最大化即消费者均衡的条件为：单位货币购买各种商品的边际效用相等。用公式表示为：

$$\lambda=\frac{MU_X}{P_X}=\frac{MU_Y}{P_Y}=\frac{MU_Z}{P_Z}$$

消费者效用最大化的条件又可表述为：各种商品的边际效用之比分别等于它们的价格之

比，即：

$$\frac{MU_X}{MU_Y}=\frac{P_X}{P_Y}$$

$$\frac{MU_Y}{MU_Z}=\frac{P_Y}{P_Z}$$

四、消费者剩余

消费者剩余(consumer surplus)是指消费者购买商品取得的效用与他所支付货币的效用之间的差额。或者说，消费者剩余是消费者愿意支付的价格与他实际支付的价格之间的差额。在现实生活中，随着商品供给量的增加，商品的价格会下降。当消费者愿意支付的价格高于市场价格时，就会形成消费者剩余。因此，在购买商品时，消费者剩余越多，消费者就会感到越合算。

正确认识和合理利用消费者剩余，可以帮助销售商制定正确的销售策略，如按照不同的购买数量制定有差别的价格，甚至可以根据不同购买者的经济状况，制定可浮动或有弹性的价格，从而取得更高的销售收入。

小应用

当小张买第一张比萨饼时，他愿意支付 18 元；买第二张时，他愿意支付 16 元；买第三张时，他愿意支付 15 元……当他买第十三张时，单价是 5 元，共计支付了 65 元(13×5)，而依据他的边际效用和需求曲线，他愿意支付 144 元(18＋16＋15＋…＋5)。两者的差额即消费者剩余为 79 元(144－65)。见图 3－3。

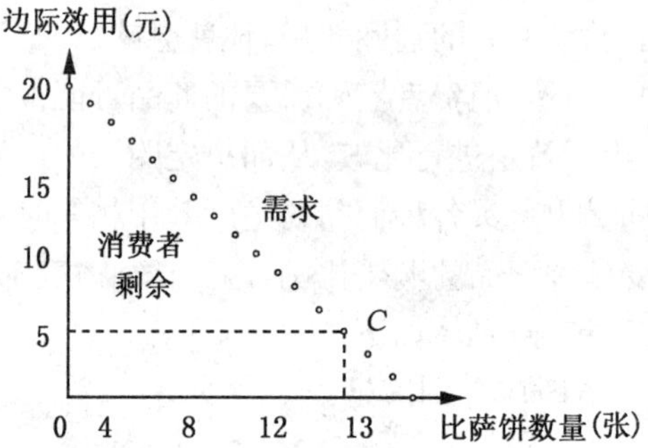

图 3－3　消费者剩余

经验表明，只有在商品供过于求、价格大幅下降时，才会产生较多的消费者剩余，并使消费者获得更大的利益。一般情况下，富人比穷人能获得更多的消费者剩余。

假设商品可以无限细分，消费者剩余如图 3－4 所示。

类似情况同样适用于企业。正如消费者剩余表示个人需求曲线以下、产品市场价格以上的那部分面积，生产者剩余(producer surplus)表示企业愿意承担的生产成本大于实际承担的生产成本的部分，即在产品的供给曲线以上、市场价格以下的那部分面积。可见，企业享有生产者剩余的程度取决于它们的生产成本。成本较高的企业享有的生产者剩余较少，反之则较

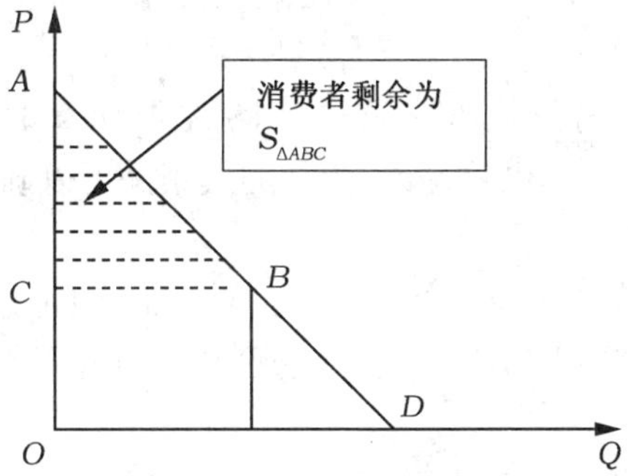

图 3—4　消费者剩余

多。因此,追求生产者剩余成为促进企业降低生产成本的直接动力。将所有企业的生产者剩余加总,我们就能确定市场的生产者剩余。从图 3—5 中可以看出,市场供给曲线始于纵轴上代表生产成本的最低点,生产者剩余也就是在产量 0 至 Q^* 之间位于市场价格以下、供给曲线以上的阴影部分的面积。

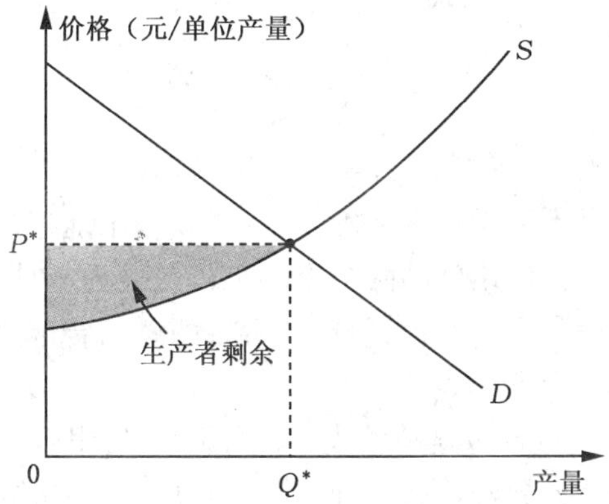

图 3—5　生产者剩余

第二节　序数效用

上面是用基数效用的方法来分析消费者行为,但是用自然基数来确定商品效用有难以克服的障碍,因为不同商品的效用各不相同,是不可能用统一的自然基数来准确表示的。为了弥补基数效用方法的缺陷,西方经济学又建立了序数效用方法。

一、序数效用的含义

序数效用论者认为,虽然商品的效用难以用基数准确计量,但是可以根据消费者的偏好程度,用第一、第二、第三等序数来表示。这种通过排序来确定商品效用水平的方法,称为序数效用论。序数效用方法有以下三条规定:

第一,可比性。消费者在选择商品 A 和 B 时,可能有三种不同的情况:(1)认为 A 的效用大于B;(2)认为A的效用小于B;(3)认为A的效用等于B。这说明不同商品的效用是可以比较的。

第二,确定性。对同一个消费者来说,在选择商品A和B时,不能既认为A的效用大于B,同时又认为A的效用小于B。也就是说,商品的效用是可以确定的,因此,消费者的选择不能自相矛盾。

第三,推断性。如果消费者认为A的效用大于B,而B的效用又大于C,那么对他来说,A的效用一定大于C。也就是说,不同商品的效用在已有比较的基础上可以做出延伸的判断。

序数效用论强调的是效用的相对水平,而基数效用论注重的是效用的绝对数值。虽然序数效用论也有缺陷,但是比基数效用论有了进步,因而是对基数效用论的补充和发展。

小思考

如何认识基数效用和序数效用的差别?

二、无差异曲线

序数效用理论认为,效用不能用数字准确计量,所以就不能采用基数效用论的计算方法,而主要采用作图分析的方法,其中用到的两个重要工具是无差异曲线和预算线。这里先讲消费的无差异曲线,然后再讲消费支出的预算线,最后将两者结合起来,阐明消费者效用的最大化原理。

无差异曲线(indifference curve)是消费者消费不同数量组合的两种商品,而取得相同的总效用的轨迹。表3—2为无差异表,它显示四种不同数量的商品组合给消费者带来的总效用是相同的。假定商品可以无限细分,与组合A效用水平相同的组合还有无数个。根据表中所列数据,可绘制如图3—6所示的无差异曲线。

表3—2　　带来相同总效用的梨和苹果的组合

组　合	梨(Y)	苹果(X)
A	10	1
B	6	2
C	4	3
D	2.5	4

图3—6中的横轴为商品X(苹果)的数量,纵轴为商品Y(梨)的数量。在这条无差异曲线上,A、B、C、D表示不同的商品组合所取得的总效用是相同的。

无差异曲线有如下特点:

(1)在同一坐标上,越是靠近原点的无差异曲线,代表不同商品组合的总效用水平越低;反之则反是。在图3—7中,三条无差异曲线的总效用水平比较为:$U_3>U_2>U_1$。

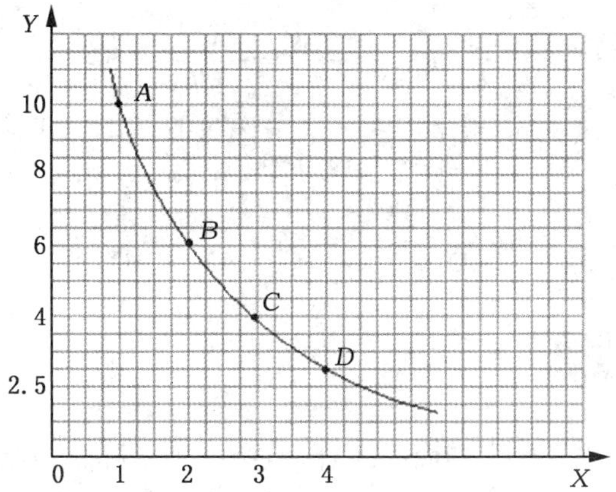

图 3—6　梨和苹果组合的无差异曲线

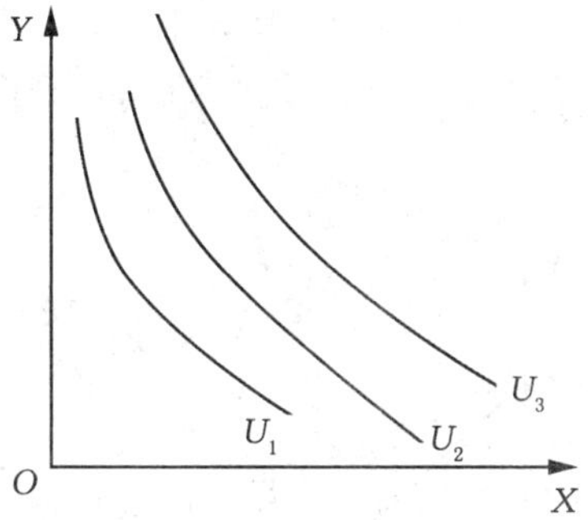

图 3—7　三条无差异曲线的总效用水平比较

(2)无差异曲线是不会相交的。因为当两条无差异曲线相交时,交点代表的总效用是相同的,这就与两条无差异曲线代表不同的总效用相矛盾。

(3)无差异曲线的斜率为负值,此特点表明消费者要减少商品 Y 的消费,就要增加商品 X 的消费,才能使总效用水平保持不变。

(4)无差异曲线凸向原点,表明其斜率的绝对值是递减的,也就是说,消费者每增加一单位商品 X 所愿意放弃的商品 Y 的数量是递减的。通常将无差异曲线上点的切线的斜率称为边际替代率。

边际替代率(marginal rate of substitution)是指在保持相同效用水平的前提下,消费者增加一种商品而必须放弃另一种商品的比例。如增加一单位商品 X 而必须放弃商品 Y 的数量,称为商品 X 对商品 Y 的边际替代率,用公式表示为:

$$MRS_{XY}=\frac{Y\text{的减少量}}{X\text{的增加量}}=\frac{-\Delta Y}{+\Delta X}$$

无差异曲线上总效用不改变,因此:

$$\Delta X \cdot MU_X=\Delta Y \cdot MU_Y$$

即:

$$\frac{\Delta Y}{\Delta X}=\frac{MU_X}{MU_Y}$$

则：

$$MRS_{XY}=-\frac{\Delta Y}{\Delta X}=-\frac{MU_X}{MU_Y}$$

根据边际效用递减规律，可以得出边际替代率递减的结论。在给定效用函数连续可导的情况下，边际替代率可表示为：

$$MRS_{XY}=-\frac{\Delta Y}{\Delta X}=\lim_{\Delta X\to 0}-\frac{\Delta Y}{\Delta X}=-\frac{dY}{dX}$$

三、消费支出的预算线

消费者总想购买效用水平较高的商品组合，但会受到实际收入水平的限制。如何在既定收入条件下实现购买商品的最佳组合，这就需要利用消费支出的预算线(budget line)。

假设消费者打算花 20 元用于购买苹果和生梨。苹果的价格为每千克 5 元，梨的价格为每千克 3.3 元。消费者如果将 20 元全部用于购买苹果，则可买 4 千克；如果全部用于购买梨，则可买 6 千克。另外，还可同时购买 2.5 千克苹果和 3 千克梨。假定商品可以不断细分，20 元购买的苹果和梨的组合可能有许多种。根据上述数据，以 Y 代表梨，X 代表苹果，可画出如图 3－8所示的预算线 AB。

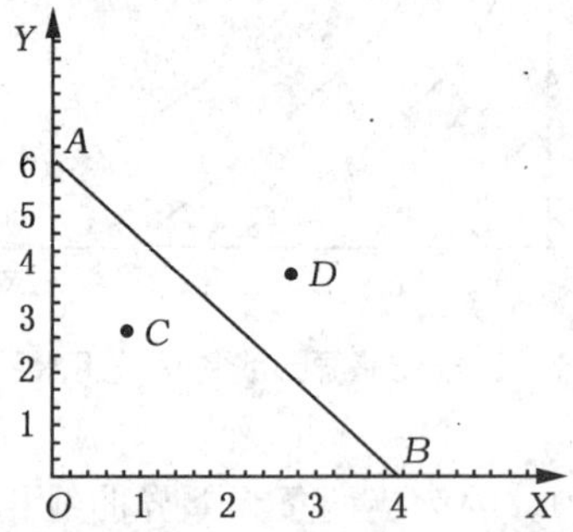

图 3－8　预算线

由此可见，预算线是表示在既定收入和价格的前提下，消费者可以最大限度地购买两种商品的变动轨迹。预算线的位置和斜率取决于消费者的收入和商品的价格。在预算线 AB 以内的任何一点上(如图 3－8 中的 C 点)，表示消费者的收入在购买两种商品后还有剩余；而在预算线 AB 以外的任何一点上(如图 3－8 中的 D 点)，表示消费者的收入在购买两种商品时有缺口；唯有预算线 AB 上的点，才表示消费者的收入能最大限度地购买到的商品组合。

预算线的斜率(绝对值，下同)等于两种商品的价格之比，如图 3－8 中：

$$\text{预算线斜率}(K)=\frac{OA}{OB}=\frac{M/P_Y}{M/P_X}=\frac{P_X}{P_Y}$$

如果消费者的收入或者商品的价格发生变动，则预算线的位置或斜率也会发生相应的变动。

(一)收入变动

在商品价格不变的条件下，如果收入水平提高，使消费者所能购买的商品数量相应增加，这时消费支出的预算线就会平行向上移动；反之，就会平行向下移动。预算线移动的幅度取决于收入变动的程度。

(二)价格变动

这里有两种情况：

(1)只有一种商品的价格发生变动。在收入不变的前提下，如果商品 X 的价格 P_X 下降，使消费者可购买的商品 X 增加，表现为图 3－8 中预算线 AB 绕点 A 向外旋转。如果商品 X 的价格 P_X 上升，使消费者可购买的商品 X 减少，则预算线 AB 绕点 A 向内旋转。由于商品 Y 的价格 P_Y 未变，所以 A 点始终不动。

(2)两种商品的价格同时变动。在收入不变的前提下，如果 P_X 下降，P_Y 上升，使消费者能购买的商品 X 增加，商品 Y 减少；反之则反是。根据商品价格变动的不同情况，预算线就会发生相应的变化。

当然，如果收入与商品价格同时发生变动，则可根据以上分析的情况，对消费支出的预算线做出相应的调整。

四、消费者效用的最大化

根据消费者效用最大化的原理，要求既定的消费支出的预算线与尽可能高的无差异曲线相切，因为两者的切点表示既定收入下可以购买的两类商品的最大组合，即可取得消费者效用的最大化；也可以看作既定的无差异曲线与尽可能低的消费支出预算线相切，切点表示达到既定效用目标时的消费支出最小化。在图 3－9 中，既定收入能够实现点 M 和 N 所代表的商品组合，但效用水平低于点 E。在切点 E 处所代表的商品组合，是在既定收入条件下能给消费者带来最大效用的商品组合，切点 E 处无差异曲线 I_1 的斜率(边际替代率)等于消费支出预算线 AB 的斜率，即：

$$MRS_{XY}=-\frac{MU_X}{MU_Y}=-\frac{P_X}{P_Y}$$

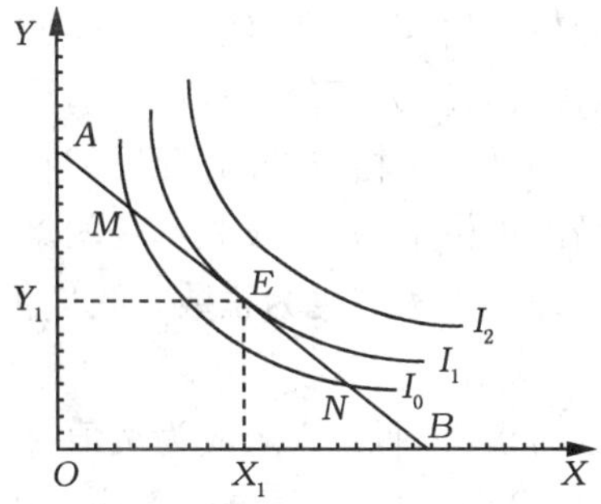

图 3－9　消费者效用最大化

分析结果表明，消费者在购买两种商品时，每单位货币取得的边际效用是相等的，即实现了消费者效用的最大化。可见，用序数效用方法与基数效用方法得出的结论是相同的，这一消费者均衡的原则，在分析多种商品的消费者效用最大化时也是适用的。

第三节　消费均衡的变动

在消费偏好即无差异曲线不变的前提下，如果商品的价格和消费者的收入发生变动，消费者的均衡点即消费者的选择会如何调整？以下将对此状况做进一步的研究。

一、替代效应和收入效应

假设在收入水平不变的前提下，如果一种商品的价格 P_Y 不变或提高，而另一种商品的价格 P_X 下降，消费者就会增加购买商品 X，同时减少购买商品 Y。那么，预算线会发生相应的变动，新的均衡点将是新的预算线与无差异曲线相切之点。

这种价格的相对变化导致消费者做出新的选择，购买商品 X 的数量会发生变化。一方面，商品 X 的价格下跌，会使消费者增加商品 X 的购买以替代减少的商品 Y；另一方面，商品 X 的价格下降，导致消费者的实际收入水平上升，对商品 X 的消费可能增加，也可能下降，这取决于商品 X 的质量和消费者的主观偏好。

假设商品 X 和商品 Y 的价格保持不变，而消费者的收入水平提高或降低，那么，消费者购买商品 X 和商品 Y 的数量会发生相应的变化，从而使新的预算线与新的无差异曲线相切，新的切点与原有切点的距离代表消费者总效用的变化程度。

以上两种情况表示两种不同的效应：

(1)替代效应(substitution effect)：由于商品的价格变化，消费者增加购买跌价商品，同时减少购买涨价或相对涨价的商品，从而使总效用水平不变，这种现象称为替代效应。

(2)收入效应(income effect)：在商品价格不变的前提下，单纯提高或降低收入水平，从而导致购买的商品数量及其总效用水平发生相应的变化，这种现象称为收入效应。

二、正常商品、劣等商品与吉芬商品

前面已涉及正常商品、劣等商品和吉芬商品，但没有从理论上加以准确划分，现在利用收入效应和替代效应对它们进行分析和比较，以明确它们之间的确切界限。

正常商品有两个特点：一是替代效应为正值，也就是说，当一种商品的价格下跌时，消费者会通过增加这种商品的购买来代替其他价格未变的商品，即替代效应为正数；二是收入效应也为正值，也就是说，由于某种商品的价格下跌，在收入不变的条件下，消费者也能增加对该商品的购买，表现为实际收入的提高，即收入效应也为正数。我们把同时具有这两个特点的商品称为正常商品。

劣等商品的特点是替代效应为正值，而收入效应为负值，但是替代效应的绝对值大于收入效应的绝对值。也就是说，当商品价格下跌时，其替代效应为正值，使商品的销售量增加；但是其收入效应为负值，因为当商品价格下跌时，表明消费者的实际收入提高，所以会去购买更好的商品，使原有商品的销售量减少。虽然这种商品的替代效应为正值，收入效应为负值，但是替代效应的绝对值仍然大于收入效应的绝对值，因此市场对该商品的需求量仍然是增加的。我们把具有这种特点的商品称为劣等商品。

吉芬商品也是劣等商品，但是特殊的劣等商品。因为当其价格下跌时，尽管替代效应为正值，收入效应为负值，但由于消费者对其主观评价极差，收入效应的绝对值大于替代效应的绝对值，结果仍然是购买量下降；相反，当其价格上升时，尽管替代效应为负值，但由于消费者收入极低，不可能购买其他商品，因此对这种商品的需求量反而增大，使收入效应大于替代效应，如遇到饥荒时，劣质食品的价格上升，同时需求量增加。我们把具有这种特点的劣等商品称为吉芬商品。

很明显，劣等商品不一定是吉芬商品，但吉芬商品一定是劣等商品。一般劣等商品的收入弹性小于零，但因存在替代效应，其价格下降后需求量仍会增加。只有收入效应大于替代效应，从而需求量与价格按同方向变动的劣等商品才是吉芬商品，因而是商品中的特例。

如果把价格变化后消费者对其购买量的变化程度称为总效应，则总效应＝收入效应＋替代效应。正常商品、劣等商品和吉芬商品的总效应、收入效应、替代效应的关系可表示如下：

正常商品：总效应（＋）＝替代效应（＋）＋收入效应（＋）

劣等商品：总效应（＋）＝替代效应（＋）＋收入效应（－）

吉芬商品：总效应（－）＝替代效应（＋）＋收入效应（－）

其区别可参考图3－10。当商品价格下降后，预算线由 AB 变为 AB'，消费者均衡点从 H 到 N 的变化为替代效应，从 N 到 M 的变化为收入效应，从 H 到 M 的变化则为总效应。

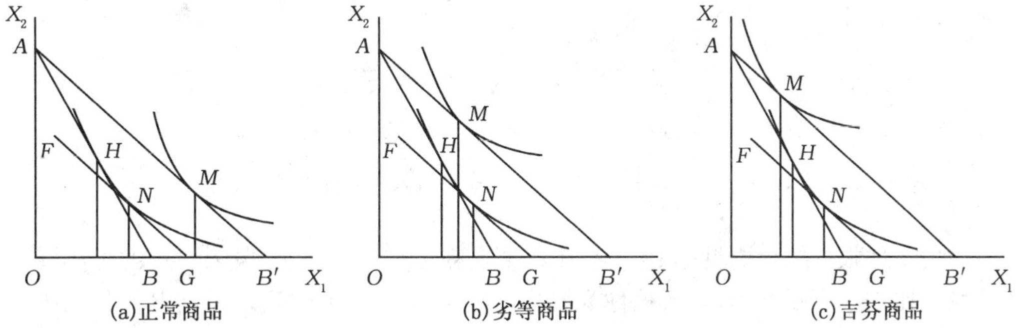

图3－10　不同商品的替代效应和收入效应

三、恩格尔曲线和恩格尔系数

在分析恩格尔曲线之前，先要了解与之相关的另外两条曲线，即价格—消费曲线和收入—消费曲线，可以帮助我们理解恩格尔曲线的来源及其依据。

价格—消费曲线是反映商品价格变动引起消费水平变动的曲线。例如，在消费者的收入和商品 Y 的价格不变的前提下，商品 X 的价格逐步下降，表现为可购买的商品 X 相应增加，预算线不断地向外滑动。这样，由商品 X 的价格变化引起的不同预算线与相应的无差异曲线之间，可以找到一系列切点，将这些切点连接起来便形成价格—消费曲线，以 PCC 表示。根据价格—消费曲线提供的数据，如果以纵轴表示商品 X 的价格，以横轴表示商品 X 的需求量，则可画出商品 X 的市场需求曲线 D，如图3－11(a)所示。

收入—消费曲线是反映收入变动引起消费水平变动的曲线，如图3－11(b)所示。设商品价格不变，消费者的收入增加，预算线不断向右上方平行移动，消费者对商品 X 和商品 Y 的需求量会同时持续增加，将代表不同收入水平的预算线与反映消费水平的无差异曲线的切点连接起来，便形成收入—消费曲线，以 ICC 表示。

恩格尔曲线(Engel curve)是消费者的收入变化所引起的商品需求量变化的轨迹，可由收入—消费曲线推出，以 EC 表示，如图3－11(b)所示。恩格尔曲线是由19世纪德国统计学家恩格尔创立的，他研究了消费者的收入与商品需求量之间的函数关系，发现随着收入水平的提高，生活必需品的增长率是递减的，而高档消费品的增长率是递增的，只有劣等品的需求量是

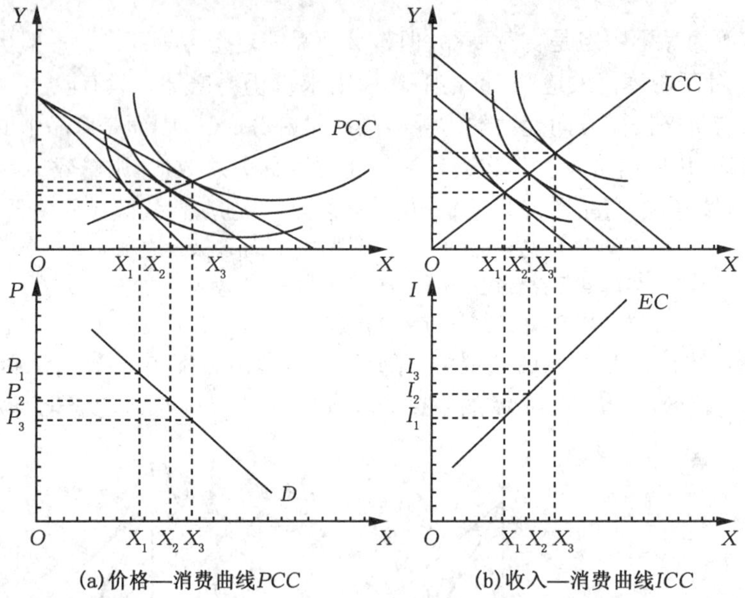

图 3—11　价格—消费曲线 PCC 和收入—消费曲线 ICC

不断减少的。他根据统计资料得出结论：无论是家庭还是国家，随着收入水平的提高，收入中购买食物的比重会不断下降，后来被称为恩格尔定律（Engle's law）。根据恩格尔定律，收入中用于食物的比重越高，表明这类家庭或国家越贫穷；反之则越富裕。恩格尔系数可以用下面的等式表示：

$$\text{恩格尔系数}=\frac{\text{用于食物的支出}}{\text{总收入（总支出）}}$$

就社会的平均状况来说，恩格尔系数在 0.6 以上为贫困型，0.6～0.5 为温饱型，0.5～0.3 为小康型，0.3 以下为富裕型。自我国改革开放以来，社会生产力显著提高，人民生活水平大幅度改善，使恩格尔系数有了较为明显的下降。

小链接

我国城乡居民的恩格尔系数

所谓“民以食为天”，这是中国自古以来形成的共识，且“吃了吗？”更是中国人多年前打招呼的一种方式。然而，今天我们似乎很少听到这样的问候了，这是为什么呢？这是因为“吃”在生活中的地位似乎没有以前那样高了。换句话说，就是当人们收入提高以后，在“吃”上的消费比重变小了，这在经济学中表现为恩格尔系数的降低。

据报道，自改革开放以来，我国城乡居民食品消费比重逐年下降，消费结构持续优化。1978 年农村居民恩格尔系数高达 67.7%，2001 年则降至 47.7%，而 2013 年我国农村居民恩格尔系数已经下降至 37.7%。1978 年城市居民恩格尔系数为 57.5%，2001 年下降到38.2%，2013 年下降到接近 35.0%。由此看来，我国城乡居民生活水平基本实现小康甚至富裕。恩格尔系数的快速下降固然能说明人民生活水平的提高，但近年来的恩格尔系数降低主要是由于教育、医疗等方面的费用不合理、超常规的上涨导致的，因此恩格尔系数的现实意义值得思考。在恩格尔所处的年代，社会生活水平较低，恩格尔系数基本能反映经济生活的状况。但今天，由于国家、地区在收入、消费、生活习惯、社会福利等方面的变化，使用这个系数做比较并不完全科学；用于国内不同地区的比较，结果也不准确。比如，陕西、宁夏城市居民的恩格尔系数低于福建、海南，而前者并不比后者的生活水平高。如果教育、医疗、交通、通信、住房等费用持续大幅提升，则恩格尔系数到底能在多大程度上反映经济发展的水平呢？看来，经济指标的真实意义需要进行历史的、辩证的分析。

第四节 动态中的消费者选择

上述几节考察的消费者行为是在静止状态下进行的，是以商品价格、消费者收入和市场供给等相关变量已知或不变为前提的。但是在现实生活中，各种相关因素经常处于变化之中，消费者选择面临许多不确定的因素。因此，本节将在静态分析的基础上，进一步讨论消费者在动态中的行为选择问题。

一、预期效用与期望值效用

消费者的选择是建立在效用基础上的。在无风险的条件下，商品的效用取决于所消费的商品数量，消费者可以根据已知的效用做出选择。但是在动态中，就会产生形成风险的因素，消费者就要去估计可能获得的效用，从而决定是否承担相应的风险。

假定某消费者的收入为1 000美元，如果从事一项新的工作，可能使他的收入达到1 500美元，也可能降至500美元，且发生每一种结果的概率都为0.5。在此情况下，消费者的期望收入为1 000美元，尽管它在数值上等于原有的确定性收入，但是两者给消费者提供的效用是不同的。为了区别这两种效用，我们用$E(U)$表示期望收入所提供的效用，称之为预期效用(expected utility)。预期效用是某一选择行为的各种可能效用的加权平均，其表达式为：

$$E\{U[P,(1-P),W_1,W_2]\}=PU(W_1)+(1-P)U(W_2)$$

这里，P表示收入W_1的概率，$(1-P)$表示收入W_2的概率。期望值效用(utility of expected value)与预期效用不同。期望值效用是某一选择行为的各种可能收入加权平均后所决定的效用，其表达式为：

$$U\{E[P,(1-P),W_1,W_2]\}=U[PW_1+(1-P)W_2]$$

小应用

举例说明预期效用与期望值效用的区别。假设某人从事一项新的工作，可能使他的收入达到100美元，也可能降至50美元，收入为100美元的概率是0.1，收入为50美元的概率是0.9，在此情况下消费者的期望收入为55美元，设此人的效用函数为$U=W^2$。预期效用是先求出各种可能收入的效用，然后进行加权平均；期望值效用是先对各种可能的收入进行加权平均，再求其效用，因而它们的计算结果是不同的。

预期效用 $E\{U[P,(1-P),W_1,W_2]\}=0.1\times100^2+0.9\times50^2=3\ 250$

期望值效用 $U\{E[P,(1-P),W_1,W_2]\}=(0.1\times100+0.9\times50)^2=55^2=3\ 025$

人们在不确定条件下，会在预期效用与期望值效用的比较中追求效用的最大化。

二、风险偏好

人们对待风险的态度，即承担风险的意愿是有差异的，大致可分为三类：一是风险规避者(risk-averse individual)，二是风险喜好者(risk-loving individual)，三是风险中性者(risk-neutral individual)。由于风险偏好不同，其效用函数也就不同。一般来说，在结果大致相同的条件下，如果取得无风险收入的愿望强于取得有风险收入的人，可称其为风险规避者；如果取得风险收入的愿望强于取得无风险收入的人，可称其为风险喜好者；如果对于取得无风险收入与取得有风险收入的愿望相同的人，可称其为风险中性者。下面对这三类人的选择行为做一些具体的分析。

(一)风险规避者

在风险规避者看来，无风险收入的效用高于等值的有风险收入的效用(预期效用)，也就是说，当确定性收入与不确定的期望收入相等时，预期效用小于期望值效用。对于风险规避者来说，货币收入的边际效用递减。这是因为，风险与收入是相对应的，一般收入越高，风险也越高。而风险规避者又不愿承担太多的风险，所以在他们那里，货币收入的边际效用也是递减的。对风险规避者而言，不确定的100元收入给他带来的效用要小于确定的50元给他带来的效用的2倍。风险规避者的效用函数是凹函数，其二阶导数小于零。因此，其效用曲线如图3—12所示。

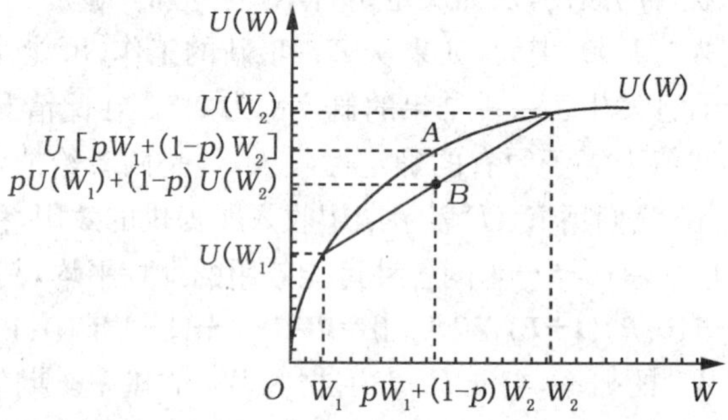

图3—12　风险规避者的效用函数

(二)风险喜好者

风险喜好者的效用曲线与风险规避者的效用曲线是不同的。在有风险的期望收入与确定性收入相等的条件下，风险喜好者偏爱有风险的期望收入，因而货币收入的效用是递增的。这是因为风险喜好者对取得更高收益的愿望和要求更为强烈，因而敢于去冒更大的风险。对风险喜好者而言，不确定的100元收入带给他的效用要远远大于确定的50元带给他的效用的2倍。风险喜好者的效用函数是凸函数，其二阶导数大于零，图3—13中的效用曲线只是对某一阶段或某一局部状况的描述。

(三)风险中性者

在风险中性者看来，等值的无风险收入与有风险的期望收入所提供的效用是相同的，既可选择前者，也可选择后者。因此，风险中性者的效用曲线是一条从原点出发的射线，如图3—14所示。该效用曲线的斜率是既定不变的，表示所有货币收入的边际效用都是相同的。对风险中性者而言，不确定的100元收入带给他的效用恰好等于确定的50元带给他的效用的2倍。

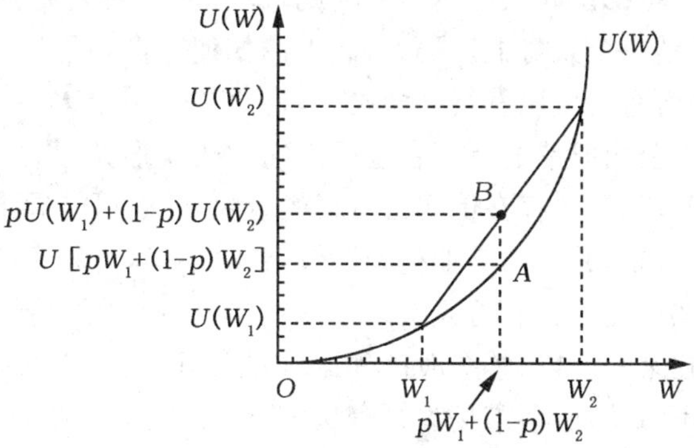

图 3—13　风险喜好者的效用函数

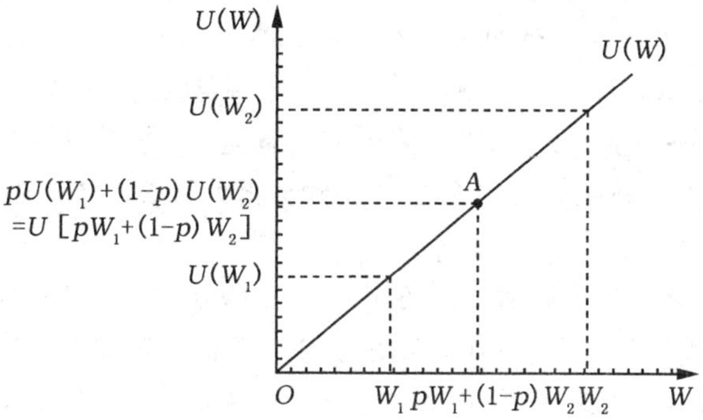

图 3—14　风险中性者的效用函数

小应用

这里，我们通过一个实例来确定人们风险偏好的程度。例如，某人的稳定收入是周薪400元，现在他有另一种取得风险收入的机会：0.2的概率可取得周薪900元，0.3的概率可取得周薪400元，0.5的概率可取得周薪200元。假设效用函数为 $U=R^{1/2}$，此人会如何选择？

期望值 $E(R)=0.2\times900+0.3\times400+0.5\times200=400$，期望值效用（$400^{1/2}=20$）大于预期效用（$0.2\times30+0.3\times20+0.5\times14.1=19.1$），所以，此人是一个风险规避者，会继续现有的工作。若效用函数为 $U=R^2$，则计算可知预期效用大于期望值效用，此人是一个风险喜好者。

近来彩票业的增长表明，在消费者的风险决策中，风险喜好型有上升的趋势。但从广泛的意义上而言，大多数消费者仍属于风险规避型。

三、风险分散

所谓“鸡蛋不能放在一个篮子里”，这句话正是说我们需要分散风险。我们考虑这样一种情况，某人开了一家公司，且这家公司拥有3 000万元的资产，在公司上市交易之前，若这家公司倒闭,那么所有的亏损将都由此人来承担。因此,他有可能损失掉所有的资产甚至负债,这样亏损的风险都集中在他一个人身上。那么,此人该如何分散风险呢?无疑股票市场为此提供了便利。这家公司的所有者可以发行公司股票,将原本由单个人承担的风险分散到大量的股票持有者身上。当然,公司股票的持有者也可以通过买卖股票,重新分配他们的市场风险。如某股票持有者觉得现有的公司存在倒闭或亏损的风险,从而可能导致其股价下跌。那么,该股票持有者就会抛售该股票,并转向其他盈利性较高或发展潜力较大的股票。

从整体上来看,股票市场也充满着风险。有可能在某些阶段,股票市场的状况良好,普遍具有盈利性;也有可能在某一阶段,整个股市都比较萎靡,而人们也必须承担这样的不确定性风险。但是,我们不得不承认,股票市场为投资从风险厌恶者向风险偏好者转变提供了较好的途径。

小应用

我们可以保险为例来具体说明风险分散的情况。假设现在有1 000个处于相同境况的人,他们拥有50 000元,但是他们今年有0.01的概率损失掉10 000元。那么,平均而言,这些人中有10个人会发生损失,从而今年的损失额是10万元,每一个人面临的损失额是100元(0.01×10 000)。我们在此假定任何人发生损失的概率不会影响到其他人,即风险独立。

那么,我们如何做才能分散掉1%的个人损失10 000元的风险呢?我们可以通过提供保险的方法来实现。假设这1 000个人决定相互提供保险,即不论这1 000个人当中谁会遭受损失,每个人都会向他捐款10元钱。如此一来,遭受损失的人便会得到补偿,所有人的心理也能保持一定的平衡,因为一旦损失发生在自己身上,也会同样得到补偿。

这就是一个典型的风险分散的例子,即通过某种途径将每个人所要面临的风险分散给其他所有人,这样对于每个人而言都降低了承担风险的程度。

[资料来源]改编自哈尔·R.范里安著,费方域等译:《微观经济学:现代观点》,格致出版社、上海三联书店、上海人民出版社2010年版,第186页。

四、风险贴水

风险贴水(risk premium)指的是消费者为了规避风险而愿意付出的代价,表现为一定的货币数量。

小应用

若某人为自己的房屋投保,受灾概率为0.05,损失为80 000元,房子价值90 000元,消费者从房子中获得的效用是$U=W^{0.5}$,则消费者愿意缴纳的保费是多少?

计算得到的期望效用:$E(U)=0.05(10\ 000)^{0.5}+0.95(90\ 000)^{0.5}=290$,设保费为$R$,则$(90\ 000-R)^{0.5}=290$,$R=5\ 900$即为风险贴水。

风险贴水的多少是由消费者所承担风险的程度决定的。在消费对象获得效用相等的前提下,风险越大,确定性收益与期望收益之间的差额就越大,风险贴水就会越高;反之,风险越小,确定性收益与期望收益之间的差额就越小,风险贴水就会越低。

对于广大的风险规避者来说,他们首先考虑的是如何防范、控制和降低风险,因此,他们更愿意通过购买保险等形式来规避风险。对于风险喜好者来说,他们并不是喜好风险所带来的损失,而是喜好风险可能带来的更大收益。因此,不仅他们所承担风险的能力是有限的,而且他们也希望采取一切可能的措施来防范和降低风险。

通常,防范和降低风险的措施有:同一效用行为的多样化、购买各种类型的保险和获取更为全面的信息等。"不要将全部鸡蛋放在一个篮子里""不要在一棵树上吊死"等俗话,讲的就是多样化可以降低风险的道理。不买保险,可能遭遇巨大的财产损失;而购买保险,不论有无风险,投保人的期望财富总是固定的。当存在不确定性时,消费者只能根据有限的信息进行决策。如果他拥有更多的信息,就能采取更有效的防范措施,从而降低风险和减少财产损失。

课后习题

一、单项选择题

1. 经济学中的"效用"指的是(　　)。

A. 某种商品的用处　　B. 人们从消费一种商品中得到的好处

C. 人们消费商品的总成本　　D. 人们消费商品的机会成本

2. 衡量边际效用的方法为(　　)所愿意支付的总额。

A. 除去最后一单位商品的所有购买商品　　B. 所有购买商品

C. 最后购买的一单位商品　　D. 购买的任意一单位商品

3. 总效用最大时,边际效用(　　)。

A. 大于 0　　B. 等于 0　　C. 小于 0　　D. 不确定

4. 序数效用理论认为,不同消费者从相同商品中获得的效用大小(　　)。

A. 取决于商品的使用价值　　B. 取决于商品的价格

C. 不可比较　　D. 取决于商品的价值

5. 达到消费者均衡时,消费者购买各种商品的(　　)相同。

A. 总效用　　B. 货币支付量　　C. 数量　　D. 边际效用

6. 若消费者甲的$\frac{MU_X}{MU_Y}$小于消费者乙的$\frac{MU_X}{MU_Y}$,甲(　　)可以增加总效用。

A. 用 Y 从乙处换得更多的 X　　B. 用 X 从乙处换得更多的 Y

C. 消费更多的 X、更少的 Y　　D. 以上都不对

7. 你为某物所付的钱和你愿意为之付出的钱之间的差额称为(　　)。

A. 总效用　　B. 边际效用　　C. 消费者需求　　D. 消费者剩余

8. 无差异曲线上某一点的边际替代率为 1/3(设纵轴代表 Y 商品的消费量,横轴代表 X 商品的消费量),这表明消费者愿意放弃一单位的 Y 商品来获得(　　)单位的 X 商品。

A. 1/3　　B. 3　　C. 1　　D.不确定

9. 苹果价格上升的收入效用是(　　),替代效用是(　　)。

A. 苹果价格上升而带来的消费量的减少;苹果价格上涨带来的购买力下降对苹果消费的影响

B. 苹果价格相对于其他商品的价格上升而带来的对其消费量的影响；苹果价格上涨引起的销量的减少

C. 苹果价格上升而导致购买力的下降，从而影响苹果的消费量；苹果价格相对其他商品的价格上升对苹果消费的影响

D. 苹果需求的收入弹性；苹果需求的交叉弹性

10. 某人只购买衣服和食物，若衣服价格上升，收入效应使食物消费（　　），替代效应使食物的消费（　　）。

A. 上升，上升　　B. 下降，下降　　C. 下降，上升　　D. 上升，下降

二、多项选择题

1. 需求曲线向右下方倾斜意味着（　　）。

A. 边际商品的价值低于以前购买的单位价格

B. 边际商品的价值高于以前购买的单位价格

C. 随着更多商品的买入，边际效用递减

D. 买进商品越多，支付意愿越低

2. 一般商品的需求量和这种商品的价格之所以呈反方向变化趋势，是因为（　　）。

A. 替代效应的作用　B. 收入效应的作用　C. 叠加效应的作用　D. 以上都不对

3. 对于向上倾斜的需求曲线而言，（　　）。

A. 收入效应肯定大于替代效应，且商品肯定不是正常商品

B. 收入效应的大小肯定与替代效应的大小相同

C. 商品肯定是低档品，并且收入效应肯定比替代效应大

D. 以上都不对

4. 替代效应是指在相对价格变动的情况下，保持消费者的处境不变时对价格变动的反应。下列对这一结果分析的说法中，错误的是（　　）。

A. 移向一项新的预算约束，但保持在原来的一条无差异曲线上

B. 移向一项新的预算约束和一条新的无差异曲线

C. 移向一项新的无差异曲线，但保持在原来的一条预算约束上

D. 保持在原来的预算线和无差异曲线上

5. 高利率政策导致储蓄率下降。下列解释中，错误的是（　　）。

A. 替代效应为正，收入效应为负，前者大于后者

B. 替代效应为负，收入效应为正，前者大于后者

C. 替代效应为正，收入效应为负，前者小于后者

D. 替代效应为负，收入效应为正，前者小于后者

三、名词解释

1. 边际效用递减规律

2. 无差异曲线

3. 边际替代率

4. 消费者均衡

5. 恩格尔曲线

6. 替代效用

四、计算题

某人每月的收入中，有 120 元花费在 X 商品和 Y 商品上，他的效用是 $U=XY$，此外，PX 的价格为 2，PY 的价格为 3。试求：(1)为获得最大效用，应该各购买几单位的两种商品？(2)货币的边际效用和总效用各是多少？(3)如果 X 商品的价格提高 44%，Y 商品的价格不变，为了保持原有的效用，收入必须增加多少？

五、简答题

1. 为什么消费者需求曲线向下方倾斜？利用基数效用论加以说明。
2. 为什么正常商品的需求曲线向右下方倾斜？运用收入效应和替代效应加以说明。
3. 无差异曲线为什么向右下方倾斜？
4. 简析需求弹性与总收益的关系。

第四章　生产者及其成本理论

在消费者行为理论中，研究的是在既定收入下，消费者如何取得商品效用的最大化；在生产者行为理论中，将讨论在既定产量的条件下，生产者（厂商）如何达到生产成本的最小化。依据这样的思路，本章首先考察在一定的技术条件下，各种要素投入的变动与产量变动之间的必然联系，然后介绍有关生产成本的一些基本概念，并考察如何实现生产成本最小化的问题。

第一节　短期生产函数

根据能否调整所有生产要素，生产可区分为短期和长期两类。在短期内，企业只能调整部分生产要素，使生产数量发生一些变化；而在长期内，企业可以调整所有生产要素，使生产规模发生变化。由于短期生产是长期生产的前提和基础，因此在分析生产者行为时，从阐述短期生产函数开始。

一、生产函数

生产是厂商将一种或多种生产要素进行组合，以创造产品和提供服务的过程。生产是整个社会经济活动中最关键的一个环节，它决定了流通、分配和消费等其他环节的方式、规模和水平，因而成为微观经济学研究的重要内容。

厂商在生产过程中投入的生产要素一般可以分为四种，即劳动、资本、土地和经营管理。劳动是指人们在生产过程中以体力和脑力形式提供的各种劳务；资本是指生产过程中投入的物品和货币等，如厂房、机器设备、原材料、燃料和资金等；土地不仅是指土地本身，还包括与土地有关的自然资源，如水资源、矿产等；经营管理是指企业家建立、组织和经营企业的水平和能力。只有将这四种要素有机结合，才能形成完整的生产过程和生产出社会需要的产品。

将各种生产要素的投入和产出联系起来的不仅是经营管理，而且包括生产技术。通常生产一种产品可以采用不同类型的生产技术，如厂商可采用劳动密集型的技术，也可采用资本密集型的技术等。但对应于一种特定的技术，投入的生产要素和产出量之间存在着一定的数量关系，我们把它称为生产函数。如果用 $L,K,N,\cdots$ 表示投入各种生产要素的数量，而它们组合在一起的最大产出量为 Q，则生产函数可记为：

$$Q=f(L,K,N,\cdots)$$

二、短期与长期的区分

分析生产函数需要区分短期与长期。这里的“短期”(short-run)、“长期”(long-run),不是指一个具体的时间跨度,而是指厂商能否及时调整生产规模。“短期”是指时间短到厂商来不及调整生产规模,而只能在原有厂房、设备条件下,依靠增减劳动、原材料的投入来调整产量;“长期”则是指厂商可以通过调整生产规模来调整产量的时间跨度。例如,某产品的市场需求量由于某种原因暂时扩大时,厂商可通过充分利用原有设备加班加点来增加产量以满足需求,这就是短期调整产量水平的问题。相反,如果市场对该产品的需求是由于人们的偏好普遍变大而持续地增加,则厂商要增加设备和扩大生产规模来满足市场需求,这就是长期调整生产的问题。

对短期和长期来说,厂商对市场变化做出的反应是不一样的。在长期中,一切生产要素都是可以变动的,厂商的产量变动可能较大。而在短期中,只有一部分生产要素如劳动投入量及原材料数量是可变的,另一些生产要素如设备、厂房、高级管理人才等不能变动,厂商虽然可以调整产量,但产量的变化不会太大。

这里,“短期”“长期”的区分是相对的。在有些生产部门如钢铁、化工等重工业部门中,所需资本设备数量多,技术要求高,变动生产规模不容易,几年也许算是短期的;反之,有些行业如饮食、服装等,技术要求低,变动生产规模比较容易,也许几个月可算是长期的。

与短期、长期相对应的一个概念是“市场期”。在“市场期”内,厂商来不及对市场变化做出生产要素或产量方面的反应,只能就价格或存货做出调整。

生产中两种最重要的要素是劳动与资本,而且资本又能转化为其他生产要素。因此为了讨论的方便,在经济分析中通常假定企业只使用这两种要素。又因为在短期内资本的投入量是相对稳定的,而劳动投入相对于资本来说更容易改变,在短期内厂商主要是通过改变劳动量来调整其产量,通常用 $Q=f(L)$ 来表示短期生产函数。因此,我们把一种生产要素变动或单一生产要素变动的生产函数称为短期生产函数。在长期中,资本和劳动都是可变的,生产函数可表示为 $Q=f(L,K)$,这种所有生产要素都可以改变的生产函数,可称为长期生产函数。

三、总产量、平均产量与边际产量

总产量(total product,TP)是指投入一定量的生产要素后所得到的产出量总和。平均产量(average product,AP)是指平均每单位生产要素投入所获得的产出量,$AP=\dfrac{TF}{X}$,这里,X 是指生产要素的数量。边际产量(marginal product)则是指增加或减少一单位生产要素所带来的产出量的变化,$MP=\dfrac{\Delta TP}{\Delta X}$。假定总产量函数连续可导,则 $MP=\dfrac{\mathrm{d}TP}{\mathrm{d}X}$。

设某短期生产函数为:$Q=f(L)=27L+12L^2-L^3$,则相应的劳动投入(L)的总产量、平均产量与边际产量如下:

$$Q=f(L)=27L+12L^2-L^3$$

$$AP_L=\frac{Q}{L}=27+12L-L^2$$

$$MP_L=\lim_{\Delta L\to 0}\frac{\Delta Q}{\Delta L}=\frac{dQ}{dL}=27+24L-3L^2$$

根据上述关系式，可以得出如表 4－1 所示的数据，并在此基础上描绘出总产量曲线、平均产量曲线和边际产量曲线（如图 4－1 所示）。三条曲线之间存在着密切的关系。

表 4－1　　总产量、平均产量与边际产量

L	$TP_L(Q)$	$AP_L(Q/L)$	$MP_L(dQ/dL)$
0	0	0	0
1	38	38	48
2	94	47	63
3	162	54	72
4	236	59	75
5	310	62	72
6	378	63	63
7	434	62	48
8	472	59	27
9	486	54	0
10	470	47	－33

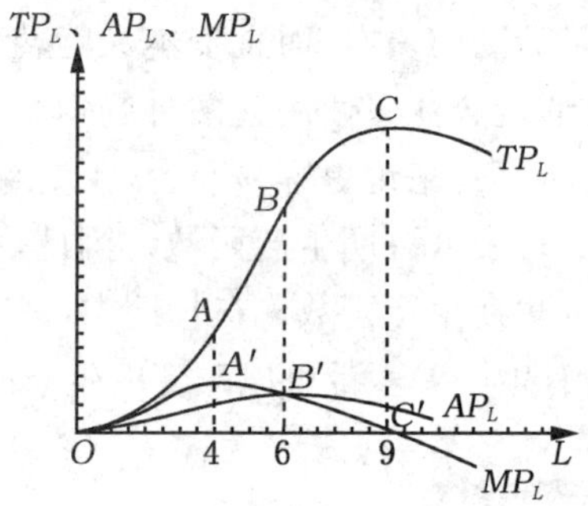

图 4－1　总产量、平均产量和边际产量的关系

（一）总产量与边际产量

总产量曲线上任一点的切线的斜率就是该点的边际产量。如图 4－1 所示，TP_L 曲线上 A 点左边的切线斜率均为正，而且随着劳动投入的增加而递增，即总产量和边际产量均递增。A 点的切线斜率最大，说明此时边际产量最大，MP_L 曲线达到最高点。过了 A 点，切线斜率递减，即边际产量递减。在 A 点与 C 点之间，MP_L 递减且为正，表明随着劳动投入的增加，总产量也在增加，但增加的速度越来越慢。C 点的 MP_L 为 0，此时总产量最大。过了 C 点，$MP_L<0$，即边际产量为负数，此时总产量开始递减。可见，边际产量是总产量变动趋势的缩影。

（二）总产量与平均产量

总产量曲线上任何一点到原点连线的斜率，就是该点的平均产量。开始时，这种连线的斜率随着产量的增加而增大，平均产量递增，B 点的平均产量最大。过了 B 点后，这种连线的斜率开始递减，表示平均产量递减。可见，平均产量是总产量变动速度的缩影。

（三）边际产量与平均产量

从图4－1中可以看出，当$MP_L>AP_L$时，AP_L递增；当$MP_L<AP_L$时，AP_L递减；当$MP_L=AP_L$时，AP_L最大。也就是说，MP_L曲线与AP_L曲线的交点是AP_L曲线的最高点。可见，平均产量又是边际产量变动趋势的缩影。

四、边际生产力递减规律

为什么总产量曲线、边际产量曲线及平均产量曲线会呈现上述的变化规律呢？这是因为边际生产力递减规律在发挥作用。

边际生产力递减规律（law of diminishing marginal productivity）也称边际产量递减规律或边际收益递减规律。它是指在生产技术不变的条件下，若其他投入不变而不断增加某一种投入，则这种变动投入的边际产量开始是增加的，但只要这种要素投入增加到一定程度，其边际产量就会逐渐减少。这是因为在开始投入可变要素时，相对于不变的生产要素而言，可变的生产要素投入不足，增加可变投入能使固定生产要素更好地发挥作用，因而使总产量增加，即边际产量增加。但随着可变投入的不断增加，固定生产要素变得相对不足，从而对可变要素发挥作用形成制约。这样，增加可变要素投入所带来的总产量的增量会越来越小，因而使边际产量递减。

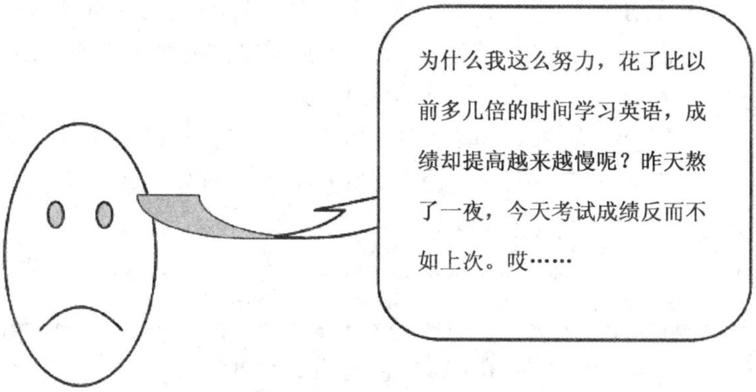

边际生产力递减规律发挥作用有以下几个条件：

（1）它以生产技术保持不变为前提。虽然当今社会的技术创新发展很快，但是厂商选择一种特定技术后，在短期内是可以保持相对稳定的。

（2）它以其他要素投入不变为前提，并且所增加的生产要素是同质的。如果其他投入与所说的某一种投入同步增减，就不会出现边际产出递减了。如果增加的生产要素更为有效，边际收益也不会递减。

（3）边际产出递减发生在可变投入超过某一程度之后，在此之前边际产出一般是递增的。因此，从边际产出递增到边际产出递减有一个转变过程。

五、可变要素投入的合理区

根据总产量曲线、平均产量曲线和边际产量曲线及其相互关系，可以把生产过程分为三个阶段，如图 4－2 所示。

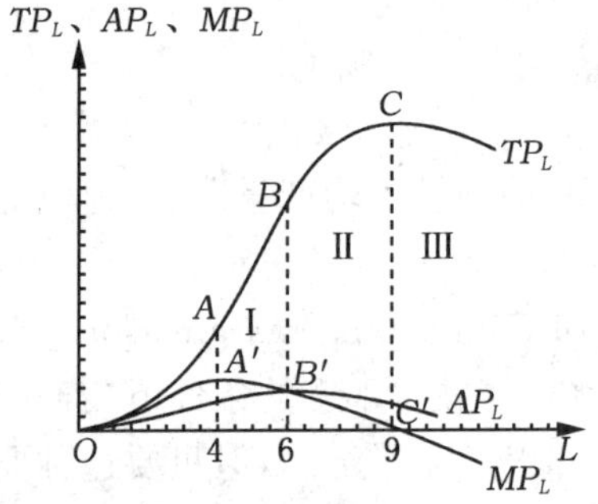

图 4－2　生产阶段

(1)第一阶段：平均产量递增，边际产量大于平均产量，即劳动投入在 6 之前。

(2)第二阶段：平均产量递减，边际产量小于平均产量且大于零，即劳动投入在 6～9。

(3)第三阶段：边际产量为负增长，总产量和平均产量均递减，即劳动投入在 9 之后。

在第一阶段，增加劳动投入，平均产量会增加，理性的厂商一定会选择继续增加劳动投入，从而进入第二阶段。而在第三阶段，劳动投入的增加不仅没有使总产量增加，反而促使其下降，厂商一定会选择减少劳动投入，从而回到第二阶段。

第二阶段，即平均产量最高点和边际产量为零点(总产量最大点)之间的区域，被称为可变要素投入的合理区。此区域只给出了劳动投入的范围，并未确定劳动投入的数量，这是因为可变要素的最优投入量还与它的要素价格相关。

小链接

报酬递减规律与人口增长

经济学家马尔萨斯(1766～1834 年)人口论的一个主要依据便是报酬递减定律。他认为，随着人口的膨胀，越来越多的劳动力耕种土地，地球上有限的土地将无法提供足够的食物，最终劳动的边际产出与平均产出下降，但又有更多的人需要食物，因而会产生饥荒。幸运的是，人类的历史并没有按马尔萨斯的预言发展(尽管他正确地指出了“劳动边际报酬”递减)。

20 世纪，技术飞速进步，改变了许多国家(包括发展中国家，如印度)粮食的生产方式，劳动的平均产出因而上升。这些进步包括高产抗病的良种、更高效的化肥、更先进的收割机械等。在第二次世界大战结束后，世界上总的粮食生产的增幅总是或多或少地高于同期人口的增长。

第二节 长期生产函数

在长期内，投入的所有要素都是可变的。假定某厂商只使用劳动和资本两种可变生产要素来生产一种产品，则两种可变生产要素的长期生产函数可以写为 $Q=f(L,K)$。这种分析对两个以上的可变要素投入也适用，因为可以把其中一种可变要素看作所有其他可变要素的组合。我们在两种生产要素可以相互替代的假定下分析长期生产函数，需要借助等产量曲线、等成本线等基本概念，以解决厂商如何实现成本最小化或利润最大化的问题。

一、等产量线

生产理论中的等产量线和效用理论中的无差异曲线是很相似的。等产量线(isoquant curve)也称等生产线，是在生产技术不变的条件下，生产出相同产量的两种生产要素的不同组合在坐标上的轨迹。假设要生产 100 件某种产品，其生产要素 L 与 K 的组合如表 4—2 所示，则可在坐标上相应地画出一条等产量线，如图 4—3 所示。

表 4—2　　生产要素的各种组合

组合方式	L	K	Q
A	10	80	100
B	20	40	100
C	40	20	100
D	60	13.3	100
E	80	10	100

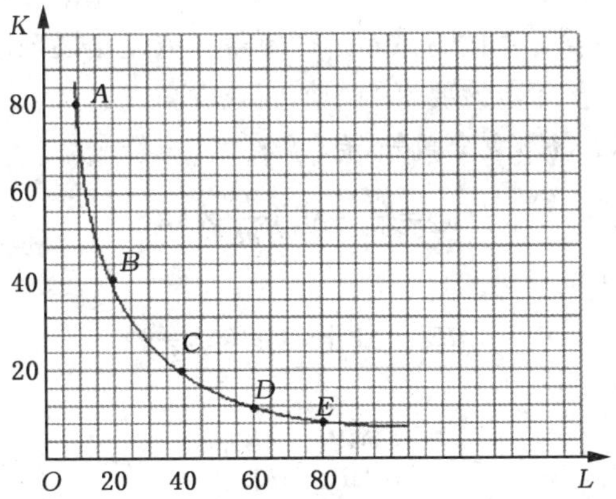

图 4—3　等产量线

等产量线有以下特点：

(1)在同一坐标上，等产量线可以有无数条，每一条代表一个产量，而且距离原点越远的等产量线所代表的产量水平越高。如图 4—4 所示，$Q_3>Q_2>Q_1$。

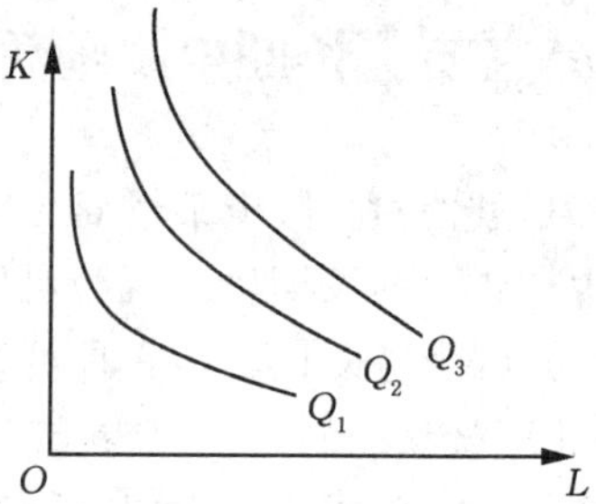

图 4—4　等产量线的特点

(2)任何两条等产量线不能相交;否则,交点就对应了两个不同的产量水平,这与等产量线的性质产生矛盾。

(3)等产量线向右下方倾斜且凸向原点。这表明在同一等产量线上,一种要素投入的增加或减少必定有另一种要素的减少或增加来平衡,而且这种要素之间替代的比例逐渐减小,即增加一单位 L 可以替代的 K 的数量越来越少。

等产量线向右下方倾斜很好理解,但为什么等产量线凸向原点呢?这是因为边际技术替代率(绝对值)的递减。边际技术替代率(marginal rate of technical substitution)是指生产者在保持产量水平的前提下,增加一单位某种要素的投入量,可以代替的另一种要素的投入数量。其公式如下:

$$MRTS_{LK}=\frac{\Delta K}{\Delta L}=\frac{MP_L\,(\text{劳动的边际产量})}{MP_K\,(\text{资本的边际产量})}$$

相应地:

$$MRTS_{KL}=\frac{\Delta L}{\Delta K}=\frac{MP_K\,(\text{资本的边际产量})}{MP_L\,(\text{劳动的边际产量})}$$

边际技术替代率就是等产量线的斜率,应为负值,这里的正值是取其绝对值的结果。

边际技术替代率的绝对值是递减的,这意味着,在保持产量水平不变的前提下,随着一种生产要素数量的增加,该要素所替代的另外一种要素的数量是逐渐减少的,即一种要素对于另外一种要素的边际替代率,会随着该要素的增加而减少。

将生产函数式 $Q=f(L,K)$ 取全微分,有:

$$dQ=\frac{\partial f}{\partial L}\times\Delta L+\frac{\partial f}{\partial K}\times\Delta K$$

因为产出为常数,所以 $dQ=0$,即:

$$MP_L\times\Delta L+MP_K\times\Delta K=0$$

只考虑绝对值的话,有:

$$\frac{MP_L}{MP_K}=\frac{\Delta K}{\Delta L}$$

即:

$$MRTS_{LK}=\frac{MP_L}{MP_K}$$

边际技术替代率发生在两种生产要素之间存在替代关系,并且不是完全替代的情形之下。在现实中也有这样的情况:如果两种生产要素不能相互替代,因而要素组合的比例是固定的,这时的边际技术替代率为零,其等产量线是一条成90°角的折线,如图4—5所示。如果两种生产要素是可以完全替代的，则边际技术替代率为常数，其等产量线是一条向右下方倾斜的直线，如图 4—6 所示。

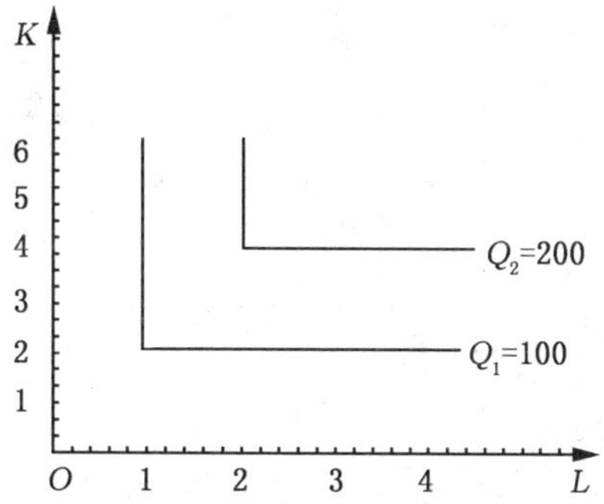

图 4—5　边际技术替代率为零

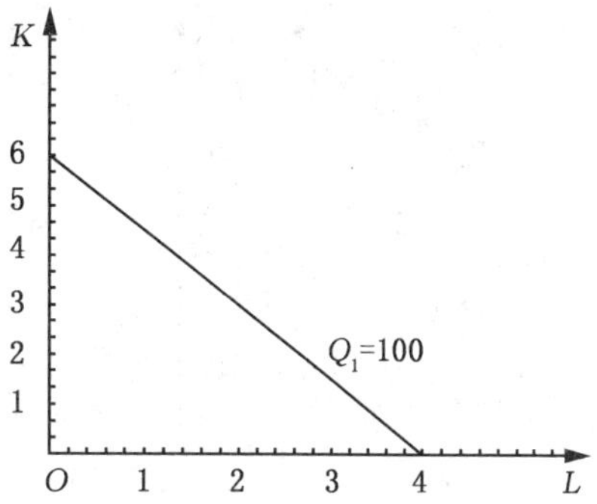

图 4—6　边际技术替代率为常数

二、生产合理区

类似于一种可变要素的合理投入区，两种可变生产要素的投入也有合理区。该区域内等产量线向右下方倾斜，即斜率为负。

如图 4—7 所示，假定等产量线上存在斜率为正的部分，即在 OA 以上和 OB 以下，等产量线的斜率为正，这意味着随着劳动投入的增加，生产相同数量的产品必须增加资本投入。从节约经济资源的角度来看，理性的厂商一定不会选择这些区域进行生产。

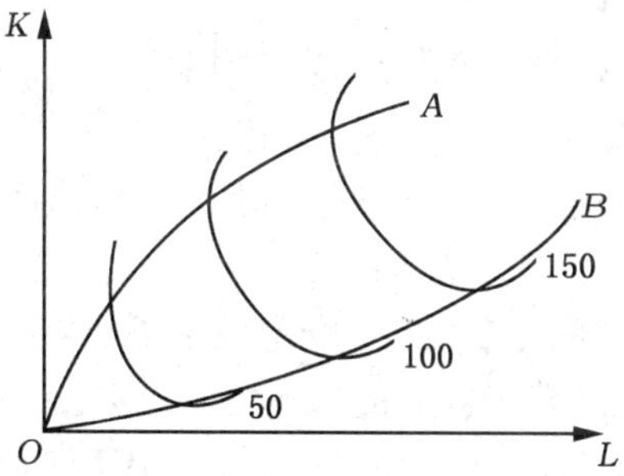

图 4—7　生产合理区

等产量线斜率为负的区域才是生产合理区，即 OA 线与 OB 线之间的部分。这两条线被称为“脊线”(ridge lines)。理性的厂商一般都会选择在生产合理区中进行生产。

三、等成本线和投入的最优组合

厂商选择等产量线上的哪一点所代表的投入组合进行现实生产，取决于厂商计划的投资成本。这类似于消费者选择无差异曲线上哪一点所代表的商品组合一样，受消费者的收入预算线约束。这里与收入预算线相似的一个概念就是等成本线。

等成本线(isocost line)是指在生产要素价格不变的前提下，用等量的成本所购买的不同生产要素数量组合所形成的曲线。其位置和斜率取决于厂商愿意支出的成本和投入要素的价格，如图 4－8 所示。

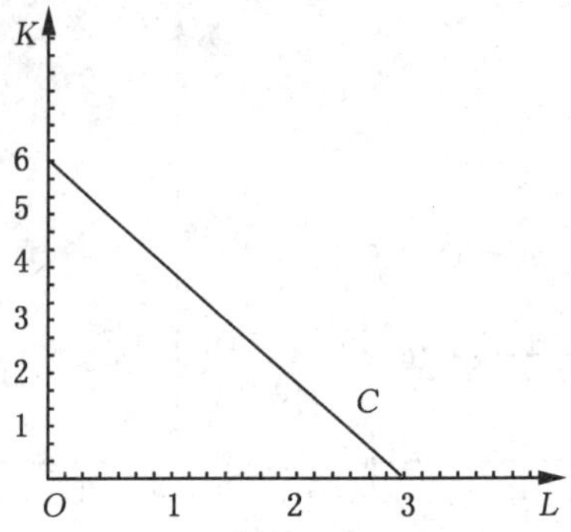

图 4－8　等成本线

等成本线可以表示为 $C=P_L \cdot L+P_K \cdot K$，其中 C 表示厂商的预算总成本，P_L、P_K 分别表示劳动(L)和资本(K)的价格，等成本线斜率为$\frac{P_L}{P_K}$。如果 C、P_L、P_K 既定，则可画出等成本线。

如果两种投入要素的价格不变，增加投资会使等成本线平行右移，减少投资会使等成本线平行左移。如果生产要素的价格变动，则等成本线的变动类似于消费者理论中收入预算线的变动，可参考以前讲过的方法加以推断。

当厂商不仅考虑产量，而且考虑要素成本时，如何选择最优的投入组合呢？我们可以根据等产量线和等成本线的关系加以说明。

根据等产量线与等成本线的性质，很容易发现，既定等成本线与尽可能高的等产量线的切点，表示成本既定条件下的产量最大化；同样，既定等产量线与尽可能低的等成本线的切点，表示产量既定条件下的成本最小化。这两种情况都表明厂商选择了投入要素的最优组合。

如图 4－9(a)所示，等产量线与等成本线的切点为 E 点，其对应的 OL_E 与 OK_E 组合即为投入要素的最优组合，此时实现的产量 Q_2 是既定成本下能够实现的最大产量，达到了生产者均衡。图 4－9(a)中的 A 点也花费了同样的成本，但只能得到 Q_1 的产量，而图 4－9(b)中的 A 点虽然花费的成本比 E 点要高，产量却和 E 点相同，因而都不是投入要素的最优组合。

在等产量线与等成本线的切点上，两条曲线的斜率必然相等。即有：

$$\frac{MP_L}{MP_K}=\frac{P_L}{P_K}$$

或者：

$$\frac{MP_L}{P_L}=\frac{MP_K}{P_K}$$

这便是生产者均衡或者说投入要素最优组合的条件，即每一单位成本所购买的生产要素所得到的边际产量都相等。如果资本边际产量与其价格之比大于劳动边际产量与其价格之比，表明增加一单位资本投入所带来的产量增加比较大，理性的厂商一定会选择增加资本的投入；反之，则会增加劳动的投入，直到满足上述最优组合条件为止。

要素价格的变化会引起等成本线的变化，从而引起生产者均衡点的变化。这如同消费品价格的变化会引起收入预算线的变化，从而引起消费者均衡点的变化一样。我们在此不作讨

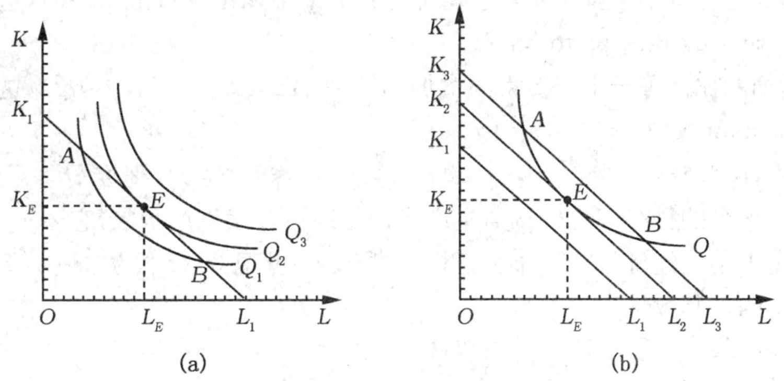

图 4—9 等成本线和投入的最优组合

论。当生产技术和要素价格不变时，投资的增加导致等成本线向右上方平行移动，从而使最优组合点发生变动，将这些点连接起来的曲线称为生产扩展线。可见，生产扩展线表示生产要素价格和其他条件不变的情况下，在总投资增加时，厂商必然沿着生产要素的最优组合来扩展生产。在图 4—10 中，点 E_1、E_2、E_3 的连线即为生产扩展线。

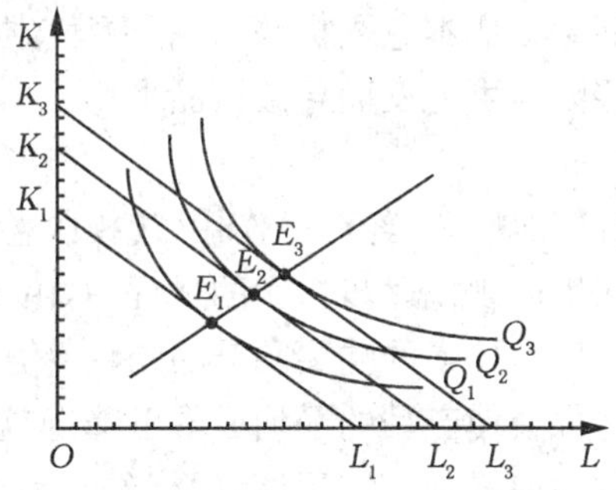

图 4—10 生产扩展线

四、生产的规模收益和范围经济

(一)规模收益

从前面的分析可知，在短期内由于固定生产要素无法增加，某一种可变要素的增加必然会造成边际生产力的递减；而在长期内假定产量不变，某一种要素投入的增加必然会导致边际技术替代率的递减。现在我们考虑，在长期内当所有生产要素和产量都能改变时，投入变化与产量变化存在什么关系？生产扩展线表明，随着投入的成本增加，或者说随着投入的资源增加，生产规模就会不断扩大。这种牛产规模的扩大，对厂商具有何种意义呢？会带来怎样的影响呢？规模收益理论对此进行了分析。

规模收益(returns to scale)也称规模报酬，是指在技术水平和生产要素价格不变条件下，按相同比例改变所有生产要素投入的数量时，产出的变动情况。规模收益存在如下三种情形：

(1)产量增加的比例大于生产要素的增加比例，$f(aL,aK)>a\,f(L,K)$，这种情况称为规模收益递增(increasing returns to scale)。

(2)产量增加的比例小于生产要素的增加比例，$f(aL, aK) < a\,f(L, K)$，这种情况称为规模收益递减(decreasing returns to scale)。

(3)产量增加的比例等于生产要素的增加比例，$f(aL, aK) = a\,f(L, K)$，这种情况称为规模收益不变(constant returns to scale)。

设 $Q = f(L, K)$，如果 $f(aL, aK) = a^{\lambda} f(L, K) = a^{\lambda} Q (a > 0)$，则称 $Q = f(L, K)$ 为 λ 次齐次生产函数。著名的科布—道格拉斯生产函数是线性齐次生产函数，它表示规模收益不变。这一生产函数是由美国经济学家科布和道格拉斯于20世纪30年代初根据1899～1922年的资料研究后提出的。其数学表达式为：

$$Q = f(L, K) = AL^{\alpha}K^{\beta}$$

式中，A、α、β 均为常数，且都大于零，$\alpha + \beta = 1$。科布和道格拉斯根据当时的资料，得出：$A = 1.01$，$\alpha = 0.75$，$\beta = 0.25$。

在大规模的生产中，工人们可以进行更有效的分工协作，使得生产效率提高；同时，要素的大规模投入可能使它们的利用效率提高；厂商活动的规模化会给他们带来筹措资金、购买原材料和半成品、销售等方面的好处。以上这些因素就是所谓的规模经济或者批量生产的优势。所谓规模经济(economies of scale)，是指由于生产规模的扩大而引起的产品平均成本的降低。但是，带来规模经济的各种因素都是有一定限度的。当生产规模达到一定程度以后，分工太细可能带来副作用，规模过大可能导致成本急剧提高，包括管理、协调上的困难加大，资源条件、产品销路受到市场限制等，这些因素可能反而导致产品平均成本的提高，这种现象称为规模不经济(diseconomies of scale)。

由于在不同阶段上规模经济和规模不经济的作用，规模收益会出现以下三种情形：

(1)规模收益递增。厂商在生产规模逐步扩大的过程中，由于分工更细、专业化程度更高、协作效率和管理水平不断加强，生产要素的购买和产品销售等方面的优势越来越明显，副产品的开发和利用也得以实现，这些都会使产品的平均成本下降，使规模收益递增。

(2)规模收益不变。规模收益递增到一定程度，规模经济得到充分发挥，随着生产规模的扩大，产品的平均成本不再降低，即规模收益保持不变。这一状态的出现，表明生产规模不适宜继续扩大。

(3)规模收益递减。当生产规模超过一定的限度，管理指挥系统会过于庞杂，信息在传递过程中极易被延误或扭曲，使得管理效率下降，造成规模收益递减。在这一状态下，厂商需要通过压缩生产规模来避免收益下降。

规模收益递减现象说明，生产规模或企业规模是不能无限制扩大的，厂商不可盲目求大，结果会适得其反。在企业的扩张过程中，要根据行业的特点，选择最优规模进行生产。

(二)范围经济

上面分析了单一产品生产条件下投入要素的最优组合问题。如果厂商生产的产品不止一种，在多种产品同时生产的条件下，厂商又会如何安排生产呢？厂商从事多种产品的生产，其目的是取得范围经济(economies of scope)。

所谓范围经济，就是指企业通过扩大经营范围、增加产品种类而引起的单位成本降低和收益提高。与规模经济不同，它通常是企业在生产某种系列产品或相关产品的过程中，使单位产品的平均成本下降和收益增加.

这里的相关产品是指两种或两种以上的，可以共享某些设备、技术、管理等资源条件，并在技术特性上有相同或相近之处的产品。范围经济形成的竞争优势主要有以下几个方面：

(1)生产成本优势。表现为相关产品在生产中可分摊固定成本、降低变动成本。如可分摊固定资产的折旧费用,从而降低单位产品的固定成本;又可降低采购成本、提高资源利用率等,从而降低单位产品的变动成本。

(2)差异化优势。差异化是指企业提供产品的多样性,包括产品的质量、功能、外观、品种、规格及提供的服务等,这种多样性能使消费者认同该产品,并区别于其他企业提供的类似产品。范围经济形成的差异化优势特别明显,差异化一方面满足了顾客多样化、个性化的需求,另一方面也是企业寻求范围经济的出发点和目标。

(3)市场营销优势。在买方市场条件下,获得市场营销优势是企业成功的关键。市场营销的关键在于正确定位目标市场,比竞争者更有效地满足市场需求。市场营销强调满足消费者的需要和欲望,从营销理论来说,就是从产品、价格、地点(又称分销)、促销、公共舆论等方面体现企业的竞争能力。而范围经济形成的成本优势和差异化优势,体现了企业在产品、品质和价格方面的竞争能力;同时,又能在内部建立的营销平台上,利用原有的渠道销售多种产品;还能利用企业已经形成的品牌优势,为新产品开拓市场,也对跟进者造成进入障碍。

(4)技术创新优势。首先,对范围经济的理解和受益,使企业管理层对新产品、新工艺的开发更加重视;其次,范围经济的利益驱动可以带来科技创新的良性循环,持续的创新活动将使企业在应用新材料、采用新工艺、培养创新团队、加强市场调研等方面获得突破,最终将形成企业强大的核心竞争优势。

(5)抵御风险的优势。范围经济在降低成本、差异化、市场营销和技术创新等方面获得竞争优势,实际上是增加了企业抵御风险的能力。同时,范围经济还强化了企业的"新陈代谢"和互补性(尤其是对于受季节性影响较大的企业),使企业新老产品的更替得到互补等。

小链接

规模经济与范围经济

全球金融危机不仅给国内家电业的制造规模造成了影响,而且也加速了企业集团内外产业板块的整合与重组,如美的与小天鹅、荣事达洗衣机业务的重组,长虹与美菱空调业务的重组。国内家电企业正通过组建巨型"航母"来发挥单品类的规模经济和多品类协同的范围经济,从而构建像跨国公司一样的产业架构以提升国际竞争力。

美的、长虹的产业板块重组有两种经济在支持——规模经济和范围经济。规模经济是指在一个给定的技术水平上,随着规模扩大、产出增加,平均成本逐步下降,这些企业都把自己起家的产品做到了行业前三名,获得了相对于其他企业的规模经济。范围经济是指在相同投入下,由单一企业生产关联产品比不同企业分别生产关联产品中每种单一产品的产出水平要高,产品拓展带来的范围经济,为产业的协同找到了新的途径。以美的为代表的国内企业的产业重组,就是沿着提高规模经济和范围经济的需要发展的。

现在的产业竞争已不是单一产品之间的竞争,而是进入到大集团作战的状态。单一产品可以获得规模经济,但很难获得范围经济,这就是所有跨国公司都拖着长长的产品线的根本原因。现在国内剩下的企业基本上都发展成了大集团,这种产业结构可以获得越来越多的经济优势。这些企业实际上已成为一个"航母"集群,在这个平台上可以搭载多个品牌、多个品类。这些品牌和品类因为停泊在"航母"平台上,所以"续航"能力增强,综合生产能力提高,这对整个集团的竞争力是一个根本性的提升。

第三节 成本的定义及分类

研究生产者行为，不仅要了解总产出、平均产出和边际产出等生产的实物形态，更要关注投入的成本和取得的利润等生产的价值形态。成本是经济学的基本概念之一。从一般意义上说，成本是为了达到某种目的或生产某种商品所付出的代价。企业的收益扣除成本以后才是利润，因此，不了解成本就无法计算盈利。下面着重介绍几个主要的成本概念。

一、会计成本与经济成本

会计成本(accounting cost)是指能在会计账目中得以反映、厂商在生产经营中支付的所有费用。

影响厂商决策的经济成本即机会成本(opportunity cost)，是指由于使用某些稀缺资源而放弃该资源其他用途的最高代价。例如，某人用自己地段较好的房子开设一家美容店。如果出租这间房子，每月的租金为1 000元，除此别无其他用途。那么此人开设美容店的经济成本即机会成本是1 000元。但是，这1 000元并不需要算到他开美容店的会计成本中去，因为他不用为自己的房屋支付房租。当然，此人开设美容店还包括其他成本项目。

在经济分析中，经济成本是显性成本和隐性成本的总和。

二、显性成本与隐性成本

显性成本(explicit cost)是指厂商在生产过程中用于购买生产要素的实际支出。例如，雇用工人的工资支出、购买原材料的支出、借入资本的利息支出等。显性成本即会计成本，在生产经营活动中容易被厂商注意到。

隐性成本(implicit cost)是指厂商在生产过程中投入的自己拥有的生产要素的总价格。例如，厂商自己投入资金应该获得的利息，自己劳动应该获得的报酬，自己的房子投入生产而失去的本可以获得的租金都属于隐性成本。隐性成本容易被厂商忽略或者不被准确地估算，往往可能导致厂商的决策失误。

对许多小规模工商企业来说，隐性成本所占的比重相当高，因为厂商自己投入要素的比例大。而对现代大型企业来说，厂商自己拥有的生产要素比例较低，相应地隐性成本所占的比重较低。

小链接

小明的计算合理吗?

小明拥有闹市区的门市房一套，他瞅着别人在这条街上开店生意都挺红火，于是他决定用自己这套房子经营一家小餐馆。因为，这样一来自己既可以是老板也可以是服务员，不仅省去了租房子的钱，还可以省去雇用别人的工资。

一年后，小明一合计，自己净赚了 8 万元钱。他是这样算的，一年的总收入是 18 万元，扣除购买原材料等所支出的钱、税金以及门面装修等一共是 10 万元，剩下来 8 万元刚好是自己净赚的利润。你觉得小明这样算合理吗?

假若小明是一位白领，他在某公司工作一年的工资也为8万元，你认为他自己开店是否合算呢？在什么样的假定条件下，小明自己开店是合理的呢？

三、经济利润、会计利润和正常利润

有了成本的概念，我们就可以进一步了解利润的概念。一般来讲，利润等于收益减去成本，但使用不同的成本概念就会得到不同的利润概念：

会计利润＝收益－会计成本

经济利润＝收益－经济成本

从上面的分析我们知道，由于经济学家对成本的考虑比会计师涉及的范围更广，经济成本就会比会计成本要大。因为通常的会计成本仅仅考虑显性成本，而经济成本不仅包括显性成本，也包括隐性成本，所以，经济利润总是比会计利润要小。一般情况下，我们把经济成本超过会计成本的部分称为正常利润，就是厂商投入资源的机会成本超过会计成本的部分。

正常利润就相当于隐性成本，是使厂商继续留在原产业从事生产经营所必需的最低报酬。如果他得不到这笔报酬(或者说，假如产品的卖价仅能补偿工人工资、原材料和固定资本的折旧费)，他就会将资本转移到其他产业。所以，正常利润是该企业的产品得以生产出来的必要条件和必须支付的代价。正常利润与经济利润无关，是厂商对自己生产经营提出的一个利润要求。

在经济学分析中，正常利润率通常是指社会通行的投资回报率，或者资金的平均收益率。这种平均收益率就是厂商使用资金的机会成本，也就是厂商将资金投资于其他领域所能得到的正常收益。因此，正常利润包括在经济成本之中，它是机会成本的一个组成部分。当厂商的会计利润恰好等于正常利润的时候，其经济利润等于零，厂商正好补偿投入要素的全部机会成本，包括投入资金的正常回报率。因此，如果我们说厂商的利润为零，并不是说该厂商没有盈利，而是指它处在一种正常的经营状况之中。当厂商的会计利润超过正常利润，其经济利润为正时，我们就说厂商获得了超额利润；而当厂商的会计利润低于正常利润时，这一厂商在经济学意义上就是亏损的。在本书以下各章节中，如果不是特别指出，我们提到的利润都是指经济利润。

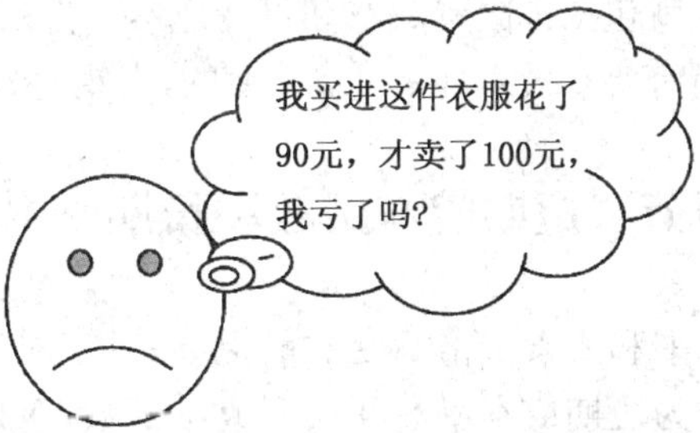

四、固定成本和可变成本

在短期中，生产要素可以分为可变生产要素和不变生产要素。购买可变生产要素的费用就是可变成本(variable cost),它随产量的变动而变动,包括工人(可以随时解雇)的工资、购买原材料和燃料的支出、短期贷款的利息等。

购买不变生产要素的费用称为固定成本(fixed cost),它不随产量的变化而变化,包括厂房、设备及其贷款利息、各种折旧费和维修费,以及暂停生产也需雇用的人员工资等。

与固定成本相关的另一个成本概念是沉没成本(sunk cost),是指业已发生或承诺、无法回收的费用支出,如因失误造成的不可收回的投资。沉没成本是一种历史成本,对现行决策而言是不可控的,不会影响当前行为或未来决策。因此,沉没成本是决策非相关成本,在项目决策时无须考虑。

小链接

MD90 干线飞机与"沉没成本"

1992 年,中国航空工业第一集团公司与美国麦道公司签订了合作生产 MD90 干线飞机的合约,在合作一段时间后,这一项目已经取得一些成就之际,MD90 专案停止了。

于是,2000 年 8 月中国航空工业第一集团公司决定发展支线飞机以代替干线飞机,对这一决议有赞成、有否定。否定该决定的一个重要考虑是该专案已经投入数十亿元巨资,耗费了众多人力、物力和时间,现在放弃实在可惜。但是,我们应该综合考虑中国航空与工业的发展,而不是从已经发生的"沉没成本"出发进行决策,最终该公司决定发展支线飞机。这一事件成为"沉没成本"的典型案例。

五、短期成本与长期成本

在短期和长期中,厂商的成本支出随产量变动呈现出不同的特点。因为在短期内,厂商只能改变可变生产要素的数量,不变生产要素的投入数量无法改变;而在长期内,厂商可以调整所有的生产要素,一切成本项目都是可以变动的。而且,在规模不同的情况下,成本的变动也有不同的特点。所以在考察厂商短期和长期的生产决策时,应相应地使用短期成本(short-run cost) 和长期成本(long-run cost)这两个概念。

短期成本指的是生产在短期内的成本。在短期内,有些要素可以改变而有些要素不能改变,所以,一家厂商的短期成本也就包括了固定成本和可变成本。长期成本指的是厂商在长期内投入的全部成本。在长期内,所有要素投入都是可以改变的,当然就不存在固定成本这个概念。

第四节　短期成本函数和长期成本函数

成本函数表示在技术水平和要素价格不变的前提下,一定时期内厂商的成本与产出之间的数量关系。成本函数可分为短期成本函数和长期成本函数,正确揭示生产成本是准确核算企业利润的基本前提,也是加强企业经营管理的重要环节。

一、短期成本函数

总成本(total cost,TC)是厂商在一定时期内生产一定数量产品的全部成本。它由固定成本与可变成本之和构成。

(1)平均固定成本(average fixed cost,AFC)

$$AFC=\frac{FC}{Q}$$

(2)平均变动成本(average variable cost,AVC)

$$AVC=\frac{VC}{Q}$$

(3)平均成本(average cost,AC)

$$AC=\frac{TC}{Q}=AFC+AVC$$

(4)边际成本(marginal cost,MC)

$$MC=\frac{\Delta TC}{\Delta Q}=\frac{dTC}{dQ}$$

边际成本是指增加一单位产量所引起的总成本的增量。由于固定成本不变,边际成本只受可变成本的影响,即:

$$MC=\frac{\Delta VC}{\Delta Q}=\frac{dVC}{dQ}$$

假设 $TC=Q^3-12Q^2+60Q+40$,则:

$VC=Q^3-12Q^2+60Q$,$FC=40$, $AVC=Q^2-12Q+60$

$AFC=\frac{40}{Q}$,$AC=Q^2-12Q+60+\frac{40}{Q}$, $MC=3Q^2-24Q+60$

根据以上关系式,可得表 4—3 和图 4—11。

表 4—3 **不同产量下的成本核算**

Q	VC	FC	TC	$MC=\frac{dTC}{d}$	$AFC=\frac{FC}{Q}$	$AVC=\frac{VC}{Q}$	$AT=\frac{TC}{Q}$
0	0	40	40	—	—	—	—
1	49	40	89	39	40	49	89
2	80	40	120	24	20	40	60
3	99	40	139	15	13.3	33	46.6
4	112	40	152	12	10	28	38
5	125	40	165	15	8	25	33
6	144	40	184	24	6.7	24	30.7
7	175	40	215	39	5.7	25	30.7
8	224	40	264	60	5	28	33
9	297	40	337	87	4.5	33	37.5

固定成本(FC)是一个常数,与产量的变化无关,所以在图 4—11 上部分中的固定成本曲线是平行于横轴的一条水平线,它到横轴的距离 40 即为固定成本。平均固定成本(AFC)曲线则随产量的增加而不断降低,趋近于零(但不会等于零)。这是因为,当一定数量的固定成本平分到越来越大的产量时,其必定越来越小。

可变成本(VC)随产量增加而增加,而且递增的速度先慢后快,这是因为边际成本先递减

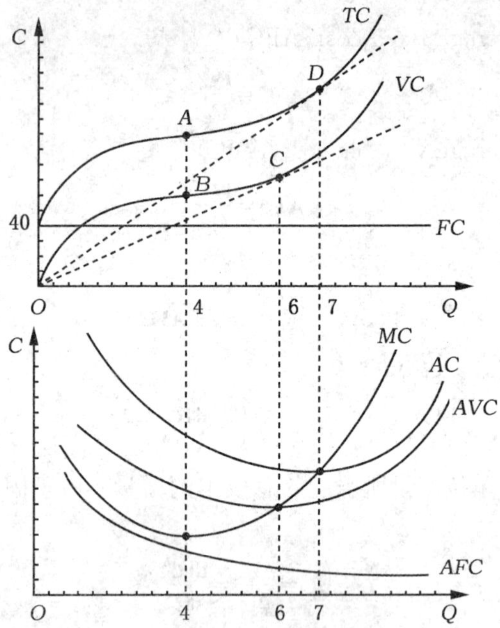

图 4—11 短期成本函数

后递增。由于边际成本先递减后递增，*TC*、*VC*、*AC*、*AVC*、*AFC* 曲线的变动呈现如图 4—11 所示的规律，读者可自行证明。

边际成本(*MC*)是总成本曲线的斜率，边际成本曲线呈 U 形，先下降，后上升。这是由边际生产力递减规律引起的。前面已讲到过，可变要素的边际产量先递增后递减。与边际产量递增部分相对应的是边际成本曲线递减，与边际产量递减部分相对应的是边际成本曲线递增。因为增加一单位的投入(成本)所带来的边际产量多了，总是会使边际成本下降；反之亦然。其对应关系如图 4—12 所示。

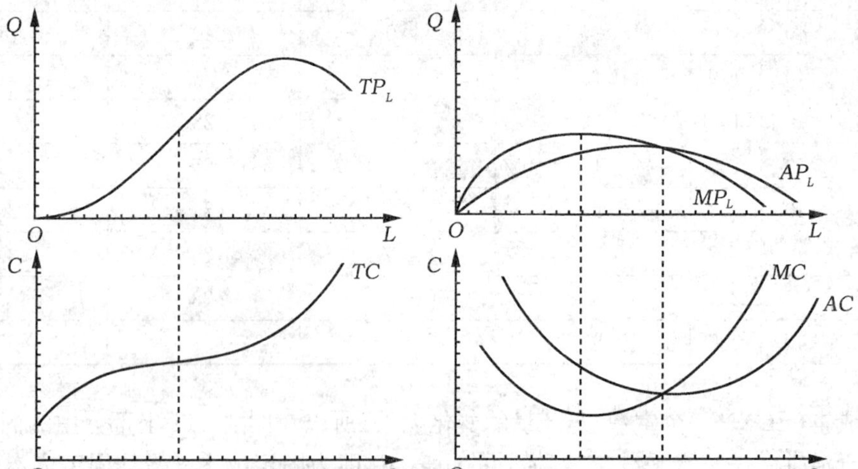

图 4—12 产量与成本的对应关系

平均可变成本(AVC)也是先下降后上升。这是因为,刚开始时,可变成本和固定成本的比例不合理,可变成本较少,随着可变成本的增加,固定成本的作用发挥得越来越充分,使平均可变成本下降。但是,当可变成本投入超过一定限度时,边际产出递减的规律就会发挥作用,从而使平均可变成本增加。

二、各短期成本变量的关系

在短期成本函数中,各种变量之间的关系主要体现在以下两个方面(如图 4—11 所示):

(一)MC 曲线与 AC 曲线和 AVC 曲线的关系

MC 曲线自左下方往右上方穿过 AVC 曲线和 AC 曲线的最低点。也就是说,当 $MC=AVC$ 时,AVC 最低;当 $MC=AC$ 时,AC 最低。

当 $MC<AC$ 时,AC 递减。这是因为每增加一单位产品,新增产品的单位成本低于平均成本,这会使得 AC 减少。相反,如果 $MC>AC$,则会使 AC 递增。因此不难得出,当 $MC=AC$ 时,AC 最低。

同理也可得出,当 $MC=AVC$ 时,AVC 最低。

(二)AC 曲线和 AVC 曲线的关系

AVC 曲线始终位于 AC 曲线的下方,前者的最低点在后者最低点的左下方。

由 $TC=VC+FC$ 可以得出:$AC=AVC+AFC$,所以,$AVC<AC$,从图像上看,AVC 曲线始终在 AC 曲线的下方。

AVC 曲线刚开始上升时,其上升幅度比 AFC 下降的幅度要小,所以 AC 仍在下降,直到 AVC 上升的幅度超过 AFC 下降的幅度,AC 才开始上升。因此从图像上看,AVC 曲线的最低点在 AC 曲线最低点的左下方。

三、长期成本函数

在长期中,所有生产要素都可以变动,所有的投入都是可变投入。长期总成本(LTC)是厂商长期生产特定产量所花费的成本总量,它由产量水平和工厂规模决定。而研究长期总成本函数的目的就是为企业寻找最优生产规模。所谓最优生产规模,就是在既定产量目标下,总成本最低的生产规模。

如图 4—13 上半部分表示,假设在计划期间可供选择的工厂规模有 3 个,如果厂商计划产量为 OQ_1,它会选择以 STC_1 所代表的工厂规模,因为 OQ_1 产量水平上的 STC_1 低于任何其他工厂规模;如果厂商计划产量为 OQ_2,则厂商会选择 STC_2 所代表的工厂规模;以此类推,厂商对应于不同的产量选择相应的最佳规模。实际上,各种可能的工厂规模远不止这 3 个。在理论上,这 3 个工厂规模之间可以出现许多其他不同的工厂规模。由于每个工厂规模只有一个最优产量,将这些最优产量的总成本的最低点连接起来就是长期总成本曲线。不难得出,长期总成本曲线是短期总成本曲线的包络线。

同样道理,长期平均成本曲线也是短期平均成本曲线的包络线,它上面的每一点是该产量下平均成本的最低点,如图 4—13 下半部分所示。

需要注意的是,LAC 与 SAC_1 相切之点不是 SAC_1 的最低点,而是切于最低点的左边。因为要生产 SAC_1 最低点所对应的产量,厂商可以选择更低平均成本的规模。

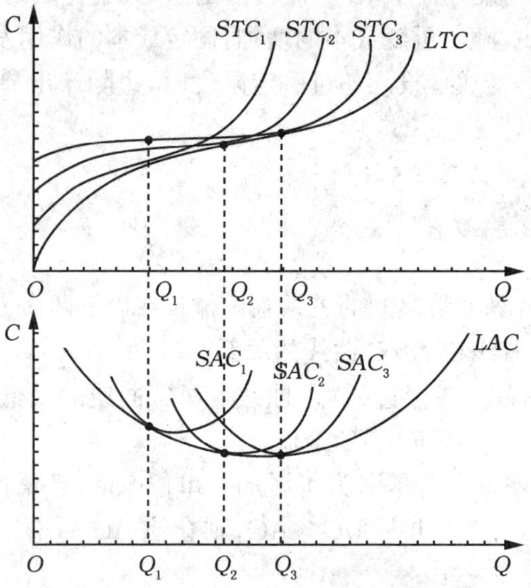

图 4－13　长期成本函数

结合前面的规模收益理论，可以理解规模收益递增表现为 *LAC* 曲线的下降，规模收益递减表现为 *LAC* 曲线的上升。而短期平均成本曲线的下降或上升则受边际生产力递减规律的影响。*LTC*、*LAC*、*LMC* 与 *STC*、*SAC*、*SMC* 之间的关系参见图 4－14。

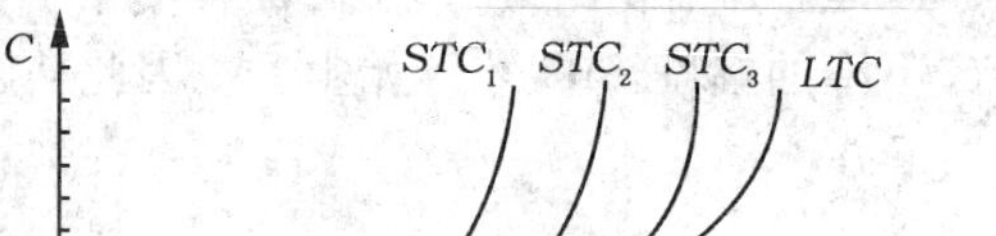

图 4－14　各种成本间的关系

四、成本的动态变化:经验曲线

产量或生产规模的调整对于成本的影响是十分重要的,与此同时,经营者或生产人员对于生产经验、管理经验的掌握和累积也会对成本的变化产生影响。生产经验的累积及其对成本的影响体现为一个动态的过程,即为“积累经验”的过程。如图 4－15 所示的经验曲线描述了这种经验积累对成本的影响。横轴代表厂商经验累积的产出量,纵轴代表单位产品耗费的劳动量。

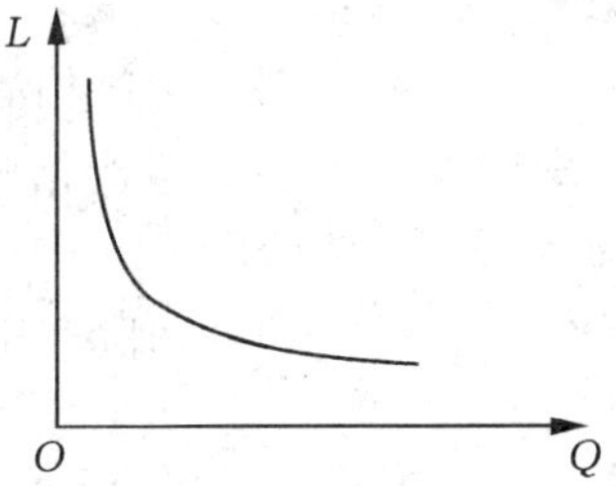

图 4－15 经验曲线

通过“经验积累”,生产效率得以提高,生产成本就会降低,因而企业人员的经验积累与产品的生产成本呈反方向变化。经验积累对于生产和成本的影响具体表现如下:

(1)生产人员在生产过程中的经验积累,对技术、流程及相关知识越来越了解,操作越来越熟练,单位产品所耗费的劳动时间和成本支出越来越少,既定劳动时间和成本开支所生产出来的产品数量也就越来越多。

(2)管理人员在管理过程中的经验积累,逐渐掌握适合企业的管理方法,协调和组织能力日益增强,管理效率不断提高,使单位产品所耗费的管理成本降低。

(3)设计人员在长期设计过程中的经验积累,对产品的优缺点和市场需求越来越了解,设计出的产品更加适销对路,而且设计所耗费时间和成本也在降低。

(4) 市场营销人员在工作中的经验积累, 以及营销网络的建立和健全,使采购与销售的过程更加顺畅,也会使单位产品的营销成本下降。

由此可见, 经验积累会使厂商的长期平均成本下降,因而使经验曲线向右下方倾斜。但是,不管经验效应有多大,产品生产总是要耗费一定时间和成本的,也就是说,经验曲线会逐步下降,但是不可能下降至零。

课后习题

一、单项选择题

1. 生产函数描述了(　　)之间的数量关系。

A. 收益与最小成本　　B. 投入与最大产出

C. 产出与最小成本　　D. 成本与最大收益

2. 当边际产量小于平均产量时,平均产量(　　)。

A. 递增　　B. 递减　　C. 不变　　D. 变化不确定

3. 当边际产量上升时,平均产量(　　)。

A. 上升　　B. 下降　　C. 不变　　D. 变化不确定

4. 等产量曲线凸向原点,表示(　　)。

A. 资本的边际产出递减　　B. 劳动的边际产出递增

C. 边际技术替代率递减　　D. 边际技术替代率递增

5. 如果一个厂商生产一系列产品的成本比许多厂商各自生产的成本要低,则这个厂商有(　　)。

A. 范围经济　　B. 规模经济　　C. 收益递增　　D. 收益递减

6. 等产量线表现的是(　　)。

A. 生产相同总成本的投入　　B. 生产相等产量的成本

C. 生产不变边际产量的边际成本　　D. 生产相等产量的投入组合方式

7. 依据生产三阶段论,生产应处于(　　)阶段。

A. 边际产出递增,总产出递增　　B. 边际产出递增,平均产出递增

C. 边际产出为正,平均产出递减　　D. 以上都不是

8. 如果规模报酬不变,资本使用量增加 10%,但劳动量保持不变,则总产量将(　　)10%。

A. 增加　　B. 减少　　C. 增加大于　　D. 增加小于

9. 若以横轴表示劳动投入,纵轴表示总产量,则平均产量为(　　)的斜率。

A. 边际产量曲线切线　　B. 总产量曲线切线

C. 从原点向总产量曲线所引射线　　D. 从原点向平均产量曲线所引射线

10. 生产理论中的生产扩展线类似于消费者理论中的(　　)。

A. 预算约束线　　B. 收入—消费曲线

C. 价格—消费曲线　　D. 恩格尔曲线

二、多项选择题

1. 关于规模收益递增,下列说法中错误的是(　　)。

A. 生产系列产品比单独生产更贵　　B. 产量增大时,平均成本降低

C. 生产系列产品比单独生产更便宜　　D. 产量增大时,平均成本上升

E. 产量增大时,平均成本不变

2. 等成本曲线向右平移可能表明(　　)。

A. 总成本增加　　B. 总成本下降

C. 生产要素价格提高　　D. 生产要素价格下降

E. 总产量增加

3. 关于利润最大化的均衡点,下列说法中正确的是(　　)。

A. 等产量线的斜率等于等成本线的斜率

B. 劳动的边际产量等于资本的边际产量

C. 劳动对资本的边际替代率等于劳动价格与资本价格的比率

D. 等成本线与等产量线相切

E. 以上都正确

4. 下列说法中,不正确的是(　　)。

A. 生产要素的边际技术替代率是规模报酬递减造成的

B. 边际收益递减是规模报酬递减造成的

C. 规模报酬递减是边际收益递减造成的

D. 生产要素的边际技术替代率递减是边际收益递减规律造成的

E. 以上都不正确

5. 经济成本包括(　　)。

A. 会计成本　　B. 显性成本

C. 隐性成本　　D. 机会成本

E. 生产成本

三、名词解释

1. 边际生产力递减规律

2. 等产量线

3. 等成本线

4. 边际技术替代率

5. 规模经济

6. 经济利润

四、计算题

已知短期生产函数为 $Q=f(K,L)=KL-0.5L^2-0.32K^2$,长期生产函数为 $Q=2K^{\frac{1}{2}}L^{\frac{1}{2}}$,其中,$Q$ 表示产量,K 表示资本,L 表示劳动。短期内,$K=10$,$PL=4$,$PK=1$。

(1)分别求总产量、边际产量极大值时的劳动量及其极大值。

(2)求平均可变成本极小值时的劳动量及产量。

(3)分别求短期、长期成本函数。

五、简答题

1. 生产的三阶段是如何划分的,为什么厂商通常会在第二阶段进行生产?

2. 为什么说扩展线上的任何一点都是生产者均衡点?

3. 在下列生产函数中,哪个属于规模报酬递增、不变和递减?

(1)$F(K,L)=K^2L$

(2)$F(K,L)=K+2L$

(3)$F(bK,bL)=\sqrt{b}F(K,L)$

4. 简述生产者均衡的条件。

第五章　完全竞争市场

第四章分析了在生产要素价格既定的情况下，厂商（生产者）为了达到利润最大化，如何投入生产要素、如何选择适当的生产规模。在实际经济中，厂商能够取得怎样的收益和利润固然与自己的主观努力有关，但也与市场的竞争环境息息相关。从本章开始，将进一步研究在不同的市场条件下，为了取得收益和利润的最大化，厂商如何组织生产与销售、如何确定价格与产量等问题。这里，首先要阐述的是完全竞争市场。

第一节　厂商和市场分析

本节先撇开不同类型市场的特点，讨论在一般市场条件下，厂商追求利润最大化的共同原则，以及区分不同类型市场的主要依据，为具体研究各类型市场奠定理论基础。这一节的内容将作为本章以及第六章、第七章和第八章所介绍的完全竞争、完全垄断、垄断竞争和寡头垄断这四类市场的划分依据和标准。本节所介绍的利润最大化原则也将作为所有市场中厂商必须遵循的一般原则，以此来确定他们的最优产量。

一、利润最大化目标

微观经济学经常用到利润最大化的假设，因为它能合理而准确地预测厂商行为，并可避免理论分析上的混乱。但企业是否真的以利润最大化为目标，一直存在争议。在目前所学习的经济学理论之中，都是从理性经济人角度探究问题的，因此，肯定会将追求利润最大化作为企业的目标。包括在前面所讲的消费者行为理论和生产者行为理论，我们所进行的推导和证明也是以理性经济人为基础，基于获得自身利益最大化这一目标。只不过对于不同的经济行为，其具体的目标形式存在差异。在消费者行为理论中，消费者实现均衡的目标是自身效用的最大化。在生产者行为理论中，生产者实现均衡的目标是产量的最大化。在要素市场中，这一目标就具体表现为要素收益的最大化。

对所有者自己管理的小企业来说，利润似乎决定着全部的企业决策，只有获得足够的利润，小企业才能在生存的基础上得到发展。然而在大企业里，作为日常决策的经理通常很少与所有者（即股东）联系，结果导致企业的所有者不能完全监控经理的行为。因此，经理在经营企业时便有较大的回旋余地，并能在某种程度上偏离利润最大化的目标。这是为什么呢？因为经理可能会从自己的需要出发，更多地考虑其他目标，如追求销售收入最大化，以实现产值的超常增长等。经理也可能完全只顾企业的短期利润（也许是为获得晋升或巨额奖金），而牺牲企业的长期利润，即使长期利润最大化更符合股东们的整体利益。尽管如此，经理们追求长期利润最大化以外目标的自由度还是有限的。如果他们一味追求这些目标，股东大会或董事会就可以撤换他们，或者由新的管理层来接管企业。无论如何，不追求利润最大化的企业不可能长期幸存。企业要在竞争性行业中生存下去，就得将长期利润最大化作为它们的优先目标来实现。因此，我们运用利润最大化假设来讨论问题是合情合理的。

二、产品价格、平均收益与边际收益

假定厂商的销售数量为 Q，产品的销售价格为 P，则厂商的总收益(total revenue，TR)$=P\times Q=PQ$。

平均收益(average revenue，AR)是厂商生产单位产品获得的收益，$AR=\frac{TR}{Q}=\frac{PQ}{Q}=P$，所以，平均收益等于价格。

边际收益(marginal revenue，MR)是厂商增加(或减少)单位产品所引起的总收益的变化量，$MR=\frac{\Delta TR}{\Delta Q}$，假定总收益函数连续可导，则 $MR=\frac{\mathrm{d}TR}{\mathrm{d}Q}$。

根据需求规律，由于价格与需求量呈反向变动，边际收益一般小于销售价格。例如，当某种商品销售 10 件时价格为 8 元，而销售 11 件时价格为 7.8 元，则第 11 件产品的边际收益为 5.8 元(11×7.8－10×8)。

一般情况下，MR 与 P 之间的关系可推导如下：

$$\begin{aligned}MR&=\frac{\mathrm{d}TR}{\mathrm{d}Q}=\frac{\mathrm{d}P(Q)\cdot Q}{\mathrm{d}Q}=\frac{\mathrm{d}P(Q)}{\mathrm{d}Q}\cdot Q+P\cdot\frac{\mathrm{d}Q}{\mathrm{d}Q}\\&=\frac{\mathrm{d}P}{\mathrm{d}Q}\cdot Q+P=P\cdot\left(\frac{\mathrm{d}P}{\mathrm{d}Q}\cdot\frac{Q}{P}+1\right)\\&=P\cdot\left(1-\frac{1}{|E|}\right)\end{aligned}$$

假设市场需求曲线为 $P=a-bQ$，则 $TR=PQ=aQ-bQ^2$，$MR=\frac{\mathrm{d}TR}{\mathrm{d}Q}=a-2bQ$，可见 $MR<P$。P 与 MR 之间的关系如图 5－1(a)所示。

如果价格 P 不随销售量 Q 的变化而改变，厂商每多生产一单位产品增加的收益就等于销售价格，即 $MR=AR=P$，如图 5－1(b)所示。

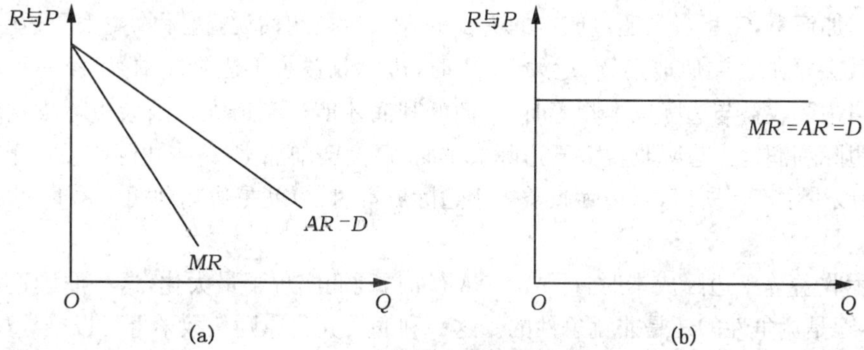

图 5－1 P 与 MR 的关系

三、利润最大化原则

这里，首先分析厂商利润最大化的产量决策。不管该厂商所处何种类型的市场环境，因为其利润是总收入与总成本的差额，所以为了确定厂商利润最大化的产量，必须分析它的总成本和总收入。假定厂商的产量为 q，获得的收入为 $R(q)$，生产成本为 $C(q)$，厂商的利润等于收入减去成本，即：

$$\pi(q)=R(q)-C(q)$$

为实现利润最大化，厂商选择产量以使收入与成本的差额最大，这在图 5－2 上表示出来。收入 $R(q)$是一条曲线，其斜率表示每当产量增加一单位时收入的增加量，即边际收益。$C(q)$曲线的斜率则为每增加一单位产量时成本的增加量，即边际成本。对低水平的产量而言，利润为负，因为收入不足以抵消固定成本和可变成本（当 $q=0$ 时，由于存在固定成本，利润为负）。随着产量增加，利润最终变为正值（当 q 大于 q_0 时），并且一直增加到产量达到 q^* 时为止。这时，边际收益与边际成本相等。收入与成本间的直线距离 AB 在该点最大，相应地，$\pi(q^*)$也就达到最大，q^* 为利润最大化产量。一旦产量超出 q^*，边际收益便小于边际成本，利润逐步下降，这反映生产成本增长加快。

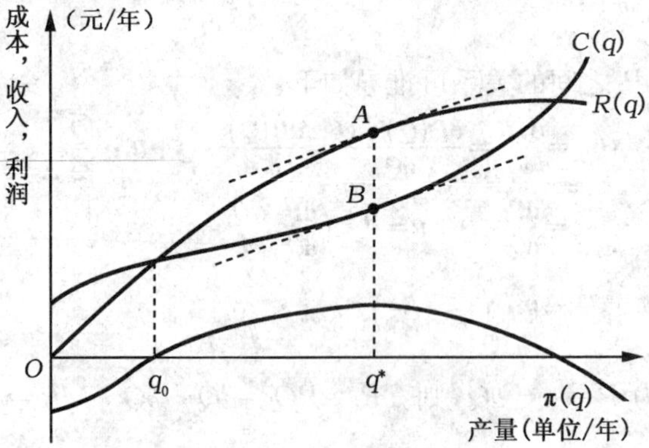

图 5－2　厂商的利润最大化

为了从另一方面来解释为什么 q^* 的产量能使利润最大化，不妨假设产量小于 q^*。如果厂商稍稍增加产量，它将得到超过成本的更多的收入。换句话说，边际收益大于边际成本，厂商的利润就会增加。类似地，当产量大于 q^* 时，边际收益小于边际成本，厂商的利润就会减少。只有当边际收益与边际成本相等时，厂商的利润才能达到最大。因为边际收益减去边际成本等于边际利润。当边际收益大于边际成本时，厂商会增加生产；当边际收益小于边际成本时，厂商会减少生产。所以，当边际收益等于边际成本时，也就是边际利润为零时，表明厂商的利润实现了最大化。

当边际收益等于边际成本时，即 $MR=MC$ 时，利润实现了最大化，这一原则适用于所有的厂商，不管是竞争性的还是非竞争性的。这一利润最大化原则从数学上可以推导如下：

$$\pi=TR(Q)-TC(Q)$$

$$\frac{d\pi}{dQ}=\frac{dTR}{dQ}-\frac{dTC}{dQ}=MR-MC$$

满足上式利润最大化的一阶条件和二阶条件分别为：

$$\frac{d\pi}{dQ}=0$$

$$\frac{d^2\pi}{dQ^2}<0$$

因此有：

$$MR=MC$$

$$\frac{dMR}{dQ}<\frac{dMC}{dQ}$$

四、厂商的利润情况分析

上面分析了厂商的利润最大化目标及其原则。在实际经营中，厂商可能获得经济利润，即 $\pi>0$；也可能亏损，即 $\pi<0$；当然，也可能刚好获得正常利润，即 $\pi=0$。我们可以将利润情况用产品价格与平均成本的比较表示出来：

$$\pi=TR-TC=P\times Q-AC\times Q=Q\times(P-AC)$$

当 $P>AC$ 时，厂商获得经济利润；当 $P=AC$ 时，厂商刚好获得正常利润；当 $P<AC$ 时，厂商亏损。

如果长期亏损，厂商可能会选择退出经营。但如果短期亏损，厂商会怎样做呢？这要视亏损程度而定。如果厂商虽然亏损，但亏损的只是固定成本 FC，厂商可能进行生产规模的调整，并继续经营下去。如果厂商继续经营连可变成本 VC 都收不回，则企业必须停止经营，以避免更大程度的亏损。

所以，当 $TR>VC$ 或者 $P>AVC$ 时，厂商虽然亏损但仍可继续营业，以减少亏损和寻求转机。当 $TR<VC$ 或者 $P<AVC$ 时，厂商亏损严重必然选择停止营业，否则会造成更大亏损。

小思考

在经济社会中，经常听说某企业连年亏损但一直保持经营，并能够正常地给员工发工资，支付各种利息费用；但也有的企业亏损后就无法维持正常运转，长期拖欠员工工资，最后关闭破产了。你能够理解为什么吗？

五、竞争和垄断：不同的市场结构

在不同的市场中，厂商面临的竞争程度是不一样的，厂商的垄断力也是不一样的。在市场中的企业都希望获得垄断地位，并凭借垄断地位获得高额利润。厂商数目越多，竞争就越激烈；厂商数目越少，垄断市场就越有可能。此外，政府的授权、产品的差别等都是形成垄断的原因和条件。

对于如何测定垄断力的问题，阿贝·勒纳（Abba Lerner）提出，可通过对价格与边际成本的偏离程度来确定，它可反映市场中垄断力量的强弱，也就是使用所谓的勒纳指数来度量。其计算公式为：

$$L=\frac{P-MC}{P}$$

式中，L 为勒纳指数，P 为价格，MC 为边际成本。

勒纳指数在 0～1 之间变动。勒纳指数越大，市场中的垄断力量越强；反之，竞争程度越高。在市场完全竞争时，勒纳指数趋向于 0；在市场完全垄断时，勒纳指数趋向于 1。

根据不同市场中厂商数目、产品差别、厂商垄断力的大小和厂商进出市场的难易程度，可将市场分为完全竞争、垄断竞争、寡头垄断和完全垄断四种类型，如表 5－1 所示。后面将对这四类市场分别进行分析和研究，揭示它们各自的运行规律。

表 5－1　　四种市场的比较

市场结构	厂商数目	产品差别程度	个别厂商控制价格程度	进入难易程度	近似行业
完全竞争	很多	无差别	没有	完全自由	农业
垄断竞争	较多	有些差别	有一些	比较自由	零售业
寡头垄断	几个	有或没有差别	相当大	有限	汽车制造业
完全垄断	一个	唯一产品，无替代品	很大，但常受政府管制	不能	公用事业

第二节　完全竞争市场

完全竞争市场是一种典型的特殊和理想型市场，在现实经济中很少存在。但是，对完全竞争市场的理论分析仍然十分重要，其包含了各类市场的一般特点和主要规律。本节主要阐述完全竞争市场的基本特征、厂商实现短期均衡的四种情况、厂商实现长期均衡的两种方式，以及长期供给曲线的三种变化等。

一、完全竞争市场的含义与特征

完全竞争市场(perfect competition)是所有市场结构中的一个极端，其最重要的特征是必须按照市场供求决定的价格销售产品。其特征主要表现在以下几个方面：

(1)竞争者无数。市场上有众多的消费者和生产者，他们的规模都很小，购买和出售的产品所占市场份额也很少，以至于他们只能接受市场供求确定的价格，不能影响更不能改变市场价格。比如，在农产品市场上，某个生产者由于天时地利，在该年获得了较好的收成，其粮食产量从 1 吨变成了 3 吨。然而，从整个市场的角度来看，这一变化并不显著，市场价格并不会因为该生产者产量的增多而发生变化；同样，对于消费者来说，如果某人近期食欲不振，其一个月的粮食消耗从 15 千克下降到 10 千克，这一变化也不会引起粮价的变化。

(2)产品无差异。消费者需要的和厂商提供的产品都不存在差异。也就是说，对于消费者而言，厂商提供的产品都一样，所以消费者无论买哪一家的产品都会给其带来同样的效用；而对于厂商来说，消费者对产品的要求也都一样，把产品卖给谁并无差别。

(3)要素自由流动。生产要素可以在各个行业间自由流动，任何行业的工厂规模和厂商数目在长期内可以任意变动，没有人为障碍能够阻止厂商进入或退出任何行业。新厂商要进入某一行业不需要付出额外的成本，旧厂商要退出某一行业也不会受到阻碍。

(4)完全信息。每个参与市场活动的经济单位都知道现行的价格和产品的质量、性能等，同一个市场上不可能出现低买或高卖现象。对于生产者来说，他们能够知道详细的生产工艺和流程、产品的价格和款式，以及生产要素的各种信息；对于消费者来说，他们能够了解产品的价格和供给量，以及各个厂商的相关信息。

从以上四个特征不难发现，现实生活中几乎不可能找到完全竞争市场。仅以完全信息这一条来讲，很多行业已被排除在外了。比如对于橡皮市场，消费者若为了买一块便宜的橡皮而花费几天时间跑遍所有文具店，或者花费几个小时在网上比较各个卖家的信息，显然会带来高昂的时间成本和精力上的代价，结果可能只是节约几毛钱，这是得不偿失的。因此，一般看来，只有部分农产品如土豆和大米等的买卖，才近似完全竞争市场。但是，这并不代表完全竞争市场在理论分析上没有重要意义。这是因为，经济模型的价值并不是体现在其准确性上，而是体现在其所能反映出的规律性上。实践证明，完全竞争市场在观测和评价现实经济行为上有积极作用。作为其他类型市场的基础，完全竞争提供了理论分析的框架，只要对其假定条件做出必要的修改，使之更接近现实状况，就能在应对复杂的市场结构时，做出更为具体、科学的描述。所以，我们有必要首先对完全竞争市场加以分析和研究。

小链接

从农村春联市场看完全竞争市场

2003 年临近春节，对某村农贸市场的春联销售进行的调查显示，该农贸市场主要供应周围 7 个村5 000余农户的日用品需求。贴春联是中国民间的一大传统，春节临近，春联市场红红火火，而在农村，此种风味更浓。

在该春联市场中，需求者有5 000多农户，供给者为 70 多家零售商，市场中存在许多买者和卖者；供应商的进货渠道大致相同，且产品的差异性很小，产品具有高度同质性(春联所用纸张、制作工艺相同，区别仅在于春联所书写内容的不同)；供给者的进入和退出没有限制；农民购买春联时的习惯是逐个询价，最终决定购买，信息充分；供应商的零售价格水平相近，若提价其销售量几乎为零，若降价会使其利润大量减少。

供应商在销售产品的过程中，都不愿意单方面降价。春联是农村过年的必需品，购买春联在购买年货的支出中只占很小的比例，因此其需求弹性较小。某些供应商为增加销售量、扩大利润而用低于同行价格的竞争方法，反而会使消费者认为其产品存在瑕疵(如上年库存、产品质量存在问题等)，其销量也难以提高。

该农村集贸市场条件简陋，春联商品习惯性席地摆放，大部分供应商都将春联放入透明的塑料袋中，以防尘和保持产品质量。而少部分供应商则更愿意损失少部分产品暴露于阳光下、寒风中，以更好地展示其产品。因此就产生了产品之间的鲜明对照。暴露在阳光下的春联更鲜艳，更能吸引消费者目光、刺激购买欲望，在同等价格下，该供应商的销量必定提高。由此可见，在价格竞争达到极限时，价格外的营销竞争对企业利润的贡献不可小视。

在商品种类上，例如“金鸡满架”一类小条幅，批发价为 0.03 元/副，零售价为 0.3 元/副；小号春联批发价为 0.36 元/副，零售价为 0.50 元/副。因小条幅在春联中最为便宜且为春联中的必需品，统一价格保持五六年不变，因此消费者不对此讨价还价。小条幅春联共 7 类，消费者平均购买量为 3～4 类，总利润可达 1.08 元，并且人工成本较低。而小号春联相对价格较高，在春联支出中所占比重较大，讨价还价较易发生；由此，价格降低和时间成本会造成较大利润损失，对小号春联需求量较大的顾客也不过购买 7～8 副，总利润至多 1.12 元。因此，我们不难明白浙江的小小纽扣风靡全国，使一大批人致富的原因；也提醒我们，在落后地区发展劳动密集、技术水平低、生产成本低的小商品生产，不失为一种快速而行之有效的致富方法。

春联市场是一个特殊的市场，时间性很强，仅在年前存在 10 天左右，供应商只有一次批发购货的机会。供应商对于该年购入货物的数量，主要基于上年销售量和对新进入者的预期分析。如果供应商总体预期正确，则该春联市场商品供应量与需求量大致相同，价格相对稳定。一旦出现供应商总体预期偏差，价格机制就会发挥巨大的作用，将会出现暴利或者亏损。

综上可见，小小的农村春联市场竟是完全竞争市场的缩影与体现，横跨经济与管理两大学科。这也就不难明白经济学家为何总爱将问题简化研究，就像克鲁格曼在《萧条经济学的回归》一书中，总喜欢以简单的保姆公司为例得出解决经济问题的办法，这也许真的有效。

[资料来源]杨晓东：《农村春联市场：完全竞争的缩影》，《经济学消息报》，2004 年 6 月 25 日，第 599 期。参考链接：http://china.findlaw.cn/jingjifa/fldf/jz/wqjz/01225413.html。

二、市场需求与厂商需求

同其他任何市场一样，完全竞争市场的供给和需求也要符合供求规律，只有在供求平衡时，才能决定均衡价格 P_1，如图 5－3(a)所示。而单个厂商的需求曲线则为图 5－3(b)中的 P_1D 曲线，表现为一条与横轴平行的直线。为什么会这样呢？

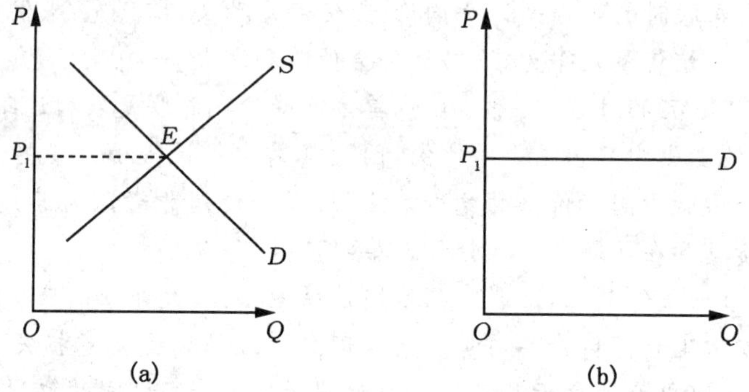

图 5－3　市场均衡价格和单个厂商的需求曲线

因为在完全竞争市场中，厂商的数目众多，厂商不得不接受市场供求决定的价格，如果某厂商打算以高于市场的价格出售，信息充分的消费者就会选择可以供应同质商品的其他厂商进行购买，最终该厂商不得不按市场价格进行销售。因此，对于单个厂商而言，其面临的需求曲线不随产量变动而改变，即为一条与横轴平行的直线。

在完全竞争条件下，厂商每增加一单位销售量引起的边际收益总是等于固定不变的销售价格 P，即 $MR=P$，所以，总收益曲线是从原点出发的一条直线，其斜率为固定不变的销售价格。当然，厂商的平均收益曲线也可以由产品的需求曲线来表示，因而有 $MR=P=AR$，边际收益曲线也就是平均收益曲线，如图 5－4 所示。

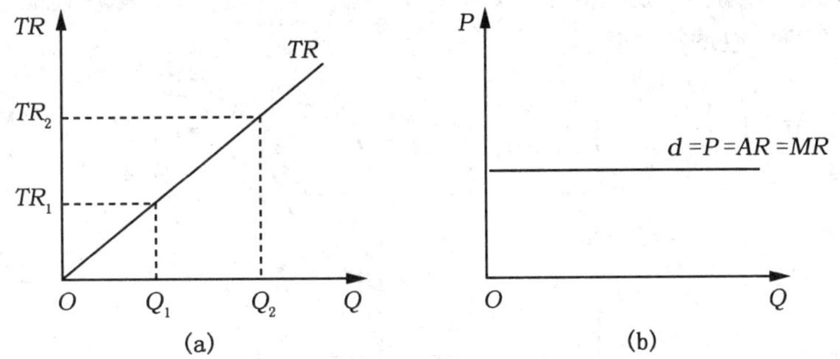

图 5—4　总收益曲线和平均收益曲线

当市场的需求曲线或供给曲线发生变动，从而形成新的均衡价格时，厂商面临的需求曲线也会相应地发生变化，如图 5—5 所示。需求曲线可能升高到 d''，可能降低到 d'，也可能保持不变。比如，由于收入水平、消费者对该产品的偏好、相关商品的价格和供需状况，以及消费者对该商品的预期等因素发生变化，就会使得在图 5—5(a)中的需求曲线发生变动，当需求曲线 D_1 移动到 D_2 时，市场的均衡价格也会发生相应的变化，即由 P'变为 P，对应到单个生产者的需求曲线图上，我们会发现，其需求曲线便从 d'移动到了 d 这条曲线，正如图 5—5(b)所示。

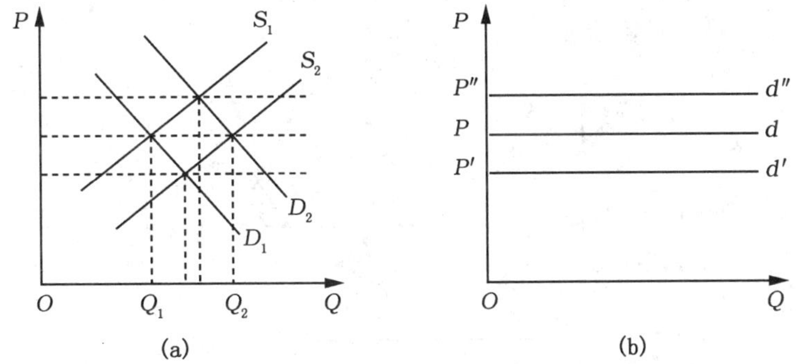

图 5—5　需求曲线或供给曲线变动形成新的均衡价格

第三节　厂商的短期均衡

在完全竞争市场上，厂商无法对市场价格产生直接影响，而只能根据市场的均衡价格来调整自己的产量。那么，厂商是怎样决定它的产(销)量的呢？或者说，厂商的均衡产量是如何决定的呢？这可以分为短期和长期两种情况，我们先考察短期均衡产量的形成过程，然后再考察长期均衡产量的形成过程。就短期均衡来说，一般有以下几种情形：

一、能赚得超额利润的均衡产量

假定厂商总是根据利润最大化原则，即边际成本等于边际收益这一原则来确定生产某一产品的最优产量。在图 5—6 中，当 $Q=OQ_1$ 时，$MC=MR=P$，因此，OQ_1 是厂商的最优产量。这时我们将产品的价格 P 与它的平均成本 AC 进行比较，不难发现在该图中前者大于后者，因此，厂商在这一产量下可获得矩形 P_1GFA 面积的经济利润或者说超额利润。为了获得更多超额利润，厂商可以增加生产。

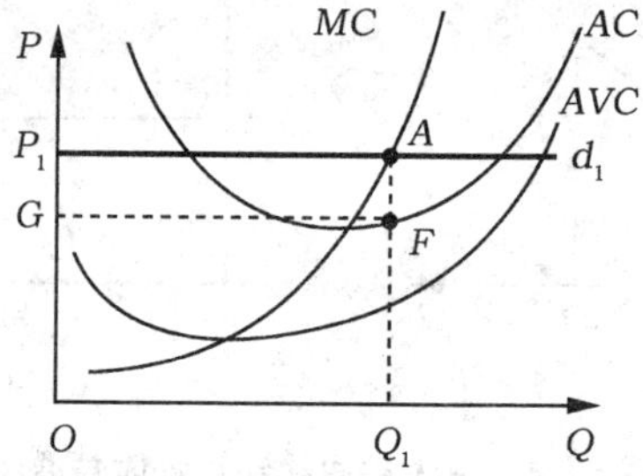

图 5—6　能赚得超额利润的均衡产量

二、只能获得正常利润的均衡产量

在图 5—7 中，同样根据利润最大化原则，可以找到边际成本和边际收益曲线，两者相交便可以得到我们所需要确定的最优产量 Q_2。此时市场价格由 P_1 降到了 P_2，产品的价格 P 等于它的平均成本 AC，但这时超额利润为零，厂商只能获得正常利润。此时，厂商可以保持原有生产规模。

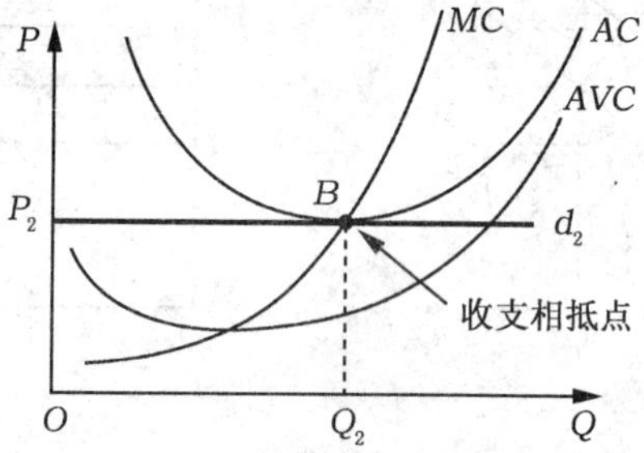

图 5—7　只能获得正常利润的均衡产量

三、亏损为最小的均衡产量

如果市场均衡价格继续下降，直至比产品的平均成本 AC 更低，则厂商不可能获得超额利润，也不可能获得全部正常利润，说明已经出现亏损。这时厂商可以确定亏损最小的产量为 Q_3，如图 5—8 所示，厂商的亏损额为矩形 HP_3CM 的面积。此时，厂商虽有亏损，主要是固定成本的部分得不到补偿，但是还不严重，因为全部变动成本仍可得到补偿，所以厂商会选择继续维持生产，以降低亏损和等待转机。

四、短期停产点

当价格比平均可变成本的最小值还低时，厂商如果继续生产，非但固定成本的损失无法挽回，连可变成本都不能收回。如果继续生产，可能导致亏损更大，所以厂商会停止生产。因此，

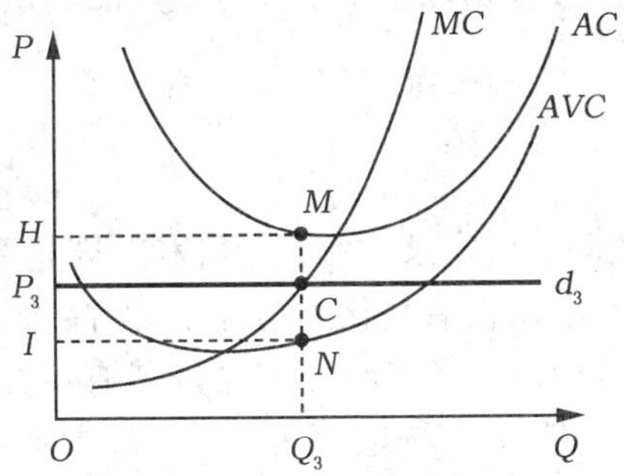

图 5—8　亏损最小的均衡产量

图 5—9 中 AVC 曲线的最低点 D 为厂商的停止生产点，而 D 点以上的 MC 曲线(也就是产量 Q_4 右侧的 MC 曲线)即是厂商短期的供给曲线。在这条供给曲线上，厂商会根据市场价格的变化而相应地调节产量。

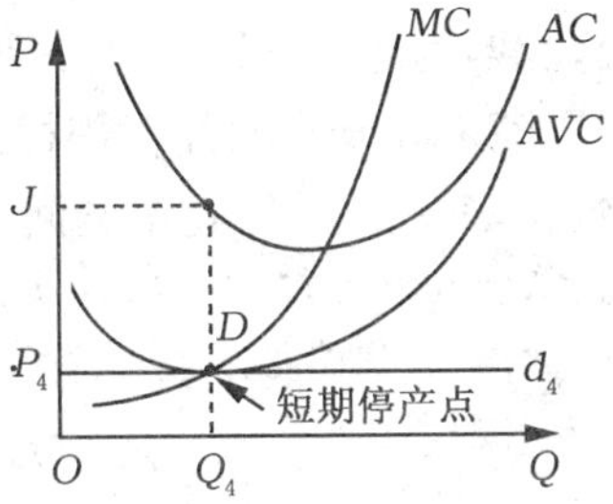

图 5—9　短期停产点

小应用

完全竞争市场需求曲线为 $Q_D=200-5P$，供给曲线为 $Q_S=5P-160$。某完全竞争厂商的短期总成本函数为 $STC=Q^3-12Q^2+72Q+100$。求：(1)该厂商短期均衡时的产量、价格、利润；(2)该厂商的短期供给曲线。

解：(1)由 $Q_D=Q_S$ 得市场的均衡价格为 $P=36=MR$。$MC=3Q^2-24Q+72$。根据利润最大化原则 $MR=MC$，$3Q^2-24Q+72=36$，$Q_1=2$，$Q_2=6$，根据实际情况，厂商会选择 $Q_2=6$ 的产量。此时利润 $\pi=TR-TC=PQ-TC=6\times36-(6^3-12\times6^2+72\times6+100)=-100$。

(2)$VC=Q^3-12Q^2+72Q$，$AVC=Q^2-12Q+72=(Q-6)^2+36$，所以 AVC 的最小值为 36，此时 $Q=6$。$MC=3Q^2-24Q+72$，所以厂商的短期供给曲线为 $P=3Q^2-24Q+72(P\geqslant36$ 或 $Q\geqslant6)$。

第四节　厂商的长期均衡

在长期中，厂商可根据市场需求变化而调整生产规模，厂商也有时间选择进入或退出该行业。这就是说，一个行业在长期中可通过两种方式进行调整：一是行业中厂商数量的变动，二是原有厂商经营规模的变动，从而在市场上实现该行业产品的供求平衡。

一、厂商的长期均衡

先看行业中厂商数量的变动。假定某行业有经济利润即超额利润，就会吸引新厂商进入，于是该行业的供给就会增加，在需求没有变化的情况下，产品价格会下跌，一直跌到经济利润消失时，其他厂商就会停止进入；反之，若某行业产品经营有亏损，则厂商会选择退出，该行业的供给就会减少，在需求不变的情况下，产品价格会上升，直到不亏损时厂商就会停止退出。因此，厂商进入或退出的结果，必然是他们只能获得正常利润，而经济利润为零时，产品价格恰好等于平均成本。

再看原有厂商经营规模的变动。假如厂商增加生产可降低成本并获得经济利润，厂商就会扩大生产规模。当所有厂商都这样做时，行业供给就会增加，在市场需求不变时，产品价格会下降，直到经济利润消失时，厂商变动规模的行动才会停止。这时候，产品价格也就等于长期平均成本。

可见，在一个完全竞争市场上，长期均衡就是既无经济利润又无亏损的状态。这时，既没有厂商进入或退出该行业，也没有厂商扩大或收缩经营规模。因此，在长期中，所有的厂商都采用相同的最有效率的规模进行生产，都只能获得正常利润。长期均衡条件为：

$$P=MR=SMC=LMC=SAC=LAC$$

完全竞争厂商长期均衡的情况如图 5－10 所示。

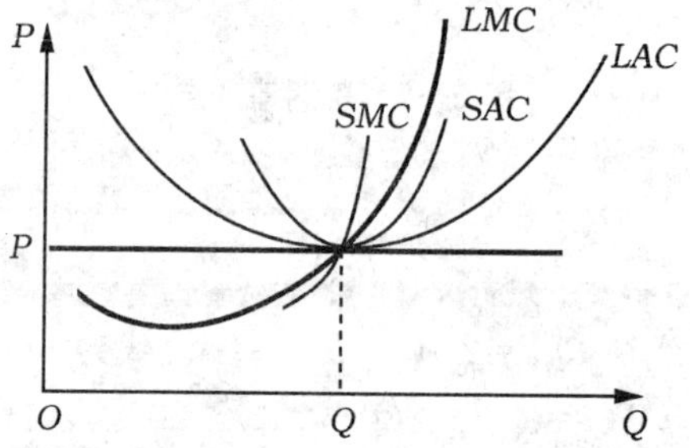

图 5－10　厂商长期均衡

小链接

完全竞争市场与大型养鸡场的亏损

为了实现“市长保证菜蓝子”的诺言，许多大城市都由政府投资修建了大型养鸡场，结果这些大型养鸡场反而竞争不过农民养鸡专业户，往往是亏损赔钱者居多。为什么大的反而不如小的呢？

从经济学的角度看，这首先在于鸡蛋市场的结构。鸡蛋市场有四个显著的特点：第一，市场上买者和卖者都很多。没有一个买者和卖者可以影响市场价格。即使是一个大型养鸡场，在市场上占有的份额也微不足道，难以通过产量来控制或影响市场价格。用经济学术语说，每家企业都是价格的接受者，只能按照市场供求决定的价格来销售产品。第二，鸡蛋是无差别产品，企业不能以产品的差异性来形成垄断。大型养鸡场的鸡蛋与农民养鸡生的鸡蛋没有什么不同，消费者也不会为大型养鸡场的鸡蛋多付钱。第三，生产者可以自由进入与退出，任何一个农民都可以自由养鸡或不养鸡，都可以多生产或少生产鸡蛋。第四，买者与卖者都了解相关信息。这些特点决定了鸡蛋市场是一个完全竞争市场，即没有任何垄断因素的市场。

在鸡蛋这样的完全竞争市场上，在短期中如果供大于求，整个市场价格降低，养鸡可能亏本。如果供不应求，整个市场价格提高，养鸡可以赚钱。

但在长期中，养鸡企业（包括农民和大型养鸡场）则要对市场供求做出反应：决定产量多少和进入还是退出。假设由于人们受胆固醇不利于健康这种宣传的影响，而减少对鸡蛋的消费，鸡蛋价格可能下降，这时养鸡企业就要做出减少产量或退出养鸡业的决策。假设由于发生鸡瘟，鸡蛋供给减少，价格上升，原有养鸡企业就会扩大规模，其他人也会进入该行业。在长期中通过供求的这种调节，鸡蛋市场实现了均衡，市场需求得到满足，生产者也感到满意。这时，各养鸡企业实现的成本（包括机会成本在内的经济成本）与收益相等，因此，生产者只能获得正常利润，而没有经济利润即超额利润了。

在完全竞争市场上，企业只能受市场支配。由于竞争激烈，成本被压得相当低。生产者要对市场供求变动做出及时的反应。换言之，在企业无法控制的市场上，成本压不下来或调节能力弱，都难以生存下去。大型养鸡场的不利正在于压低成本和适应市场的能力远远不如农民养鸡者。

大型养鸡场的成本要高于农民养鸡的成本。在短期中，养鸡的成本包括固定成本（鸡舍、蛋鸡、管理人员等）和可变成本（鸡饲料、劳动者等）。大型养鸡场的固定成本（现代化养鸡设备和从场长、党委书记到职员的众多管理人员）远远高于农民养鸡的固定成本。甚至农民的可变成本也很低（用剩饭菜等代替部分外购饲料，自己的劳动也可忽略不计）。这样，当价格低时，大型养鸡场难以维持或要靠政府财政补贴，而农民养鸡户却可以顽强地生存下来。在长期中，大型养鸡场每个鸡蛋的平均成本也高于农民养鸡的平均成本，因为现代化大量养鸡带来的好处并不足以弥补巨额投资和庞大管理队伍的支出。农民则以低成本和低价格占领了鸡蛋市场。

大型养鸡场的市场适应能力也不如农民。当供大于求、价格低时，农民可以迅速退出市场，不会有多大损失，大型养鸡场停产则很困难。现代化养鸡设备闲置下来，比不用鸡窝养鸡的农民损失大得多。解雇管理人员比老太太不养鸡要难多了。在供小于求、价格高时，大型养鸡场的产量要受现有设备及生产能力的限制，但有什么能限制农民多养鸡呢？

在鸡蛋市场上需要的是“造小船成本低”和“船小好调头”。庞大的大型养鸡场反而失去了规模经济的好处。即使将来农民养鸡也现代化了，也仍然是农民养鸡业的进步，难以有大型企业的地位，这是行业的生产技术特点决定的。

［资料来源］梁小民：《微观经济学纵横谈》，中国出版集团 2005 年版，第 137～140 页。

二、完全竞争行业的长期供给曲线

在完全竞争行业中，各厂商的产品是同质的，价格是相同的，行业达到长期均衡时，产品价格等于长期平均成本，既无经济利润也无亏损。因此，从长期来看，如果整个行业产量（所有厂商产量之和）增加时，产品的平均成本上升，则产品的价格上升；产品的平均成本下降，则产品的价格下降;产品的平均成本不变,则产品的价格不变。当行业产量随需求增长时,由于不同的外部经济情况,要素价格引起的平均成本变动决定行业长期供给曲线的形状,可分为以下三种情况来加以分析和研究:

(一) 成本递增行业的长期供给曲线向右上方倾斜

随着产量的扩大,导致对生产要素的需求增加。如果产业对该要素的需求在整个社会的需求量中占很大比例,或者这种投入的要素是专用性的,即只有这种要素才可生产这种产品,没有别的要素可以替代。在这些情况下,行业产量扩大将引起所需要素价格的上涨,从而产品的平均成本将提高。另外,如果行业产量扩大时,即使所需要素的价格没有变化,但发生了外部不经济情况,例如,交通更拥挤,引起运输成本上升,也会使产品的价格上升。所以这些行业被称为成本递增行业(increasing-cost industry)。在农业和采矿业中,当生产扩大时,人们不得不耕种较低劣的土地,或开采较低劣的矿山,使生产成本显著提高,这是成本递增行业的典型实例。凡此种种,都会形成一条向右上方倾斜的行业长期供给曲线,如图 5—11 所示。这表明随着产品供给量的增加,产品价格也会相应提高。

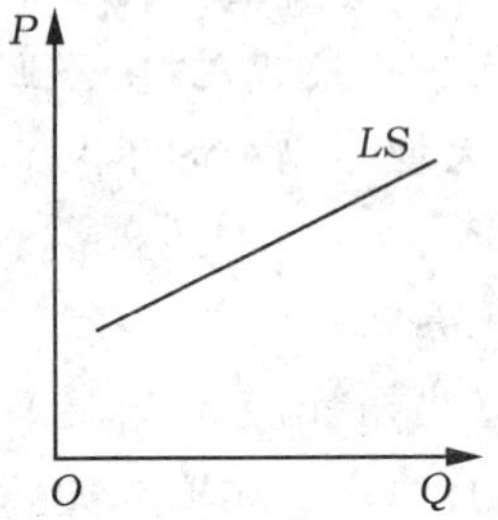

图 5—11　成本递增行业的长期供给曲线

(二)成本不变行业的长期供给曲线是水平的

如果行业产量扩大对生产要素需求增加并不会引起要素价格上涨,或者要素需求增加引起了要素价格上涨,正好被产量扩大时取得的规模经济和外部经济所抵消,则产品的平均成本及产品价格不会随产量扩大而上升,这样的行业就称为成本不变行业(constant-cost industry)。其行业长期供给曲线是一条水平线,如图 5—12 所示,其供给的价格弹性为无穷大。这样的行业是很少的,一般存在于生产要素极其丰富的部门,如依靠自然水源或风源发电等,不会出现生产要素供不应求的状况,因而生产要素的价格也不会随着需求量的增加而提高。在这种场合,它表示对该产品需求的变化只会引起供给量的变化,市场价格则始终保持在 LAC 曲线最低点的水平,也就是说,产品供给量的变化,不会引起产品价格的变化。

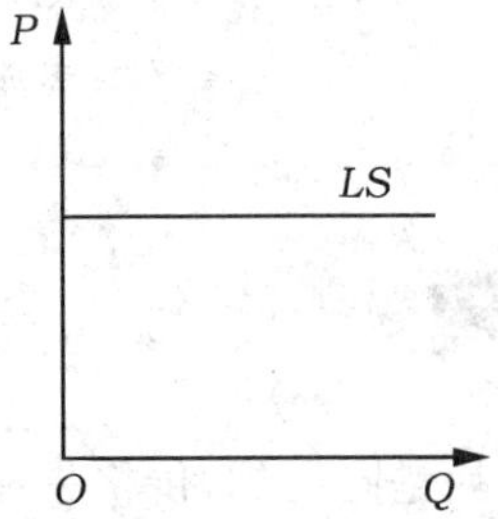

图 5—12　成本不变行业的长期供给曲线

(三)成本递减行业的长期供给曲线向右下方倾斜

在现实生活中,由于存在外部经济和规模经济以及技术进步等状况,有些行业会在增加产量时使产品的平均成本下降,这种行业称为成本递减行业(decreasing-cost industry)。由于存在这些情况,这类行业的长期供给曲线表现为一条自左上向右下方倾斜的曲线,如图5－13所示。这表明随着产品供给量的增加,产品价格反而会相应降低。这一种类型的长期供给曲线对具有显著规模效应的厂商尤为合适,如在计划经济时期,企业只是国家计划中的一个部分,企业工作人员并不需要具备适应市场变化的判断和决策能力,那么此时社会对于经济管理类的人才需求自然会比较小。然而,自从实行市场经济体制之后,尤其是中国实行对外开放政策,加入到国际经济竞争之中后,我们对能根据市场情势的变化做出决策的人才需求就比较大。这时,为培养此类人才,势必要在一些高等院校中设立相关专业,同时引进大量的国外优秀教师,使得培养这类人才的成本大幅降低。因此,从长期来看,这一供给曲线是向右下方倾斜的。

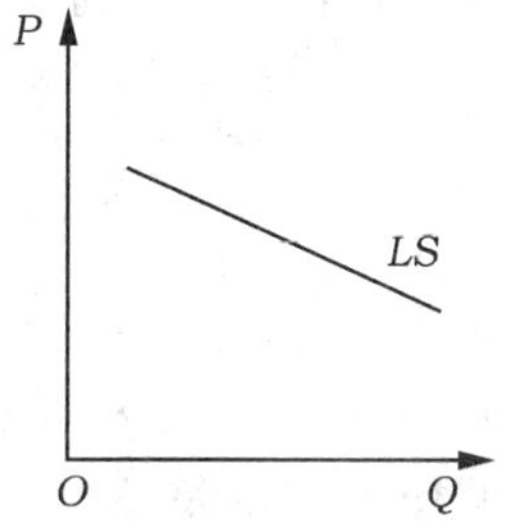

图5－13　成本递减行业的长期供给曲线

市场运行的经济效率是指参与市场活动的厂商利用经济资源的程度,经济资源利用得越充分,经济效率就越高。一般认为,在完全竞争市场上,厂商处于长期均衡状态时,边际成本等于平均成本,且都等于市场价格,这就表明完全竞争市场的经济效率是极高的。

首先,边际成本等于市场价格,意味着最后一单位的产量所耗费资源的价值等于该单位产量的市场价值。因此,从社会需要的角度来看,完全竞争厂商的产量是最优的。

其次,长期均衡于LAC的最低点表明,厂商使用现有的生产技术使得生产成本为最低,因而完全竞争厂商在生产技术使用方面是高效的。而且市场价格等于平均成本,这使得价格达到最低,在收入既定的条件下,消费者的需求可以得到最大的满足。

最后,完全竞争市场的长期均衡是通过价格的自由波动来实现的。当消费者的偏好、收入等因素发生变动引起市场需求变动时,市场价格可以迅速做出反应,使得厂商能够按照消费者的需要提供产品,因此,市场满足消费需求的速度是极快的。

第五节　对完全竞争市场的评价

一、完全竞争市场的优点

完全竞争市场是所有不同的市场中资源配置最为有效的一种,经济效率比较高。

首先,完全竞争市场具有较高的经济效率,表现在资源能够得到较好的配置。因为在完全竞争市场中，厂商是按照产品价格与边际成本相等的原则进行生产的，若产品价格低于边际成本，厂商将会减少生产；若产品价格高于边际成本，厂商将会扩大生产。这样调整的最终结果，使得边际成本恰好与产品价格相等，从而达到资源的最优配置。当然，这是在未考虑社会成本的情况下进行的。对于目前复杂的经济环境和社会环境，我们还需要考虑边际社会成本和边际社会收益的关系问题，这些将在本书的后面几章详述。

其次，从完全竞争厂商的长期均衡曲线可以看出，厂商是在长期平均成本的最低点进行生产的，这就说明在完全竞争市场中，能够按最低成本生产，也即最有效率的厂商被留在市场之中，这也从另一方面保证了社会资源的有效利用。况且，在完全竞争市场中，厂商对产品价格并没有操纵和控制的能力，它们只是价格的被动接受者，出于这一点的考虑，厂商完全有动力降低生产成本、优化资源配置和提高利用效率，从而为企业带来更多的利润。只有这样，厂商才能在利润最大化的情况下生存和发展下去。另一方面，从消费者角度来看，完全竞争市场有利于消费者以较低的价格获得较好的产品，从而获得消费效用的最大化。因此，无论是从生产者还是消费者的角度，完全竞争市场都是比较理想和高效的经济方式。

二、完全竞争市场的缺点

即使完全竞争市场有诸多好处，也仍然存在许多不足之处。从生产者角度来看，首先，厂商很难实现规模经济。因为完全竞争市场使厂商进入和退出都十分自由，而厂商一旦拥有较大的生产规模，就很难保证其退出的自由了。其次，由于在完全竞争市场中，厂商都是以长期最低成本的价格销售产品，这意味着他们几乎没有多余的利润，用作资本积累和进行产品和工艺等的研究和创新。最后，在完全竞争市场中，产品都是同质的，这也削弱了厂商进行新产品开发的动力。从消费者角度来看，完全竞争市场中的产品都是同质的，不能满足不同消费者的不同需求。不同消费者对于产品的需要和感受都是不一样的，要使消费者的效用达到最大化，就要提供差异化的产品，这一点在完全竞争市场中是不可能做到的。

我们可以通过下面的例子，理解现实生活中的完全竞争市场由于信息时代的到来而被赋予的新内涵。

小链接

IT行业的“消费者主权”

当今世界是飞速发展的数字化时代，人类的聪明才智从未像今天这样淋漓尽致地得以发挥，各种资源的配置和整合也从未达到今天这样有效的程度。在向数字化迈进的过程中，IT行业的服务观念得到了空前的释放，服务方式和服务水平正面临一次全面的“升级”。

在20世纪70年代，美国市场营销协会将服务定义为：“服务是用于出售或者连同产品一起进行出售的活动、利益或满足感。”可见，工业时代背景下的服务观认为，服务是一种包含价值和使用价值的商品，其核心是“产品就是服务”。“产品就是服务”使工业化时代的企业更加重视消费者的权益，极大地促进了当时市场的发展。斗转星移，随着数字化时代的到来，工业化时代忽略个性的规模化生产，停留于售前、售中、售后服务的“产品就是服务”观越来越难以适应互联网时代“为客户创造价值”的市场本质了。

信息技术应用的普及和用户消费心理的成熟，消费者对IT产品的个性化需求正在不断加强，消费者的需求正从被动地在市场中获得满足向主动要求企业提供个性化产品、个性化应用方面转变，一个“消费者主权”的时代正在到来。在“消费者主权”的市场环境下，企业的任务并不是简单地创造市场需求、开发产品，而是及时发现并满足用户深层次的个性化需求，这是数字化时代企业能够取得成功的关键。戴尔的成功从表面上看是得益于“戴尔直销”的模式，但本质上戴尔的成功源于模式后面的尊重“消费者主权”。戴尔通过互联网收集消费者的需求，依据消费者的个性化需求提供满意的服务。这种尊重“消费者主权”的服务模式，实质上是对不同客户服务方案的“度身定制”，不再停留于售前、售中、售后服务的层次上。而是以消费者为中心贯穿于企业生产、销售、管理、技术支持的全过程，实现了企业和用户的零距离。尊重“消费者主权”的服务模式并非戴尔独有，十年间年收入增长率超过40%的思科公司CEO钱伯斯认为，思科的成功在于：“我们一直把手指搭在用户的脉搏上。”据悉，惠普、IBM等企业亦逐渐向以客户为导向的“消费者主权”服务模式转变。

在国内IT领域，一些先知先觉的企业开始从“服务就是产品”向“消费者主权”迁移，倡导“消费者主权”的服务模式。脱胎于家电行业的TCL电脑公司，其注册的“星光使者”率先在国内通过了ISO9002国际标准质量体系认证，从与服务部门的易联系性、现场服务速度、维修效果、热线电话、上门服务等内容，到“星光使者”工程师在服务过程的每一句话，都严格按照服务流程规范，在服务机制上达到保障用户利益。TCL“星光使者”服务体系，不仅为用户提供硬件故障维修、8小时免费电脑知识培训、网上在线服务、软件购买等服务；而且独创了用户回访服务(不错过对每一个用户的回访，不错过对每一个用户反映问题的记录，不错过对每一个用户反映问题的解决，不错过复查每一个问题的处理结果，不错过将每一个问题和处理结果向研发、生产和销售部门回馈)，坚持“从用户中来，到用户中去的原则”，深入了解和满足用户深层次的个性化需求，最终为保障用户的“消费者主权”提供了体系上的保证。TCL“星光使者”是国内PC厂商服务观念和服务质量历史性突破的标志，预示着在服务质量保障体系上，国内厂商达到了世界先进水平。

美国Forrester研究公司发布的一份调查报告认为，数字化时代将在普通消费者应拥有的权力方面信奉一整套全新的规则：信息无处不在、个人信息有价值、选择是一种人权、世上存在免费的“午餐”、建立信任无须进行面对面的交流，充分肯定了消费者在市场中的中心地位。IT行业正在从“技术经济”向“服务经济”过渡，服务内容正在从面向产品功能向用户应用过程，进而向满足用户深层次个性化需求转变，IT行业将迎来“消费者主权”的时代。“消费者主权”赋予IT行业新的“游戏规则”：只有尊重消费者的主权，企业才有机会获得市场，产业才能够健康发展。尊重“消费者主权”是时代的方向。

由此可以看出，即使在竞争如此激烈的今天，我们也必须重视消费者的不同偏好，而不能因为完全竞争市场的同质化产品和成本角度的考量，忽略了消费者的需求和消费者的主权。在经济日益发展的今天，消费者的主权意识止在逐渐增强，人们越来越注重自己的购物体验和消费感受，如何做好服务将是未来经济的一大发展方向。

［资料来源］改编自搜狐新闻：IT迎来“消费者主权”，http://news.sohu.com/79/00/news144290079.shtml，2001年3月9日。

课后习题

一、单项选择题

1. 某完全竞争行业的价格和供给量在长期内呈同方向变动，则该行业的长期供给曲线（　　）。

A. 水平　　B. 向右上方倾斜　　C. 向右下方倾斜　　D. 不能确定

2. 下列行业中，最接近于完全竞争市场模式的是（　　）。

A. 飞机　　B. 卷烟　　C. 水稻　　D. 汽车

3. 在完全竞争市场中，如果一家企业的产品价格高于市场价格，那么它将失去（　　）顾客；在竞争受到限制的市场中，企业提价将失去（　　）顾客。

A. 小部分，全部　　B. 全部，小部分　　C. 全部，大部分　　D. 小部分，大部分

4. 在（　　）的情况下，$MR=AR$。

A. 完全竞争　　B. 完全垄断　　C. 垄断竞争　　D. 都不是

5. （　　）时，完全竞争厂商处于短期均衡。

A. $P=MC$　　B. $AC=MC$　　C. $P=AC$　　D. $P=MR$

6. 若完全竞争厂商的边际成本、平均成本和平均收益均相等，则该厂商（　　）利润。

A. 肯定只获得正常　　B. 肯定没有获得最大

C. 肯定已获得最少　　D. 无法确定是否获得最大

7. 假如一个完全竞争厂商的收益不能弥补可变成本，为了减少损失，它应该（　　）。

A. 减少生产　　B. 增加生产　　C. 提高价格　　D. 停止生产

8. 完全竞争企业的短期供给曲线（　　）。

A. 是平均可变成本曲线以上的边际成本曲线

B. 是平均成本曲线以上的边际成本曲线

C. 比长期供给曲线更有弹性

D. 是价格等于最小平均成本时的一条水平线

9. 在成本不变的完全竞争行业中，长期中需求的增加会导致市场价格（　　）。

A. 提高　　B. 不变　　C. 降低　　D. 不能确定

10. 在完全竞争市场上，生产要素的需求曲线向右下方倾斜是由于（　　）。

A. 产品的边际效用递减

B. 要素的边际产品递减

C. 投入越多，产出越大，从而产品价格越低

D. 要素所生产的产品的需求减少

二、多项选择题

1. 关于一个规模收益不变的完全竞争厂商，下列说法中错误的是（　　）。

A. 在长期中可以通过增加 1 倍的投入获得加倍的收益

B. 当利润开始削减时，可以提高价格

C. 在长期中增加投入可以获得相同的收益

D. 当有厂商进入这一行业时，将得不到利润

E. 以上都不正确

2. 完全竞争市场的特征包括(　　)。

A. 竞争者无数　　B. 要素自由流动　　C. 完全信息　　D. 产品无差异

E. 存在进入壁垒

3. 在完全竞争市场条件下,厂商的平均收益曲线也是该厂商的(　　)曲线。

A. 边际收益　　B. 需求　　C. 供给　　D. 成本

E. 以上都正确

4. 完全竞争市场上,达到长期均衡时,产品价格与(　　)相等。

A. 边际收益　　B. 短期边际成本　　C. 长期边际成本　　D. 短期平均成本

E. 长期平均成本

5. 完全竞争市场的长期供给曲线可能(　　)。

A. 向左上方倾斜　　B. 向右上方倾斜　　C. 水平　　D. 垂直

E. 向右下方倾斜

三、名词解释

1. 完全竞争市场

2. 边际收益

3. 平均收益

4. 勒纳指数

5. 利润最大化原则

四、计算题

在完全竞争行业中,某厂商的成本函数为 $STC=Q^3-6Q^2+30Q+40$,假设产品价格为66美元。

(1)求利润极大时的产量及利润总额。

(2)由于竞争市场供求发生变化,决定的新价格为30美元,在新的价格下,厂商是否会发生亏损?如果会,最小亏损为多少?

(3)该厂商在什么情况下才会退出该行业(停止生产)?

五、简答题

1. 为什么完全竞争厂商的短期供给曲线是 SMC 曲线上等于和高于 AVC 曲线最低点的部分?

2. 比较完全竞争市场的短期均衡和长期均衡。

3. 简述为什么在长期完全竞争企业中,经济利润只能为0。

4. 简述利润最大化原则。

第六章　完全垄断市场

完全竞争市场是一种特殊市场，其主要特征是不存在任何垄断因素，而与完全竞争市场相反的是完全垄断(perfect monopoly)市场。如果说完全竞争市场是一种较为理想的市场结构，那么完全垄断市场离人们的日常生活就更近一些。比如，在我们身边的公用事业如自来水、邮政、公路和天然气等部门，基本都属于垄断市场。那么，完全垄断的内涵是什么？其垄断的力量从何而来？垄断厂商的价格和产量是如何决定的？完全垄断和完全竞争市场的优缺点如何比较呢？这些都是这一章需要探究的问题。

第一节　完全垄断市场的特征与内涵

一、完全垄断市场的含义

按照是否存在竞争，经济学家通常将市场结构分为完全竞争和非完全竞争市场两种。毫无疑问，完全垄断属于非完全竞争市场的范畴，然而它也是非完全竞争市场中较为极端的市场结构。本节将首先讨论完全垄断市场的特征，然后探究厂商在追求利润最大化过程中，如何确定产量以及怎样决定价格等问题。

所谓垄断，就是指市场上有少数几家或者一家企业对产品的价格和产量有一定的控制力。根据垄断程度的差异，可将垄断市场细分为完全垄断、寡头垄断和垄断竞争三类，在这一章中主要探讨完全垄断。

二、完全垄断市场的特征

(一)厂商就是行业，产品无法替代

在完全垄断市场上，一个行业只有一家厂商，它提供该产品的所有销售量，产品在市场上也找不到替代品，即完全垄断厂商不会面临其他厂商的竞争威胁。比如，电力公司现在基本处于垄断地位，消费者对于电价的制定等方面是没有话语权的。尽管当电价涨到一定程度时，可以用蜡烛来替代电而获得夜晚的光明，但是电在手机、电脑、电视等诸多方面的应用是蜡烛和其他物品所不能代替的。因此，可以说完全垄断行业的产品是很难被替代的。

(二)厂商自主制定价格和销售量

在这里，我们需要澄清的是，虽然市场上只有这一家厂商，但是并不意味着可以对其产品的价格和产量为所欲为，其价格和产量的决定还要考虑市场的需求。比如，尽管现在的天然气属于垄断行业，天然气的价格为每立方米 2.2 元左右，但若天然气的价格突然变为 22 元，那么，许多消费者就会放弃对天然气的使用，进而改用煤气或者其他燃料。

（三）行业中存在进入壁垒

在完全竞争行业中，厂商可以自由进入或者退出，从而使得这一市场结构中的厂商只能获得正常利润，也能使资源得到有效的配置。然而，对于完全垄断行业中的企业在其退出或者进入时，往往存在诸多的壁垒，使其不能够自由进出，从而即使出现经济利润也是由企业获得，而不会导致新企业的加入，使得这部分经济利润消失。

三、完全垄断市场的形成原因

既然完全垄断的市场进出如此之难，那么为何会有垄断市场的形成呢？综观社会经济的各个方面，可以将垄断市场形成的原因归纳为以下几种：

（一）经济因素

所谓经济因素对垄断形成的影响，可以分为两个方面：一是规模经济因素；二是产品的技术因素，如商业机密等。首先，规模经济的存在使得平均成本随着产量的增加而减少。这就会导致同一行业中，产量大的厂商最终会因为成本较低而将其他厂商赶出该行业。而且行业中已占据垄断地位的厂商，同样会因为雄厚的经济实力和规模经济，使得其他行业厂商无法进入，即使进入也难免无利可图。像自来水、电力等行业存在明显的规模经济，很容易形成自然垄断。其次，产品的技术因素。所谓商业机密，是指通过不为他人所知的生产诀窍，来限制其他新企业的进入，如可口可乐的配方就是通过商业机密来维护市场垄断的典型例子。

（二）社会因素

人为的和法律的因素同样会导致行业的进入壁垒。比如特许和专利权垄断，或者专卖权的独有，都是典型的例子。特别是由政府直接掌管的部门，更容易形成垄断。比如，建筑物的拆除需要一些特殊的方法和设备，有一些具有较高的危险性，如爆破等，政府此时就需要设定一些具体的限制条件，使得只有专业公司才能从事此类业务。还有专利和版权等也是由于法律制约而带来的垄断，如在社会中，专利制度就是为了保护发明者或者创作者的权利与积极性而设立的一项具有法律效力的制度，在规定的保护期内，所有人都不得进入该行业或者市场。

小链接

专利权、知识产权与完全垄断

在 18 世纪后期，英国和北美的纺织厂蓬勃发展，但棉花供应时常不充足。而生长在美国南部的棉花似乎非常符合需要，但首先必须解决的问题是要找到一种廉价的方法，将棉籽从棉花中剔除出来。于是伊利·怀特尼发明了轧棉机。他做了发明者应该做的事：申请了专利并于 1794 年获得了专利权。后来，他找到了一个合作伙伴集资制造能够剔除棉籽的机器。在当时轧棉机简直成了奇迹，它为美国南部带来了巨大的财富。然而，怀特尼却获利甚少。

问题就在于怀特尼的机器很有效但却非常简单。棉花种植者能够很轻易地进行仿制，同时又进行了一些细微的改变。因此，当怀特尼就侵犯专利权起诉时，产棉州的法庭都认为实际上他的权利并未受到侵犯。最终，南卡罗来纳州、北卡罗来纳州、田纳西州和乔治亚州同意支付一笔钱来购买怀特尼的专利权。而实际上，这笔钱只够弥补怀特尼及其合伙人的花费。

怀特尼毕生都在从事发明，但是从那以后他再也没有申请其他发明的专利权。他曾经这样写道："虽然一项发明可能很有价值，但它对于其发明者而言可能毫无价值。"当然，怀特尼的经历是非常罕见的。目前的专利法对生产新的和更好产品的科技公司提供了有力的保障。对一些公司而言，如得克萨斯仪表公司（TI），专利费在其总收入中占了相当大的一部分。

知识产权是指通过专利或版权等来保护创造者或著作者的所有权。在法律界，知识产权成为增长最快的领域。有关法律纠纷主要围绕谁是最早的发明者，是否确实属于发明（如西尔顿与汽车案例），某项专利的保护范围有多大（如伊利·怀特尼案例）。

1988年，苹果计算机公司控告微软公司的"视窗"软件（一个使个人电脑更加简单易用的软件）侵犯版权，不仅沿用苹果公司的计算机代码，而且模仿由位于加利福尼亚州为施乐公司工作的科学家制作的有关软件的"外观和感觉"。但是施乐未能将有关软件用于一个已经推出的计算机，于是无法获得法律保护，因此，这些科学家难以从中得到报酬。

一般来说，新技术在于它对使用方便性的改善，而其价值将决定能否获得知识产权的保护。以录音载体为例，CD和老式唱片的共同之处是难以在普通家庭中进行录音，录音磁带因而继续受到消费者欢迎。同样，CD公司之所以不愿意同有可能生产出CD录制器的公司分享其唱片专利，促进新机器的设计进程，就是因为害怕新发明（包括录制器和与之配合的CD）会淘汰现有CD，占领他们赖以生存的市场。

随着高科技革命的深入发展，社会将有必要重新制定有关知识产权的法律，以打破私人革新、公司竞争和创造性发挥三者的相互牵制。

［资料来源］［美］斯蒂格利茨著：《经济学小品和案例》，中国人民大学出版社1998年版，第87～90页。

（三）自然因素

自然因素所带来的垄断包括两个方面：一是由于公司的规模经济带来产品平均成本的下降，从而致使垄断；二是由于特殊的自然资源壁垒所带来的垄断。首先，造成垄断的一个最为重要的原因就是规模经济。正是由于产品平均成本下降，进而也会阻止其他厂商进入，同时排挤掉同类厂商。比如，在某小区内若有两家网络公司A和B，分别铺设光纤线路，到相邻的两幢居民楼甲和乙。此时，网络公司A负责居民楼甲，网络公司B负责居民楼B，那么，它们要铺设两条长度大致相同的光纤线路。如若市场上只有一家公司的话，无论是A还是B，只要铺设其中一条线路到居民楼甲，然后稍微延长至居民楼B即可，这样便可以使平均成本下降。即使两家企业存在竞争，一旦有一家处于领先地位，其平均成本就会低于另一家。长此以往，另一家由于市场需求的萎缩，产品销量下降，其平均成本便会上升，两者之间的差距就会越来越大，最终平均成本较高的企业会被驱逐出市场。其次，自然资源的稀缺性或者独有性，使得某一家掌握这一优势的厂商获得垄断地位。比如，矿泉水公司、交通要道的商家、名胜古迹所在地区等，都能在相关领域形成垄断。从国际范围来看，南非的德比尔斯钻石公司垄断了世界上近80%的钻石销售和生产，正是由于其独特的钻石资源，使其成为这一行业毫无疑问的垄断者。

四、完全垄断市场中厂商的需求曲线

既然完全垄断市场有厂商即行业的特征，因此，厂商的需求曲线就是行业的需求曲线——一条自左向右下方倾斜的曲线。从 $AR=P\times Q/Q=P$ 可以得出，需求曲线同时也是厂商的平均收益曲线。MR 与 AR 之间的关系，即边际收益曲线与需求曲线之间的关系如图 6－1 所示，MR 曲线的斜率为 AR 曲线斜率的两倍。从图中也可以看出，边际收益（MR）除了在销售起始点外，总是小于平均收益（AR）。这是因为，总收益的增量即边际收益有较大幅度的下降时，平均到所有产量上的平均收益却只有轻微的下降，即 MR 的变化幅度超过 AR 的变化幅度。

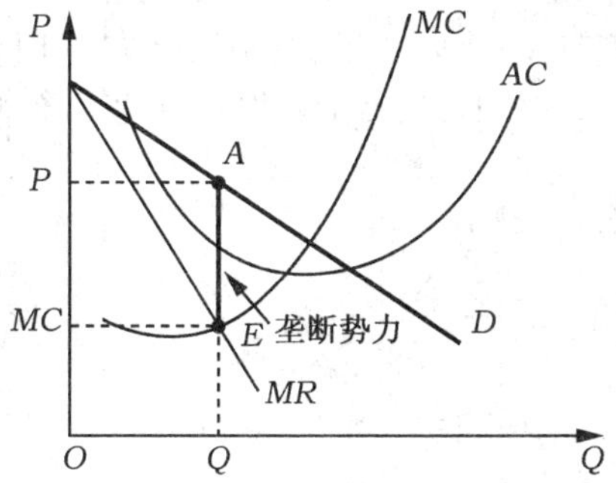

图 6－1　垄断势力

第二节　完全垄断厂商的均衡

现实表明，无论是完全竞争市场还是完全垄断市场，厂商都要遵循 $MR=MC$ 的利润最大化原则。尽管完全垄断厂商能够控制整个市场，但由于厂商制定的价格必须被消费者接受才有效。所以虽然厂商有权制定价格，但是也不能随意定价，而要遵循利润最大化的原则制定合理的价格。此外，由于厂商在短期内的规模不一定最适合市场需求（也就是说有待于产品市场的发展与壮大），完全垄断厂商即便有垄断地位，在短期内仍可能出现三种情况：获得超额利润、正常利润或亏损，下面将对此作具体的分析和阐述。

一、完全垄断厂商的短期均衡

（一）利润为极大时的短期均衡

如图 6－2 所示，完全垄断厂商为了使利润达到极大，同样要根据 $MR=MC$ 原理，决定其所提供的产量为 OQ_1（其中的原由，在证明 $MR=MC$ 的利润最大化原则时已作说明，在此不再赘述）。此时，产品价格大于平均成本，可获得面积为矩形 P_1BCA 的超额利润，因此厂商可以通过增加生产，来增加超额利润。

（二）获得正常利润的短期均衡

如图 6－3 所示，尽管完全垄断厂商按照利润最大化原则确定产量，但是产品价格恰好等于平均成本，这时超额利润为零，厂商只能获得正常利润，因此厂商可以维持生产规模不变。

这是因为此时厂商的生产要素已经得到充分利用，其产品的市场供求也大致相等，如果扩大或缩小生产规模，都会使收益减少和利润下降，所以厂商会继续维持现有的生产规模，进入稳定不变的发展阶段。

（三）亏损为极小时的短期均衡

如图 6－4 所示，完全垄断厂商可能由于原料或劳动力价格上涨等原因，使生产成本提高，也可能由于市场需求过小，导致市场售价过低，最终出现 AC 曲线高于 AR（需求）曲线的现象，即产品价格小于平均成本，$AR<AC$，这时不管提供多大产量都会使企业亏损。但从图中发现，当 $MR=MC$ 时，厂商提供的产量为 OQ_2，其对应的价格 $P_2<AC$，同时 $P_2>AVC$，如果此时继续生产，可回收全部可变成本和部分固定成本，从而使亏损达到最小，亏损金额为矩形 $ABCP_2$ 的面积。此时，厂商继续生产比停止生产更为有利，这样可以为企业转亏为盈等待时机和创造条件。与完全竞争市场一样，如果在 $MR=MC$ 的时候，其产品价格小于平均可变成本，则厂商连可变成本都无法全部收回，这时即使是垄断厂商也应该选择停止生产。

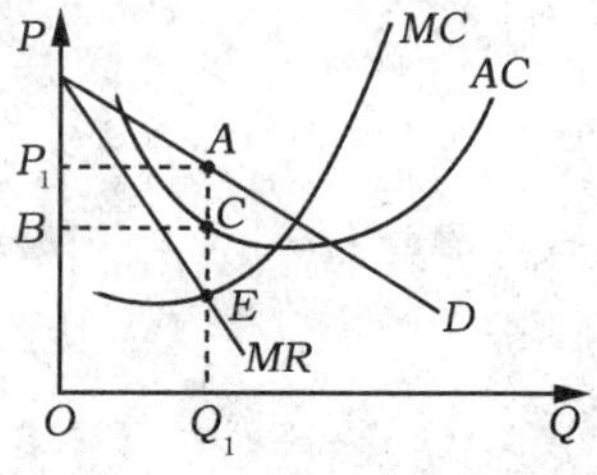

图 6－2　利润极大时的短期均衡

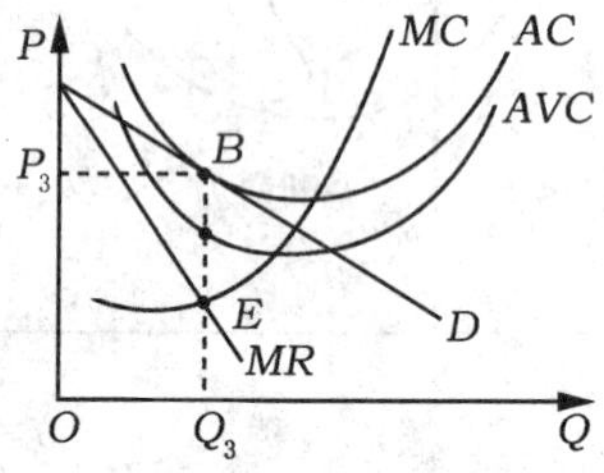

图 6－3　获得正常利润的短期均衡

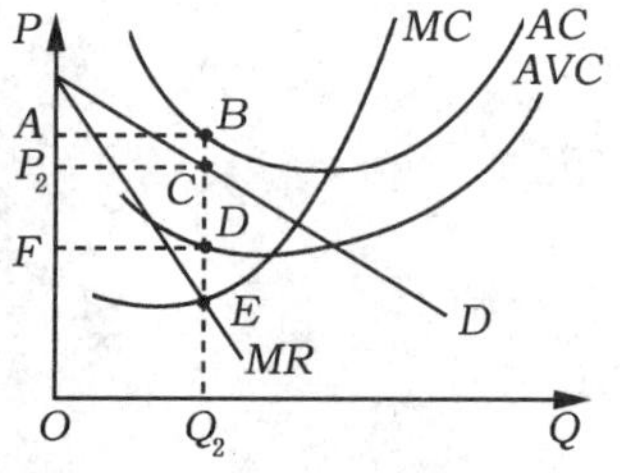

图 6－4　亏损极小时的短期均衡

由此不难看出，垄断厂商并非总能获得超额利润，能否得到超额利润和利润大小主要取决于市场需求和生产成本。如果厂商选择的生产规模并不理想，完全垄断在短期内也可能出现亏损。

小链接

评歌华有线的随意涨价

2003 年 6 月 30 日，北京歌华有线电视网络股份有限公司（以下简称“歌华有线”）宣布自 7 月 1 日起，有线收视费由原来的 12 元上涨到 18 元，增幅高达 50%。此举引起了媒体和社会各界普遍关注，对其没有经过价格听证就随意涨价表示强烈不满。

歌华有线用户 220 万户，每户每月多收 6 元，一年多收 1.584 亿元。这新增的 1.584 亿元主业收入扣除上缴国家税收以外，基本上都是公司的净利润。每一个用户在装歌华有线时都不会忘记，住楼房的用户交 300 元初装费，住平房的用户交 320 元的初装费，如果按最少 300 元计算，歌华有线已经从 220 万用户的口袋中最少收走 6.6 亿元。每月再交 12 元的收视费已经不算少了，为什么还要上涨 50%的收视费？

歌华有线说了提高收费的理由：“北京地区每户每月 12 元的有线电视收看维护费标准，是在以微波方式传送的情况下制定的，已远远不能满足当前有线电视光缆网络的日常维护管理、缆线入地建设和技术升级改造等方面的支出需求，如继续执行现行收费标准将难以维持北京有线电视网络的正常运营和稳定发展。”歌华有线涨价还有一个所谓充分的理由是设备改造。固定资产的投入怎么能让消费者来承担呢？

北京市物价局根据今年初歌华有线的涨价申请，核算了他们的运营成本，同意涨价。至于为什么没开价格听证会，物价局则说有线电视价格不在听证目录之列。

歌华有线为何能够说涨就涨，而且如此霸气？原因很简单：都是垄断惹的祸。歌华有线是北京市政府批准的唯一一家负责建设、管理和经营北京市有线广播电视网络的公司，是垄断行业的垄断企业，具有极高的垄断性和经营的稳定性。

众所周知，垄断行业的成本是最难估算的，电信部门说市话亏损，邮政部门说普通信件业务亏损，民航公司说航运亏损，自来水公司说亏损，有线电视公司也说自己亏损。但是人们都怀疑他们是不是真的亏损，搞不清亏损是怎么形成的，因为没有一个独立的会计或审计部门告诉我们，垄断行业的成本到底是如何构成的。现在随处可见 IP 电话卡以 6 至 8 折“挥泪”大甩卖，电信部门却仍可泰然处之。民航票价更好比是进了自由市场，各航空公司竞相大打折价牌，你今天打出六折票价，他明天就打出三折，甚至于出现了一折“跳楼价”，老百姓真不知其中的利润到底有多大。

有线电视行业具有比电信更加垄断的特点，目前有线电视用户没有任何可以选择的余地：唯一的网络接入商、唯一的服务内容。比如，北京用户只能选择歌华有线电视网络，而且只能选择歌华提供的唯一一种服务。北京的用户说：“我不想多交钱，我也用不着看 50 多套节目，以前的 20 多套节目就够了，但我不能选择交原来 20 套的钱，只能被它牵着走。”

作为企业，歌华有线当然可以“利”字当头。当产品市场上只有一个卖主，并且对于垄断者所出售的产品市场上不存在相同或相近替代品的时候，企业才拥有“想怎么样就怎么样”的自由。歌华有线当然可以理直气壮：在北京这个有着1 350万人口的城市，只有我一家有线电视网运营商——我不上天堂，谁上天堂？

当然，现在随着信息技术的发展，网络已经抢占了有线电视一部分市场，移动电视和网络电视等竞争产品的加入，使得有线电视被逐渐取代，但是这一网络行业仍有可能存在极大的垄断性，这仍需要政府进行一定程度的管制和调节。

［资料来源］改编自孙敬水：“垄断者就该上天堂？——评歌华有线随意涨价”，《经济学消息报》，第 599 期。

二、完全垄断厂商的长期均衡

在完全垄断条件下，垄断厂商在长期内可以调整全部生产要素的投入量即生产规模，从而实现最大的利润。垄断行业排除了其他厂商进入的可能性，因此与完全竞争厂商不同，如果垄断厂商在短期内可以获得利润，那么它的利润在长期内是可以保持的，即在有利润的条件下实现长期均衡。

垄断厂商在长期内对生产的调整一般有三种结果：第一种，垄断厂商在短期内是亏损的，在长期内又不存在一个可以使它获得利润（或至少使亏损为零）的最优生产规模，于是，该厂商就会退出生产。第二种，垄断厂商在短期内是亏损的，但在长期内，它通过对最优生产规模的选择，摆脱了亏损的状况，甚至获得利润。第三种，垄断厂商在短期内利用既定的生产规模获得了利润，在长期内它通过对生产规模的调整，使自己获得更大的利润。至于第一种情况，不需要再加分析。由于第二种情况和第三种情况是相似的，所以下面利用图 6－5 着重分析第三种情况。

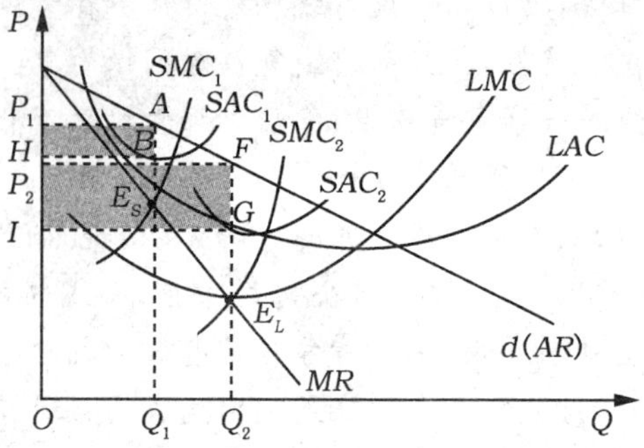

图 6—5　垄断厂商的长期均衡

图 6—5 中的 d 曲线和 MR 曲线分别表示垄断厂商所面临的市场需求曲线和边际收益曲线，LAC 曲线和 LMC 曲线分别为垄断厂商的长期平均成本曲线和长期边际成本曲线。

假定开始时垄断厂商是在由 SAC_1 曲线和 SMC_1 曲线所代表的生产规模上进行生产。在短期内，垄断厂商只能按照 $MR=SMC$ 的原则，在现有的生产规模上将均衡产量和均衡价格分别调整到 Q_1 和 P_1。在短期均衡点 E_S 上，垄断厂商获得的利润为图中较小的阴影部分面积 HP_1AB。

在长期中，垄断厂商通过对生产规模的调整，能进一步增大利润。按照 $MR=LMC$ 的长期均衡原则，垄断厂商的长期均衡点为 E_L，长期均衡产量和均衡价格分别为 Q_2 和 P_2，垄断厂商所选择的相应的最优生产规模，由 SAC_2 曲线和 SMC_2 曲线所代表。此时，垄断厂商获得了比短期更大的利润，其利润量相当于图中较大的阴影部分面积 IP_2FG。

由此可见，垄断厂商之所以能在长期内获得更大的利润，其原因在于长期内企业的生产规模是可调整的，并且其他的厂商无法进入该市场。

如图 6—5 所示，在垄断厂商的 $MR=LMC$ 长期均衡产量上，代表最优生产规模的 SAC_2 曲线和 LAC 曲线相切于 G 点，相应的 SMC_2 曲线、LMC 曲线和 MR 曲线相交于 E_L 点。所以，垄断厂商的长期均衡条件为：

$$MR=LMC=SMC$$

$$SAC=LAC$$

垄断厂商在长期均衡点上一般都可获得利润。

最后，由于垄断厂商所面临的需求曲线就是市场的需求曲线，垄断厂商的供给量就是全行业的供给量，因此，垄断厂商的短期和长期均衡价格及均衡产量的决定，就是垄断市场的短期和长期均衡价格及均衡产量的决定。

第三节　垄断厂商的价格歧视

由于垄断厂商是自主决定商品价格的，因此，可以通过价格歧视的方法来获取更多的垄断利润。本节主要阐述价格歧视的含义，产生价格歧视的条件，一级、二级和三级价格歧视的分类，以及价格歧视对生产和消费的影响等内容。

一、价格歧视及其分类

在有些情况下，垄断厂商会对同一种产品制定不同的价格，这种做法往往会增加企业的利润。以不同价格销售同一种产品，被称为价格歧视（price discrimination）或差别价格。生活中的具体例子有：电力、煤气等公司根据消费者类型、消费量的大小制定不同的收费标准；在经济水平不同的省市地区，对同一产品采用不同的价格；旅游景点根据游客量的变化规律，不同时段收取的费用也不同等。价格歧视的目的在于获取更大的销售利润。由于市场情况和消费者收入等的差异，不同类型顾客对同一种产品的需求也不同，这样，差别价格比单一价格具有更大的灵活性，能为厂商带来更多的销售利润。

垄断厂商实行价格歧视，必须具备以下基本条件：

第一，市场消费者具有不同的偏好，且这些不同的偏好可以被区分开来，这样，厂商才有可能对不同的消费者或消费群体收取不同的费用。

第二，不同的消费者群体或不同的销售市场是相互隔离的。这样就排除了中间商由低价处买进商品，转手又在高价处出售商品而从中获利的情况。

第三，定价的厂商必须具备一定的垄断手段，有足够的能力实现差别定价，否则会因竞争者的存在而难以维持。

价格歧视可以分为一级、二级和三级，下面分别予以说明。

二、一级价格歧视

最理想的情况是，厂商能够向每个顾客索取不同的价格，希望按每个顾客愿意支付的最高价格出售商品或劳务，这种最高价为顾客的保留价格。向各个顾客索取保留价格的做法称为一级价格歧视（first-degree price discrimination）。

在图 6－6 中，厂商生产边际收益与边际成本相等处的产量为 Q^*。总利润为各增加的产出单位利润的简单相加，因而它由图中纵轴、边际收益和边际成本曲线围成的阴影面积给出。消费者剩余，即平均收益曲线和消费者所付价格 P^* 之间的面积，为图 6－6 中的三角形 PP^*A部分。

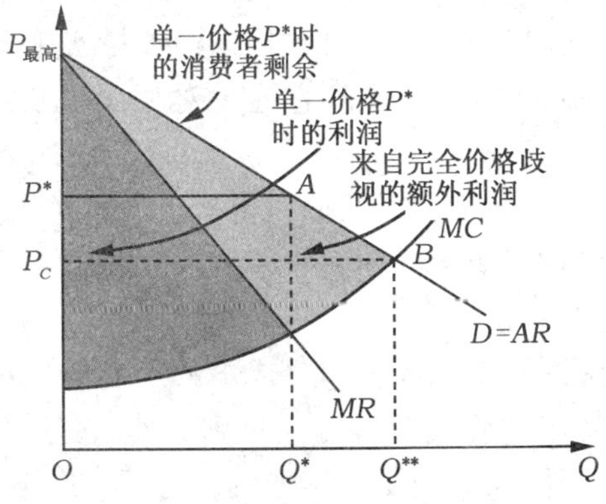

图 6－6　一级价格歧视

厂商向他的顾客索取他们的保留价格，从而将产量扩大到 Q^{**} 是有利可图的。如果厂商能实现完全的价格歧视，由于各消费者被索要的正好是他们愿意支付的价格，因此边际收益曲线不再与厂商的产量决策相关。相反，从销售每个额外单位所增加的收益，就简单地等于顾客为这个单位所付的价格，因而它的边际收益曲线是由需求曲线所给定的。

由于价格歧视并不影响厂商的成本结构，各额外单位的成本仍然由厂商的边际成本曲线给出。因此，从生产和销售每个增加的单位所得到的利润，现在等于销售价格和边际成本之差。只要销售价格大于边际成本，厂商就能通过扩大生产而增加利润，并且它一直能这样做，直到总产量为 Q^{**} 。在 Q^{**} 处，销售价格等于边际成本，再多生产就会减少利润。

总利润现在由纵轴、需求曲线和边际成本曲线之间的面积给出。根据图 6－6，现在总利润要大得多了(来自于价格歧视的额外利润，如浅色阴影面积所示)。如果每个顾客都被索取他们愿意支付的最高价格，那么所有的消费者剩余都将被厂商侵占。

在实践中，一级价格歧视几乎是不可能的。首先，向每个顾客都索取不同的价格通常是不现实的(除非只有很少几个顾客)。其次，厂商不知道顾客的保留价格。即使厂商能够问每个顾客，大概也不会得到真实的回答。最后，声称他们只愿意支付很低的价格是符合顾客利益的(因为那样他们会被索要低价)。

不过，有时厂商通过对顾客保留价格的估计而实行不完全歧视。例如，医生可以给一个愿意支付价格较低或保险限额较低的病人减免费用，但对高收入的或有较好保险的病人则要价较高。而一个会计师在刚替客户处理完退税事务时，则更是处在能估计出客户愿意付多少费用的有利地位。又如，一个好的推销员知道怎样抓住顾客，并能确定如果他们得不到一个可观的折扣是否会转向其他地方。似乎要离去的顾客能得到大折扣(根据推销员的观点，很少的利润比卖不掉要好)，但匆匆忙忙的顾客就只能得到很小的或得不到折扣。

其实，生活中的讨价还价也是不完全价格歧视。在讨价还价的过程中，卖者估计到买者愿意支付的价格，从而实行价格歧视。在不完全价格歧视下，消费者会得到或多或少的消费者剩余。

三、二级价格歧视

在某些市场中，消费者都要购买许多货物，而且随着购买数量的增加，其需求愿望是下降的，包括电信服务、取暖燃料等。消费者可能每月要打几百分钟电话，但随着消费量增加，他们的支付意愿是下降的。在这种情况下，厂商可以根据消费量实施差别收费。这被称为二级价格歧视(second-degree price discrimination)，它通过对相同货物或服务的不同消费量或"区段"索取不同价格来实施。

二级价格歧视的一个例子是电信公司的分段定价。通过扩大产量和实现规模经济，消费者的福利能够增加，公司也能取得更大的利润。理由是价格虽然下降了，但是生产成本的节省使得电力公司仍能赚到合理的利润。

图 6－7 说明了具有下降的平均成本和边际成本的厂商的二级价格歧视。若根据 $MR=MC$ 的原则定一个单一价格，则它将是 P_0，而产量则为 Q_0。但现在根据购买量定了三个价格，销量的第一段(产量从 O 到 Q_1)定价 P_1，第二段(产量从 Q_1 到 Q_2)定价 P_2，第三段(产量从 Q_2 到 Q_3)定价 P_3。此时二级价格歧视通过扩大产量和降低成本使消费者和生产者均得益。

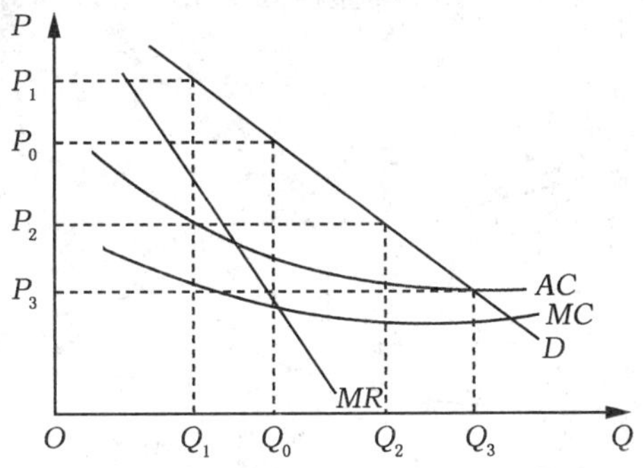

图 6—7　二级价格歧视

与上述情况相反，有时为了节约稀缺资源，可能对消费量较高的部分收取较高的价格。如现在为了节约用水，或者为了使电能满足工业生产的需要，有时会利用二级价格歧视来控制居民的用水、用电，以达到节约稀缺资源的目的。

四、三级价格歧视

三级价格歧视(third-degree price discrimination)是将消费者分为有不同需求的多个分市场，根据各分市场不同的需求价格弹性制定不同的销售价格。这是最盛行的价格歧视形式，例子到处都是：常规的和“特别”的飞机票价、对学生和老年人的折扣等。在每个例子中，总有某些特征被用来将消费者分成不同的组别。例如，对大多数商品来说，学生和老年人通常比其他人更希望降低价格(因为他们的收入较低)。某些商品的商标就能将消费者分组，许多消费者愿意为名牌支付更多的钱。

在实施三级价格歧视时，厂商对各组(假设两组)消费者制定不同价格要满足两个条件：

第一，$MR_1=MR_2$，即各组的边际收益是相等的，要不然，厂商不可能实现利润最大化。例如，如果有两组顾客，第一组的边际收益 MR_1 大于第二组的边际收益 MR_2，很明显，厂商可以通过将产量从第二组转移到第一组而获益，它会通过降低第一组的价格和提高第二组的价格来做到这一点。因此，不管两个价格是多少，它们必须使得不同组的边际收益相等。

第二，$MR_1=MR_2=MC$，即总产量必须满足各组消费者的边际收益等于边际成本。如果不是这样，厂商可以通过提高或降低其总产量(以及降低或提高各组的价格)而增加利润。

我们能够用需求弹性将边际收益写成：$MR=P\left(1+\frac{1}{E_d}\right)$，则 $MR_1=P_1\left(1+\frac{1}{E_1}\right)$，$MR_2=P_2\left(1+\frac{1}{E_2}\right)$，其中 E_1 和 E_2 是第一市场和第二市场中分别对应厂商产品的需求弹性。因为 $MR_1=MR_2$，所以：

$$\frac{P_1}{P_2}=\left(1+\frac{1}{E_2}\right)\Big/\left(1+\frac{1}{E_1}\right)$$

由上式可知，具有较小需求弹性的消费者将被索要较高的价格(注意，这里弹性为负)。

图 6—8 说明了三级价格歧视。注意对第一组消费者的需求曲线 D_1 比第二组的需求曲线 D_2 的弹性要小，而对第一组的价格也较高。总产量 $Q_T=Q_1+Q_2$。虚线 MR_T 是假设的两个市场加总的边际收益曲线。总产量 Q_T 由边际收益曲线与边际成本曲线的交点得到。由于 MC 必

须等于 MR_1 和 MR_2，我们可以从这个交点向左边画一条水平线，以找到两组的销量 Q_1 和 Q_2。

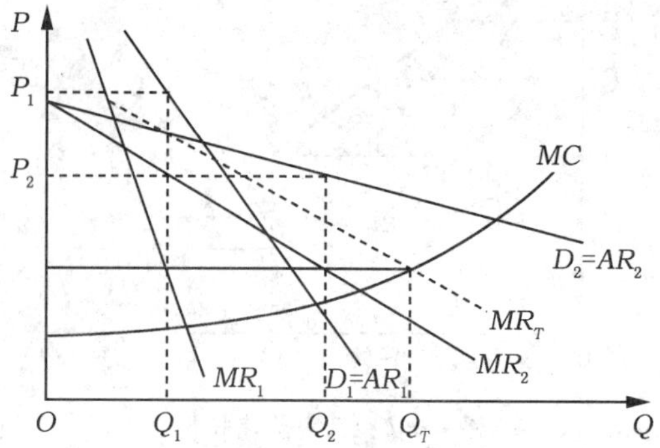

图 6—8　三级价格歧视

厂商试图向多组消费者销售商品并不总是值得的。如果有些组别消费者的需求很小并且边际成本上升很快，则向该组销售，增加的成本可能超过增加的收益。由于为较小市场服务的额外成本超过额外收益，厂商制定单一价格并只向较大的消费群体销售是合算的。

小链接

优惠券、回扣与价格歧视

肯德基常常发一些以折扣价购买产品的优惠券。这些优惠券通常是作为该产品广告的一部分散发的，它们也可能出现在报纸和杂志上。例如，一种优惠券在购买一份鸡翅时可便宜 2 元钱。厂商为何要发这些优惠券？为什么它不只是降低产品的价格，并因而省下印制和回收这些优惠券的成本呢？

优惠券提供了一种价格歧视的方法。研究表明，只有 20%～30%的消费者有心去剪下、保存并在购物时使用优惠券。这些消费者比那些忽略优惠券的消费者对价格更敏感。通常他们需求的价格弹性更高而保留价格较低。因此通过发放优惠券，肯德基公司能够将它的顾客分成两组，并且向价格更敏感的顾客索取较低的价格。

回扣也以同样的方法起作用。例如，某胶卷公司有一个回扣方案，只要消费者寄回一张表格并附上购买 3 卷胶卷的证明，就能收到 1.5 美元的回扣。为什么不只是将一卷胶卷的价格降低 50 美分呢？这是因为只有那些价格敏感的消费者，才会不嫌麻烦地寄回一张表格和证明并要求回扣。该方案同样也是实行价格歧视的一种方法。

五、时期间价格歧视和高峰价格

时期间价格歧视（intertemporal price discrimination）是一种与三级歧视密切相关的、非常重要和被广泛运用的定价策略，即在不同时间定不同价格将消费者分成不同组别。时期间歧视的例子之一是对首轮放映的影片定一个高价，然后在出品一年以后再降低价格。各种服装的分期打折也是类似的例子。

高峰价格（peak-load price）是另一种形式的时期间价格歧视。对某些商品和服务，在特定时间会出现需求高峰，如高峰时段的道路和隧道、夏天傍晚时分的电力，以及周末的滑雪胜地和游乐场。由于能力的限制，在高峰期间，这些产品和服务的边际成本也是较高的，因而价格也应该高一些。

高峰价格与三级价格歧视是不同的。对于三级价格歧视，厂商对应各组消费者的边际收益必须相等且等于边际成本，理由是给不同组提供服务的成本并不是独立的，各时期的价格和销售，可以通过令各自的边际成本和边际收益相等而独立决定。夜场比日场票价高的电影院是一个例子。对大多数电影院来说，为日场顾客服务的边际成本是独立于夜场的边际成本的。电影院的经营者可以利用他们对各个时间段需求和成本的估计，分别决定夜场和日场的最优价格。

小链接

民航折扣与价格歧视

近年来，有关民航机票打折一直吸引着人们的眼球。其实有关机票的定价问题，我们可以采取价格歧视的手段，并非一定要局限于是否打折和如何打折上。价格歧视这一手段在国外民航机票定价策略中早已被应用。所谓机票的价格歧视，就是指对同一趟飞行和服务，在同一时期内对不同的消费者实行差别定价。比如，对两成时间的往返机票根据全价和折扣价收取不同的价格。对周六所到城市并入住一晚的乘客收取折扣价，而对周六不在所到城市住宿的乘客收取全价。

价格歧视之所以能够在民航业得以应用，是因为在消费者中存在着不同的类型，每种类型的消费者对同一飞行和服务的需求弹性是存在差别的。以民航服务而言，消费者大致可以分为两类：一类是公务出差者，另一类是私人旅游者。前者自然是缺乏弹性的，而后者则富有弹性。如果民航公司不实行打折，则私人旅游是很难增加的，但如果实行打折的话，本来就需要乘坐飞机的公务出差者则趁机沾光，也买到了打折机票，这对民航公司是一种损失。于此，我们发现对于这两种不同的消费群体，实行民航价格歧视尤为必要。

那么，实现价格歧视的一个重要之处，就是找到一种能够合理区分两类群体的标准。民航公司所采取的办法就是周六是否在所到城市住宿一晚。对于公务出差者来说，周六和周日无法办理公务，为省钱在其他城市多待两天而牺牲与家人共度周末的机会是不合算的，何况是不用自己出钱买票的。而对于私人旅游者来说，本着玩的目的，何时去何时归并无太大影响，而买便宜的机票是需要首要考虑的，这样便能成功地实施价格歧视了。

在民航业实施价格歧视无疑增加了民航公司的收益，即公务出差者仍然购买全价机票，而私人旅游者则可以购买折扣机票。且由于两者之间需求弹性的差异，前者不会减少需求，后者会大幅增加需求，对于民航公司而言，收益颇丰。

当然，价格歧视的形式还有很多。比如，美国某航空公司根据购买时间的限制，将纽约至伦敦的经济舱区分为五种价格，不受时间限制的票价最高，提前 21 天(不允许周末购票)购买且不接受退票的票价最低。这样就可以将高低收入者进行区分了，高收入者显然不会受时间限制而购票，低收入者也可以买到低价票去游玩。可见，价格歧视在一定程度上可以增加消费者的利益。

[资料来源]改编自梁小民:《微观经济学纵横谈》，中国出版集团 2000 年版，第 157～159 页。

六、价格歧视的影响

从前面的分析可以发现，垄断者之所以实行价格歧视，是因为它可以将单一价格下的消费者剩余全部或部分转化为自已的收益，从而获得更多的垄断利润。

但是，不可否认价格歧视在有些情况下也对消费者有好处，因为某些消费者或消费群体只有在价格歧视的条件下才能实现消费。例如，对所有病人统一收费，低收入的病人很可能无法得到医治；工厂和家庭用电统一收费，会出现要么电力公司倒闭，要么家庭无法正常用电的状况；从上面民航的例子中也可以看出，价格歧视使低收入者也能到国外旅游。

按消费量实行价格歧视，同时具有促进或抑制消费的双重作用，如电力公司、煤气公司和移动通信公司的价格歧视。例如，电力公司实行阶梯定价的方式，可以在一定程度上抑制电力消费，即把户均用电量设置为若干个阶梯分段或分档次计算费用。第一阶梯为基数电量，此阶梯内电量较少，电价也较低；第二阶梯电量较高，电价也较高；第三阶梯电量更多，电价更高。随着户均消费电量的增长，每千瓦时电价逐级递增。这一方面可以限制消费者大量用电，提高能源的使用效率；另一方面可以保障低收入者的利益。因为低收入者往往用电量少，比较节省，使他们能以较低的价格购电。又如，移动数据包的差别定价又可以增加消费者的消费。中国移动通信根据消费量的提升会降低数据包的价格，目前，10 元可以购买 70 兆流量，20 元可以购买 150 兆，而 30 元可以购买 500 兆。我们可以发现，随着消费量的增加，产品的价格下降，因而会促进消费。

第四节　完全竞争与完全垄断的比较

完全竞争和完全垄断是市场结构中最为极端的两种结构，前者不存在垄断，而后者不存在竞争，那么，这两种极端的市场结构有哪些优点或者缺点呢？本节对完全竞争和完全垄断两种极端市场进行比较，阐明它们的优点和缺陷，并在此基础上提出了政府对垄断厂商实行价格管制的两种方法。

一、完全竞争的优点

一般来说，与完全垄断市场相比，完全竞争市场具有更高的资源配置效率和经济运行效益，具体表现在以下两个方面：

(1)从资源配置的角度来看，完全竞争市场有更高的效率。如图 6—9 所示，完全竞争市场的均衡产量为 OQ_1，均衡价格为 OP_1。完全垄断市场的均衡产量和均衡价格分别为 OQ_2 和 OP_2。不难得出，完全竞争市场的均衡产量较大，说明相对于完全垄断市场而言，资源得到了更充分的利用；同时，完全竞争市场的均衡价格较低，说明在收入既定的前提下，消费者获得的效用更大。

(2)从外部压力的角度来看，完全垄断市场的厂商几乎没有竞争者，这会使其失去外部竞争的激励，从而不会主动去改进技术、加强管理，而只是一味地依赖垄断地位取得利润，不利于整个行业的进步和发展。

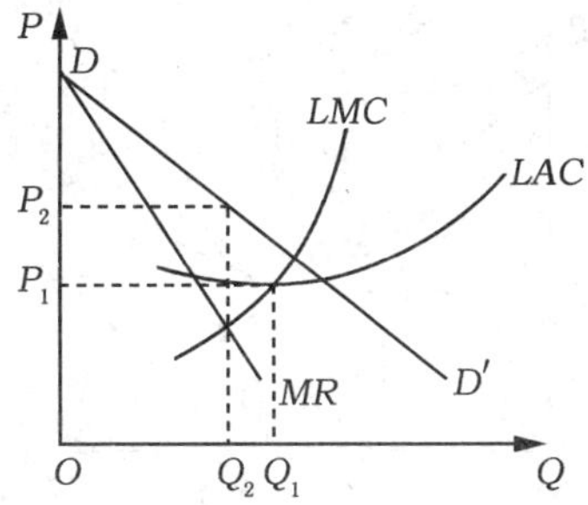

图 6—9　完全竞争市场与完全垄断市场的比较

二、完全垄断的优点

但是，与完全竞争市场相比，完全垄断市场并非一无是处，也有其优越的一面：

(1)技术进步也许是垄断存在的一个重要理由。完全垄断市场中的专利权保护会刺激垄断厂商进行技术创新。而在完全竞争市场上，厂商的创新将很快为竞争者所效仿，这会弱化厂商技术创新的冲动。由于只有规模较大的厂商才有能力投资于开发和研究，承担创新的风险，因此从技术创新的角度来看，完全垄断市场的存在有其合理性。特别是完全垄断的厂商能有较多的利润用于产品创新，多样化的产品可以给消费者带来不同层次的效用。而完全竞争的企业从长期来看，其经济利润为零，因此其缺少更多的资金用于产品的创新，只能为消费者提供单一的产品和服务。

(2)大企业的垄断能发挥规模经济的优势，与小企业相比，会降低生产成本、稳定产品质量，从而提高消费者的效用水平。垄断企业由于生产规模的扩大，会使产品的平均成本大幅降低，可以促进社会资源更为有效的利用。而在完全竞争的市场结构中，由于每一家企业的生产规模都非常小，很难形成规模化经营的局面。因此，规模经济几乎不能实现，这一方面不能使社会资源更有效的利用；另一方面，产品价格也不能降到最低，使得消费者的利益受损。因此，对于规模经济较为显著的行业，垄断常常优于完全竞争的市场结构。

三、政府的价格管制

政府为了克服垄断造成的不利影响，也为了保证价格相对公正和保护消费者利益，往往会对垄断厂商实施价格管制。价格管制的办法主要有两种：一是边际成本定价法，二是平均成本定价法。这是利用经济手段限制垄断消极作用的有效途径和方法。

(一)边际成本定价法

如图 6—10 所示，在没有价格管制的情况下，垄断厂商的产量和定价分别为 Q_1 和 P_1，价格高于平均成本，说明厂商有超额利润。此时，如果政府采用边际成本定价法，规定价格为 LMC 曲线与需求曲线的交点所代表的价格 P_2，价格仍然大于平均成本，即厂商仍可获得超额利润。对于这部分超额利润，政府可以通过增加税收等方式进行适当的消除。

但根据边际成本定价，厂商有时也可能亏损，这又需要政府对厂商给予一定的补贴，或者采取平均成本定价法。

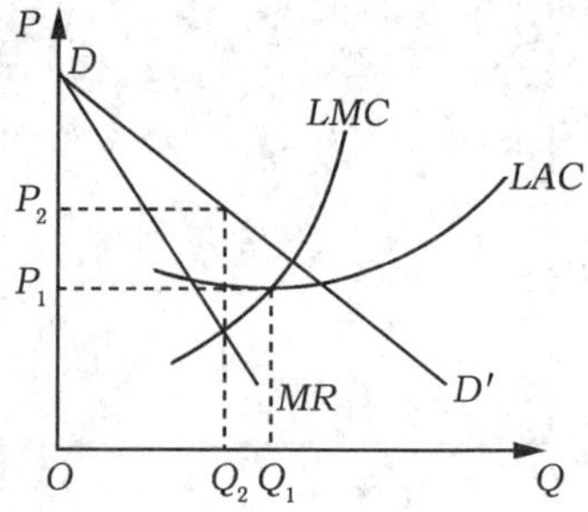

图 6—10　边际成本定价法

(二)平均成本定价法

如图 6—11 所示,按边际成本定价法,价格为 P_1,低于长期平均成本 LAC,厂商会出现亏损。这时如果政府把价格定为 LAC 曲线和需求曲线的交点 F 所代表的价格 P_2,厂商便可收回全部成本,获取正常利润。这种定价法就是平均成本定价法。

平均成本定价法使管制价格等于平均成本,厂商的超额利润为零,这样可能会使厂商没有积极性去降低生产成本。

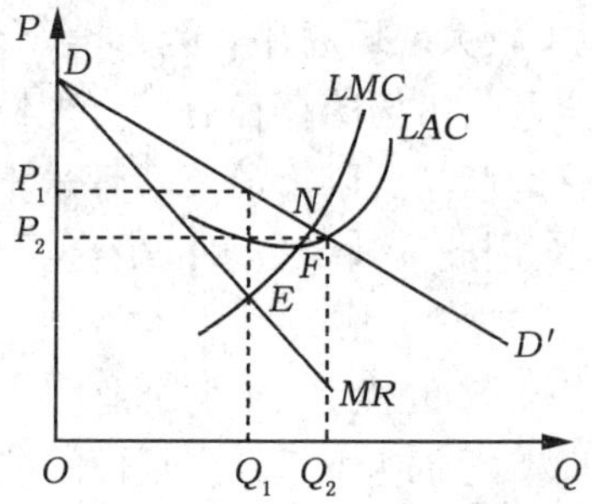

图 6—11　平均成本定价法

除了边际成本定价和平均成本定价这两种方法外,有时政府也允许厂商采取双重定价法。双重定价法类似于价格歧视的做法。具体地说,允许厂商对一部分购买欲望较强的消费者收取较高的价格,且 P>AC,从而获得超额利润。同时,厂商对一部分购买欲望较弱的消费者仍按边际成本定价法收取较低的价格,由于 $P<AC$,导致亏损。但是厂商在总体上不会亏损,甚至能获得一定的超额利润,因此愿意继续生产。

课后习题

一、单项选择题

1. 在完全垄断市场中,边际收益曲线的横截距是平均收益曲线的横截距的(　　)。

A. 2 倍　　B. 1/2　　C. 4 倍　　D. 1/4

2. 在完全垄断市场中,边际收益曲线的横截距对应到需求曲线的点弹性为(　　)。

A. 0　　B. 0.5　　C. 1.0　　D. 2.0

3. 对垄断企业而言,边际收益小于价格,是因为(　　)。

A. 它的产量占市场总产量的份额很小

B. 在市场价格下，企业可以销售它希望销售的任意数量

C. 它不能控制价格

D. 为了销售更多的数量，企业必须降低所有单位的价格

4. 追求利润最大化的企业采取价格歧视，它将在(　　)的市场索取最低的价格。

A. 需求价格弹性最小　　B. 需求价格弹性最大

C. 需求量最小　　D. 需求量最大

5. 垄断企业是市场上唯一的销售者，所以相比其他市场类型而言，它能长期内赚取(　　)。

A. 零利润　　B. 资本投资的正常收益率

C. 会计利润　　D. 超额经济利润

6. 自然垄断行业是平均成本较高而边际成本较低、需要大规模生产才更经济的部门。政府对自然垄断行业采取的管制措施是(　　)。

A. 垄断定产定价　　B. 按 $P=MC$ 定价

C. 按 $P=AC$ 定价　　D. 反垄断

7. (　　)不是价格歧视的前提条件。

A. 卖方必须拥有一定的垄断能力

B. 商品必须是耐用品

C. 消费者具有不同偏好

D. 不同消费者群体所在的市场能够被分割开来

8. MOTOROLA－T720 型手机某春季的单价是3 500元，该年秋季的单价是2 800元，这属于(　　)。

A. 一级差别歧视　　B. 二级差别歧视　　C. 三级差别歧视　　D. 常规的市价变动

9. 如果政府对每单位产品征税 T，则厂商利润最大化应该满足条件(　　)。

A. $MC=MR$　　B. $MC+T=MR$　　C. $MC=MR+T$　　D. $MC=MR=P$

10. 完全垄断厂商面临的需求曲线为(　　)。

A. 正斜率直线　　B. 负斜率直线　　C. 水平直线　　D. 垂直线

二、多项选择题

1. (　　)是垄断的缺陷。

A. 产量受到限制　　B. 追求利润最大化　　C. 寻租行为　　D. 缺乏技术进步

E. 资源能够被最优配置

2. 若企业的需求曲线缺乏价格弹性，则下列说法中错误的是(　　)。

A. 降价会使收益增加的可能性增大　　B. 企业拥有的市场力量小

C. 提高价格，销售量下降得多　　D. 企业拥有的市场力量大

E. 降价会使得收益减少的可能性大

3. 下列对垄断企业和完全竞争企业的描述中，正确的是(　　)。

A. 如果边际收益超过边际成本，生产都将增加

B. 它们都试图最大化利润

C. 它们都面对着一条有完全弹性的需求曲线

D. 如果边际成本超过边际收益，它们都将减少生产

E. 以上说法都正确

4. 完全垄断这一市场结构的特征包括(　　)。

A. 产品无法被替代

B. 厂商根据利润最大化原则自主制定价格和产量

C. 行业存在进入壁垒

D. 行业不存在进入壁垒

E. 产品差异性很大

5. 市场形成的因素包括(　　)。

A. 消费者因素　　B. 社会因素　　C. 自然因素　　D. 经济因素

E. 生产者因素

三、名词解释

1. 完全竞争市场

2. 边际收益

3. 完全垄断市场

4. 垄断力

5. 价格歧视

6. 一级价格歧视

四、计算题

完全竞争市场上存在三家生产相同产品的企业，q 表示各企业的产量，三家企业的短期生产函数分别为：$C_1(q)=18+2q^2+20q$，$C_2(q)=25+q^2$，$C_3(q)=12+3q^2+5q$。试求：

(1)产品的市场价格处于何种范围时，短期内三家企业的产量都为正？(需要说明理由。)

(2)求短期市场供给曲线与长期市场供给曲线。

五、简答题

1. 简述形成垄断的原因。

2. 为什么完全垄断厂商制定三级差别价格时，假定分市场有不同的边际收益曲线？

3. 垄断厂商实施三级价格歧视的价格和产量是如何确定的？

4. 简述完全竞争与完全垄断厂商的优缺点。

第七章　垄断竞争市场

完全竞争与完全垄断是市场结构中两种极端的市场类型。介于两者之间的是垄断竞争和寡头垄断,它们是现实中比较常见的市场类型。在本章,我们主要介绍垄断竞争市场,在下一章我们将重点介绍寡头垄断市场。实际上,在现实生活中,厂商既不会像完全垄断厂商那样可以自由决定产品价格和产量,也不会像完全竞争市场那样完全被动地接受产品的市场价格,而更多的是适应消费者需求的变化做一些产品的差异性开发以及新产品的研发,同时利用价格和非价格竞争的手段在市场中寻求立足点。这里就要涉及垄断竞争市场的分析,在垄断竞争市场中,虽然厂商有一定的垄断力,但由于厂商数目较多,产品差别较小,因此,竞争是市场的主导力量。本章首先介绍垄断竞争市场的特征与内涵,在此基础上分析垄断竞争市场结构下厂商的价格和产量的决定问题,最后将分析较为典型的垄断竞争模型。

第一节　垄断竞争市场的特征

在现实经济生活中,我们所接触的多为各式各样的小企业,其所提供的产品具有一定的差异性。垄断竞争市场是以竞争为主的市场,垄断处于次要地位。

既然垄断竞争厂商是一种既包含垄断因子又包含竞争因子的市场结构,这就注定垄断竞争市场的特征也必将包含这两个部分的内容。那么,作为这样一种具有双重性质的市场,且作为这样一种现实中较常见的市场,有些什么样的特点呢?我们认为,垄断竞争(monopolistic competition)市场具有下列特点:

一、厂商众多

市场上厂商数目众多,每个厂商都要在一定程度上接受市场价格,但每个厂商又都可对市场施加一定程度的影响,不完全接受市场价格。这一点与完全竞争市场相区别。在完全竞争市场上,厂商完全是价格的接受者,没有能力去影响产品价格。另外,厂商之间无法相互勾结来控制市场。因为,厂商数目实在太多,若要将所有的厂商都联合起来几乎是不可能的,且这么多厂商的联合必将会带来巨额的交易成本,即使一时能够做到联合,很快也会解散。因为众多厂商的控制十分困难。对于消费者,情况是类似的。因此,在垄断竞争市场上的经济人是市场价格的影响者。

二、互不依存

市场上的每个经济人都自以为彼此可以相互独立、互不依存。实际是一个人的决策对其他人的影响不大，不易被察觉，因此可以不考虑其他人的反应和对抗行为。如果在某一行业中，厂商数目较少，每一个厂商都是直接与其对手接触，那么，其做决策时必然会考虑对手的反应，因为各自拥有对市场较大的影响力，在不考虑对手行为的情况下擅自行动，很有可能会带来决策的失误，从而导致厂商亏损或者一系列的错误。在垄断竞争市场结构中，每一个厂商面对的是数目十分庞大的对手，此时，市场中的其他厂商对自己来说完全可以看作一种外在的客观的因素，因此，厂商只要根据自身的情况进行相关问题的决策即可，完全不用依赖于其他厂商的反应和行为，这就是垄断竞争厂商的互不依存性。

三、产品差别

产品差别是指满足消费者几乎同样需求的产品之间所存在的一定差别。产品差别是造成厂商垄断的根源，但由于同行业产品之间的差别不是大到完全不能替代，一定程度的可替代性又让厂商之间相互竞争，因而相互替代是厂商竞争的根源。如果要准确说出产品差别的含义，则可这样来说：在同样的价格下，如果购买者对某家厂商的产品表现出特殊的爱好，就说明该厂商的产品与其他厂商的产品具有差别。

那么，产品差别究竟来源于何处呢？同行业中不同厂商的产品互有差别，这种差别形成的原因可以分为实质性和非实质性的不同。实质性的不同是指产品的质量、功能等方面存在差异。比如同样是平板电脑，A 厂的平板电脑有前置摄像头，而 B 厂的平板电脑只有后置摄像头；同样是水杯，A 厂的水杯可以耐高温，而 B 厂的水杯却不能耐高温。这些都是产品之间实质性的差别。非实质性的不同是指不同厂商所处地理位置不同，不同厂商产品的包装、商标、营销手段、消费者的主观评价等存在差别。例如，对于同样的干洗店，一家位于某小区的内部，只要花上五分钟步行就到了，而另一家则需开车一小时才能到达，尽管两家干洗店的服务和质量都是同质的，正是由于两者所处的地理位置存在差异，这就带来了消费者主观感受的差异。因此，在消费者眼里，这两者的产品也是有差异的。

对于垄断竞争市场来说，其垄断就是来源于这些产品之间的差别，而其竞争又正是来源于这些产品确实是同类产品，即垄断竞争市场中的厂商所提供的产品既存在着一定的替代性，却又不能完全将对手的产品所替代。这种非完全替代性正是垄断竞争市场既垄断又竞争双重性的来源。我们将其与两种极端的市场结构，即完全竞争和完全垄断对比可以发现，完全竞争市场结构下的厂商所提供的产品是可以完全替代的，不存在差异，所以在完全竞争市场中不存在垄断因素；在完全垄断市场中，只有一家厂商，其产品无法被其他厂商所替代，因此，在该市场结构下没有竞争因素。

小链接

经济教科书与垄断竞争市场

在美国，经济学教科书多如牛毛。在我国，翻译的或国内学者编写的同类教科书也相当多。然而，1998 年，当美国哈佛大学教授曼昆推出《经济学原理》之后，在美国初次印刷发行即达20万册。1999年，该书中文版问世后不到半年也销售了8万册。在竞争激烈的经济学教科书市场上，曼昆的《经济学原理》为什么能一枝独秀，而其他同类教科书也有自己的市场？解开这个谜的关键是经济学教科书市场的结构特征。

经济学教科书市场属于垄断竞争市场结构。这种市场既不同于生产同质产品的完全竞争市场，又不同于只有一家企业的完全垄断市场。它是一种既有某种程度垄断，又有竞争的市场结构。形成这种市场结构的关键原因是产品差别的存在。

在经济学中，产品差别不是指不同产品的差别，如衣服与书籍的差别；而是指同一种产品在质量、牌号、形式、销售条件、服务等方面的差别，如同一种经济学教科书在写作质量、出版社与作者名气、包装与版式设计、出售地点，或相关软件服务等方面的差别。

产品差别有些是客观的，有些则是消费者的主观感觉，甚至客观存在的产品差别也要得到消费者的认可才能作为一种产品差别发生作用。因此，在这种市场上，企业不仅要生产出花色品种不同的产品，还要通过广告宣传使消费者认识到这些产品差别，并愿意购买。

经济学教科书市场之所以是垄断竞争市场就在于这些教科书是有差别的产品。以国外比较流行的经济学教科书而言，萨缪尔森和诺德豪斯写的《经济学》以历史悠久（第一版出版于1948年，其结构成为其他同类教科书的范本）和内容全面而著称，迈克尔·帕金的《经济学》以理论体系严谨、内容有一定深度而受欢迎，奥沙利文和谢夫林的《经济学》以通俗易懂、与电脑运用密切配合而畅销……这类书种类很多，但每一本都有自己的特色，并以这种特色占有一定市场份额，得到一部分消费者的欢迎。但由于这些教科书内容基本相同，它们之间的竞争也十分激烈。美国经济学家不断修改自己的经济学教科书（一般是3年一版），美国出版商向大学教师赠送最新教科书，反映了这种竞争的激烈性。

曼昆的《经济学原理》能在这竞争激烈的市场上获得成功就在于他创造出了自己的产品特色。曼昆是知名的中年经济学家，对经济学前沿的熟悉使他写的教科书能反映出经济学最新进展。他注意到一些经济学教科书求全、求严谨的缺点，以通俗的事例、故事、政策分析来介绍深奥的经济学原理，使沉闷的经济学让人读起来轻松、愉快。与其他同类经济学教科书相比，《经济学原理》具有简明性、通俗性和趣味性的特色。曼昆以他那幽默风趣、流畅简练的文风写出了这样一本书，也就创造了自己的产品差别。加之，出版前出版社以140万美元的高价征求书稿，出版后又好评如潮，这就让读者认可并接受了它的产品差别。有产品差别的产品在市场上获得成功是理所当然的。

曼昆《经济学原理》成功的事例告诉我们：只有市场不欢迎的产品，没有卖不出去的产品。只要你能创造出自己有特色的产品，就不怕没有市场。一些出版社总抱怨同类书太多不好卖。其实同类书无论再多，只要有产品差别就有市场。如果不在创造产品差别上下功夫，只“克隆”别人成功的书，或拼凑出一本又一本充满陈词滥调的书，恐怕连出版者自己也不想要。这个道理当然也适用于所有企业。

[资料来源]改编自梁小民：《微观经济学纵横谈》，生活·读书·新知三联书店2000年版，第141～144页。

四、进出容易

在垄断市场中，厂商进入某一行业的壁垒比较高，很难进入或者退出一个行业，而在垄断竞争市场中，厂商进出一个行业比较容易。这一点同完全竞争类似，厂商的规模不算很大，所需资本不是太多，所谓的规模经济、自然资源或者技术专利等的限制较小或者几乎不存在。因此，在垄断竞争中进入和退出一个行业障碍不大，比较容易。比如，在我们现实经济生活中，服装销售这一行业比较类似于垄断竞争这一市场结构。如果我们想要开一家销售服装的店，我们只要稍微有些可以运转的资金以供购买服装、装修店面等就可以。因此，进入壁垒较低。当然也不是完全说这一种市场结构之下不存在进入或者退出壁垒，如某些服装厂在这一领域已经拥有较高的品牌知名度或者信誉等，也会对新的厂商进入带来一定程度的限制。

垄断竞争市场是介于完全竞争与完全垄断之间，但相对更接近于完全竞争的一种市场类型。在现实经济社会中，垄断竞争的情形是较为常见的，如不同品牌的衣服、皮鞋、化妆品和不同的饮食店等。

第二节　厂商均衡

垄断竞争厂商的需求曲线是略向右下方倾斜的曲线。这是因为，产品既有差别又差别不大，所以降低或提高价格会引起销量的较大变化。产品差别越小，需求曲线的斜率也就越小；反之亦然。

正如垄断一样，垄断竞争中厂商面临向下倾斜的需求曲线，因而也有垄断势力。但这并不意味着垄断竞争厂商就能赚取高额利润。垄断竞争与完全竞争也是相似的，因为可自由进入，所以赚取利润的潜力会吸引新厂商的进入，从而将利润压低至零。为了使这一点更清楚，让我们来研究一下一个垄断竞争厂商短期和长期中的均衡价格和产量水平。

一、短期均衡

在短期中，由于自己选择的规模、市场的需求或者市场竞争激烈程度不同，垄断竞争厂商可能只获得正常利润甚至亏损，当然也可能获得超额利润。图 7—1 反映了短期均衡时获得超额利润的情况。由于该厂商的产品与竞争者的产品有差别，因此，它的需求曲线 D_{SR} 是向右下方倾斜的。这是该厂商的需求曲线，而不是市场的需求曲线，市场需求曲线更陡峭一些。利润最大化的产量为 Q_{SR}，由边际收益曲线和边际成本曲线的交点得到。由于相应的价格 P_{SR} 大于平均成本，厂商获得超额利润，如图 7—1 中阴影四边形所示。

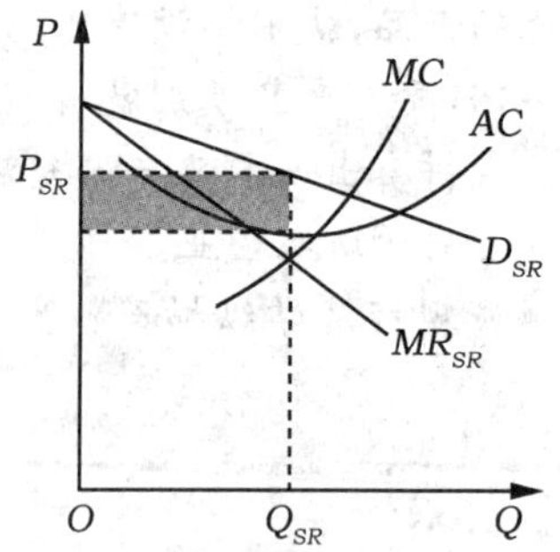

图 7—1　短期厂商均衡

二、长期均衡

在长期中，超额利润将诱使其他厂商加入。垄断竞争厂商可以通过两条途径来改变这一市场规模：一是通过现有厂商规模的扩大或者减小，二是新厂商的进入或者是原厂商的退出。当它们推出竞争性商品时，这个厂商将损失市场份额和销量，它的需求曲线将向下移动，如图 7—2所示。在长期中，平均成本曲线和边际成本曲线可能也会移动。为了简单化，我们假定成本是不变的。长期需求曲线 D_{LR} 将恰好与厂商的平均成本曲线相切。这时利润最大化意味着产量为 Q_{LR}，价格为 P_{LR}，因为价格与平均成本相等，所以超额利润为零。该厂商仍然有垄断势力，因为它的特殊品牌仍然是唯一的，它的长期需求曲线向下倾斜。但其他厂商的进入和竞争已经使得它的超额利润为零。

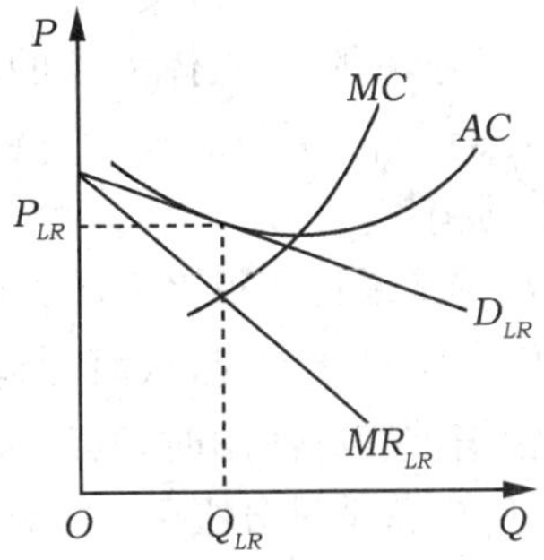

图 7—2　长期厂商均衡

更一般地说，厂商的成本可能不同，且有些品牌可能与其他品牌的区别更大。在这种情况下，各厂商会制定略微不同的价格，而有些厂商将会赚取一点超额利润。

如果一开始厂商发生亏损，则一部分厂商退出，也会导致上述的相同结果。由于需求曲线不是水平的，而是略为向右下方倾斜，因此需求曲线 D_{LR} 不是切于 LAC 曲线的最低点，而是切于它的最低点左边一点。达到这一点时，我们将垄断竞争厂商的长期均衡条件表示为：$MR_{LR}=SMC=LMC$，$P_{LR}=SAC=LAC$。

第三节　非价格竞争

我们已经在前面分析过，垄断竞争市场中的厂商对于产品的价格有一定的影响力，但是不具有决定力，因为垄断竞争市场中厂商的产品之间具有替代性，有限的价格控制能力就导致厂商寻求其他除价格之外的手段来进行竞争。那么，厂商究竟通过什么进行竞争呢？厂商往往侧重于其产品的品质、营销等非价格竞争。

一、品质与营销

品质竞争是通过提高产品品质来增加销售量的一种非价格竞争手段。产品品质不仅指内在的功能，还包括颜色、款式和附带服务等。当然，产品品质的提升会增加产品的成本，因此，厂商是否提高产品品质主要取决于，因品质提高增加的成本与品质提高后增加的利润之间的相对大小。比如，在服装商场里有一部分的厂商是以服装的设计为特点，以时尚、独特和前卫的设计吸引消费者购买。然而，还有一些厂商一般不注重服装设计，而是注重衣服的品质，尽管常年只有几种式样，但是其面料等方面都是采用最适合皮肤的材料等。当然，在人们日益追求完美、生活条件不断提升的今天，人们也越来越注重这两者之间的结合，即在品质保障的前提下，也要符合人们的审美。

营销竞争也是非价格竞争的主要手段之一，它包括广告、电视与电话直销、零售网、分销网、售后服务等内容。在每个厂商都能实现其商品销售的完全竞争市场，没有使用营销手段的必要。虽然在完全垄断市场，营销手段也有一定的作用，但还是垄断竞争市场中营销手段的作用最为显著。因为厂商需要通过营销手段来突出产品的差异性，刺激需求，从而增加销售量。很明显，营销竞争会引起总成本的增加，厂商是否使用营销手段，同样取决于营销成本与营销所带来的利润之间的相对大小。在电视作为最为流行的媒体方式时，厂商基本上是通过电视广告来对其产品进行宣传，尤其是中央一台的广告，覆盖面相当广，且是产品较高信誉的象征。厂商往往不惜代价在中央一台打出广告，而随着媒体种类的不断拓宽，厂商开始选择电话、短信、网络等多种方式进行产品营销。近年来，不断的电话营销更是引起了人们的强烈不满，但是厂商往往还是不遗余力地进行电话销售。

目前，各国的广告营销费用都在持续增长。很多人认为广告有益于厂商，因为广告引起产品市场的扩大和销售量的增加，规模经济可能实现，从而有利于降低平均成本和市场价格。也有人持相反的观点。首先，当广告营销被广泛使用时，其对销售量的促进作用将越来越小，反而更大地提高了产品成本；其次，当广告营销过分吸引厂商注意力时，品质管理将被厂商忽略，可能引起整个生产链的断裂，秦池酒的破产就是一个活生生的例子。可见，广告对产品的销售存在一定的正向作用，但是在进行广告营销时，我们必须考虑厂商成本，在厂商可承受范围之内进行广告营销，在宣传达到一定效果之后，更应该注重营销手段的多样化。

二、垄断竞争的一个区位模型

在垄断竞争厂商的非价格竞争之中，还有一个重要的产品差异化的影响因素就是厂商的选址问题。关于垄断竞争厂商的选址模型，最为经典的是由 1929 年美国著名经济学家哈罗德·霍特林(Harold Hotelling)在《经济学期刊》上发表的《竞争的稳定性》一文中所介绍的一个产品差异化的区位模型。他用不同的地点来代表产品的不同特点，某一厂商在选择产品的某一特征时，实际上就是选择了产品的差异化程度。他用冰淇淋小店这一有趣的例子阐述了这一经典模型。下面我们就重点介绍这一模型。

假设冰淇淋小贩在大西洋城的一条海滨大道上出售冰淇淋，现在这些小贩应该如何选择自己的位置使得他们能够销售更多的冰淇淋呢？这一模型的前提假设条件是这条大道是长度固定的直线型道路，且消费者在这一条海滨大道上是均匀分布的，即每一定长度上的消费者数量都是一样的。消费者在这个模型中的唯一不同便是在这条大道上所处的位置是不同的，其他特征均是一样的。同时，我们假设在这条大道上有两个冰淇淋小贩 A 和 B，他们所提供的冰淇淋质量和价格也均相等，两者之间的唯一差别就是在这条大道上所处的地理位置不一样。我们还假设消费者总是会选择离他们比较近的那个小贩买冰淇淋。

在诸多假设条件下，我们不难发现，应该让 A 和 B 一个待在大道的 1/4 位置，另一个待在大道的 3/4 位置，如图 7—3 所示，在大道中间的消费者无论是选择小贩 A 还是小贩 B 都是没有差别的。由此一来，这两个小贩就各占了冰淇淋市场份额的一半。

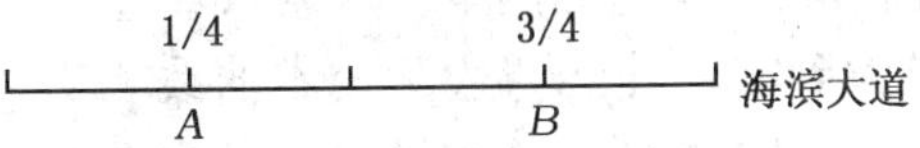

图 7—3　冰淇淋小贩的位置选择

但是，这两个小贩甘于待在自己的位置上吗？我们想象一下，要是小贩 A 向右移动一点点，在他左边的消费者仍然买他的冰淇淋，而同时他的右边会有一些消费者由向小贩 B 转向他购买冰淇淋。即小贩 A 向右移动这一举动，对于他左边的消费者来说，他仍是离他们最近的销售者，对于他右边的消费者来说，有一部分离他相较于小贩 B 更近了。因此，小贩 A 的市场份额必然会增加。

同理，小贩 B 也不会"坐以待毙"，他也同样会选择向左移动，他也可以在不损失他右边消费者的前提下，夺得左边的一些消费者。由此可见，我们刚刚的 1/4 和 3/4 的位置并非是一个均衡的位置。在此位置上，两个小贩都有移动位置的动力。我们也不难发现，两者的均衡是这条海滨大道的中间位置。

当然，这个在海滨大道上销售冰淇淋的例子仅仅是垄断竞争厂商关于产品差异化竞争的一个简单比喻，但是这个比喻充满了理论性与现实性。比如，在现实经济中，如果有两家餐馆，一家的口味是极辣的，另一家的口味则是十分清淡的。每个消费者都会选择他们喜爱的口味。此时，如果清淡的餐馆稍微加一点点辣味，那么，其不但不会失去其清淡型的顾客，而且会赢得一些中间型的消费者。同样，对于极辣型的餐馆，如果把辣味减淡一点，也不会失去酷爱辣味的顾客，同时还会赢得一些中间的消费者。什么时候达到均衡呢？正是两家餐馆提供同样程度辣味的菜肴时。当然，此时酷爱辣味和酷爱极其清淡口味的消费者会对这两件餐馆感到不满。

由此模型，我们也可以发现，诸如此类的竞争会导致不同厂商之间的产品趋同。因为每一家企业都想尽量趋同于其他厂商的产品，以此来抢夺他们的消费者，这样的结局是导致这一行业的产品严重趋同。但是现实是这样吗？假设海滨大道足够长，使得两个小贩的消费市场能够不重叠，使得这两个小贩能够安于待在这条大道的两端，因为移向大道的中间对他们来讲并无利可图。那么，此时他们的产品就不会趋同了，因为他们没有动力去模仿别人的产品。

在垄断竞争市场中，有一些厂商正是出于这样的目的考虑，因此，不断试图使得消费者认为自己的产品有别于其他产品，因为这样才能有垄断的可能，才能培养自己的市场影响力。只有在自己的产品与其他产品存在差异到无法被替代时，厂商才能够制定较高的价格。这在我们生活中是十分常见的。比如，牙膏厂商总是通过大量的广告来宣传自己产品的差异性，有的是从美白角度，有的是从本草药物角度，有的宣传防蛀，有的宣传治疗牙周炎等。这种策略正是要保持自己产品的差异性地位，以免被其他产品所替代，从而也可以避免直接竞争。

第四节　垄断竞争和经济效率

完全竞争市场之所以吸引人是因为它在经济上有效率，消费者和生产者的总剩余会尽可能地大，社会福利水平最高。垄断竞争在某些方面与完全竞争相似，但它是一种有效率的市场结构吗？为了回答这个问题，我们将垄断竞争行业的长期均衡与完全竞争行业的长期均衡加以比较。

在垄断竞争市场中，均衡价格大于边际成本。这意味着边际产量对于消费者的价值大于它的生产成本。如果产量扩大到需求曲线与边际成本曲线相交之点，则总剩余可以增加如图7—4(b)中阴影面积的数量。这是因为在垄断竞争市场中存在一定的垄断势力。在完全竞争市场中，如图7—4(a)所示，价格等于边际成本。在两类市场中，直到超额利润降到零之前都会有新厂商加入。在完全竞争市场中，厂商面临的需求曲线是水平的，所以零利润点出现在平均成本最低点。在垄断竞争下，需求曲线是向下倾斜的，所以零利润点在平均成本最低点的左面。可见，完全竞争比垄断竞争的经济效率更高。

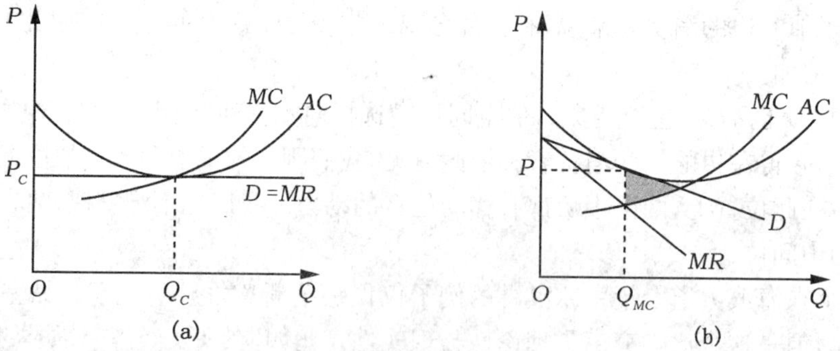

图7—4　完全竞争与垄断竞争的经济效率比较

值得一提的是，在垄断竞争市场中，非价格竞争尤其是营销竞争非常普遍，大量营销费用的支出并没有更多地促进销售量的增长，反而引起了生产成本的上升，最终使得价格上涨和经济效率下降。

在评价垄断竞争时，这些非效率的表现必须与产品多样化给消费者带来的利益相平衡。垄断竞争市场也有一些优点：垄断竞争市场的产品替代性较强，厂商只有突出其产品本质上或非本质上的差别，通过差异化经营才能在竞争中求生存，这样会使得产品市场朝着同类商品多样化的方向发展，最终使消费者多方面、多层次的需求得到满足。对于生产者来说，垄断竞争最有利于促进技术创新。一方面，垄断可以给厂商创新的动力。没有垄断，厂商的创新很快被复制，其因创新获得的超额利润无法维持。另一方面，竞争又给厂商强大的压力，迫使其不断进行技术创新和产品创新。

小链接

校园餐饮的垄断竞争分析

假设某大学校园内只有一个具有一定规模的食堂，是隶属于学校后勤集团的“公办”食堂，同时，在校园和宿舍区内还有20家规模不等的快餐厅，它们是属于私人承包的“个体”食堂。在一墙之隔的校外有许多具有一定规模的饭店，但是，因为不在校内，所以不予考虑。那么，整个学校就形成了一个餐饮市场，这个市场的供给结构就决定了消费者(即该校学生)对校园内的食堂或快餐店的需求弹性比较小。

学校对每一个在校内开设店面的经营者发放许可证，只有那些拥有许可证的小店才能从事经营活动。这种排他性的经营权利限制了小店的数量，直接导致了这种合法的垄断。很明显，这种垄断是在校园内的不完全垄断，具有一定垄断竞争的性质。一方面，校园内的食堂或快餐店拥有地理上的优势，能直接满足一部分消费者的需要，从而能够制定较高的价格；另一方面，其中的一家又不能随意抬高价格，其垄断势力并不强，否则消费者会选择到其他快餐店。那么，这些具有一定垄断性质的食堂与快餐店之间的竞争关系又是如何的呢？

一是食堂和快餐店的产品之间存在差异。食堂由于是校方的，具有一定的垄断优势，而快餐店同样具有一些优势。那么，对于有不同偏好的消费者来说，食堂和快餐店提供的产品就具有了差异。产品差异使得每一家所面对的需求曲线各不相同，但每一家面临的需求曲线的一般形状可能是相同的，其主要影响是，每一家面对的下倾的需求曲线比其他情况下的曲线更为陡峭了，也就是说，它们具有较大的市场力量将价格提高到边际成本以上。尤其是食堂可能具有比其他快餐店更低的边际成本，但却有可能制定更高的价格，或者是变相地提高价格，如少给菜、少给饭等，从而食堂的利润会比快餐店的高。

二是由于该市场是垄断竞争性的，而学校作为市场的管理者以发放许可证的方式来限制快餐店的进入，从而短期内该市场具有较高的利润。进入限制造成的净损失近似于税收，不过是把钱从快餐店和同学手中转移到了学校的手中。在长期内，许可证的机会成本的存在和许可证数量的不变性导致了准备进入的快餐店和已经在该市场的快餐店之间的竞价机制，结果使得许可证的价格不断上涨直到超额利润消失。

学校限制了快餐店的数量，使得产品多样性小于最优状态下的产品多样性，使得消费者的福利受到了影响。如果产品价格高于平均成本，带来的消费者福利的损失大于带来的消费者福利的增加，则消费者会有福利损失；反之，则消费者将会得到福利。但是，我们看到在消费者因为产品多样性的减少而得到较多的剩余的时候，消费者的效用水平要下降，因为消费者的选择减少了。通过以上分析，我们可以发现，尽管校园内餐饮市场的垄断竞争情况是由于学校排他性的经营权利限制造成的，但是，由于其垄断竞争的特性，使产品的价格不会很高。而且，在长期中该市场没有利润存在，但消费者效用却下降了。

[资料来源]改编自朱兰波、庄彤宇："校园内餐饮市场的垄断竞争分析"，《经济研究导刊》，2006 年第 3 期。

课后习题

一、单项选择题

1. 在垄断竞争中，利润趋于零是由于（　　）。

A. 利润最大化　　B. 产品差异　　C. 进入该行业容易　　D. 成本最小化

2. 设某典型垄断竞争企业面临 dd 和 DD 两条需求曲线。其中 dd 曲线假定其他企业不与此企业同样改变价格，DD 曲线假定其他企业与此企业同样改变价格，则（　　）。

A. dd 曲线倾斜程度大于 DD 曲线

B. dd 曲线倾斜程度小于 DD 曲线

C. dd 曲线与 DD 曲线倾斜程度相同

D. 以上都不对

3. 垄断竞争厂商短期均衡时，（　　）。

A. 能获得超额利润　　B. 不能获得超额利润

C. 能获得正常利润　　D. 三种情况都可能发生

4. 垄断竞争的长期均衡条件下，(　　)。

A. 超额利润为 0　　B. 价格高于边际成本

C. *DD* 曲线与 *dd* 曲线相交　　D. 上述说法全都正确

5. 垄断竞争厂商的长期均衡点位于 *LAC* 曲线的(　　)。

A. 上升阶段　　B. 下降阶段　　C. 水平阶段　　D. A 或 B

6. 在(　　)市场中，厂商的需求曲线最陡峭。

A. 完全竞争　　B. 完全垄断　　C. 垄断竞争　　D. 寡头垄断

7. 垄断竞争厂商的进入壁垒(　　)。

A. 比较大　　B. 比较小　　C. 不存在　　D. 十分大

8. 下列各项中，属于产品实质性差别的是(　　)。

A. 厂商位置　　B. 产品包装　　C. 产品质量　　D. 消费者主观评价

9. 下列有关垄断竞争厂商的说法中，正确的是(　　)。

A. 产品不具有替代性　　B. 产品是完全同质的

C. 产品具有差异化　　D. 这一市场结构以垄断为主导

10. 有关垄断竞争厂商众多这一特征，下列说法中正确的是(　　)。

A. 厂商进入需要大量的资金　　B. 厂商的进入壁垒比较小

C. 对厂商的专用型技术要求很高　　D. 厂商对产品市场价格没有影响力

二、多项选择题

1. 不符合垄断竞争市场的特征的是(　　)。

A. 存在非价格竞争　　B. 鼓励产品创新

C. 存在社会福利的损失　　D. 厂商数目较少

E. 以上都不是

2. 垄断竞争厂商长期均衡时，下列说法中错误的是(　　)。

A. 价格大于长期成本

B. 在均衡点上，主观需求曲线上的弹性大于实际需求曲线上的弹性

C. 资源在广告中浪费

D. 边际成本等于实际需求曲线中的边际收益

E. 以上都正确

3. 垄断竞争厂商的非价格竞争包括(　　)。

A. 广告　　B. 地理位置　　C. 营销　　D. 产品质量

E. 以上都不是

4. 以下接近于垄断竞争行业的是(　　)。

A. 农业　　B. 石油　　C. 服装　　D. 牙膏

E. 自来水

5. 下列有关垄断竞争厂商的说法中，错误的是(　　)。

A. 厂商之间总是选择价格竞争

B. 厂商之间总是选择非价格竞争

C. 产品差异化导致厂商经济利润为零

D. 新厂商的进入导致厂商经济利润为零

E. 以上说法都是错误的

三、名词解释

1. 垄断竞争市场
2. 产品差别
3. 营销竞争
4. 广告竞争
5. 区位模型
6. 互不依存

四、计算题

垄断者在一个工厂中生产产品而在两个市场上销售，他的成本曲线和两个市场的需求曲线方程分别为：$TC=(Q_1+Q_2)^2+10(Q_1+Q_2)$；$Q_1=32-0.4P_1$；$Q_2=18-0.1P_2$（$TC$：总成本，$Q_1$、$Q_2$：市场1、2上的销售量，$P_1$、$P_2$：市场1、2上的价格）。

（1）厂商可以在两个市场之间进行差别价格，计算在利润最大化水平上每个市场上的价格、销售量，以及他所获得的总利润量 R。

（2）如果禁止差别价格，即厂商必须在两个市场上以相同价格销售。计算在利润最大化水平上每个市场上的价格、销售量，以及他所获得的总利润量 R。

五、简答题

1. 简述垄断竞争市场的特征。
2. 为什么同一垄断竞争企业会面临各种不同的需求曲线？
3. 为什么垄断竞争的企业长期中总处于能力过剩的状态？
4. 论述垄断竞争市场中厂商实现短期均衡的条件和增加利润的途径。

第八章　寡头垄断市场

在垄断竞争市场结构中，厂商通过其产品的差异化竞争对市场产生一定程度的影响力。然而这种影响力受到诸多方面的限制，如厂商数目、自由进出等，这些限制使得垄断竞争市场中的厂商最后只能获得正常利润。在完全垄断与完全竞争这两类极端的市场结构之中，除了垄断竞争之外还存在着另一种市场结构，即寡头垄断。寡头垄断与其他市场结构的一个关键性的区别在于寡头垄断市场中的厂商决策需要考虑相关者的反应与决策，并不能“闭门造车”。因为其自身的产量与价格决定受到对手行为变化的影响，正是这种相互依存性决定了寡头垄断这一市场结构的特殊性。当然，寡头垄断与垄断竞争之间的界限也并不是十分明确。因此，我们在分析问题时总是假定一些特有的条件，在相关假设下才能考察相关行为。本章首先探究寡头垄断市场的特征和分类，在此基础上运用两个模型分析寡头垄断厂商的一些决策，寡头垄断的相互依存性决定了几个厂商之间必须进行博弈。因此，在本章的最后我们将介绍博弈论及其均衡的相关知识。

第一节　寡头垄断市场的特征及分类

寡头垄断市场是以垄断为主的市场，竞争处于从属地位。这一点区别于垄断竞争市场，在垄断竞争市场中，垄断处于主导地位，而竞争处于从属地位。本节主要阐述寡头垄断市场的特点和分类，及其厂商实现垄断的主要途径和方法。

一、寡头垄断市场的特点

寡头垄断(oligopoly)市场又称寡头市场，是介于垄断竞争与完全垄断之间的一种市场类型，也是现实中较为常见的市场状态。

在寡头垄断市场中，少数几家厂商垄断了一个行业的市场，控制了大部分供给量，每家厂商都拥有非常高的市场占有率。这种市场的基本特征是：

(1)行业中只有少数几家大厂商，它们的市场份额都相当大。因为寡头垄断市场中，厂商数目极少，少数几家厂商提供的产品需要满足整个社会所需。因此，这少数的几家厂商必然占有相当大的市场份额。

(2)厂商的决策相互影响，每家厂商的价格和产量变化都会影响竞争对手的销量和利润，因而任一厂商在做决策时，都必须考虑竞争对手的反应。这一点使得寡头垄断市场与其他的市场结构截然不同。在完全竞争市场中，每家厂商都没有影响产品市场价格的能力，单家厂商的决策完全不需要考虑其他厂商的行为与决策；在完全垄断这一市场结构中，由于只有一家厂商，很显然，厂商的决策只要根据自己的情况制定即可；在垄断竞争市场结构中，尽管产品的差异性使得厂商能够对市场有一定的影响力，但随着厂商进入和退出该行业的可获得性，这一差别化产品所带来的经济利润无法长期存在。因此，垄断竞争的厂商也只要考虑自身的决策与行为。只有在某一市场上只存在着几家厂商时，各自的行为或者决策都将对市场产生影响。因此，寡头垄断这一市场结构决定了少数几家厂商之间的相互依存性，决定了这几家厂商不得不考虑对手的决策与行为。

(3)产品既可同质也可有差别。同质的产品，相互替代性高，厂商之间存在着激烈的竞争，如石油冶炼、钢铁和一些化工厂等，其产品几乎是没有差别的，因此少数几家厂商之间的竞争也会较为激烈。当然，这些产品也不是完全没有差别，只是它们之间的差异性可以被忽略；有差别的产品替代性较低，厂商间的竞争程度较小，如交通运输。铁路、航空和水路等是几家寡头垄断厂商，但是由于它们所提供产品的差异性较大，因此这几类不同的运输服务之间的竞争不会特别激烈。

(4)厂商进出行业比较困难。首先，势均力敌的大厂商已经控制了整个市场，新的厂商进入非常困难。比如，在一些具有规模经济的企业中，这一点表现得尤为明显，如自来水厂、发电厂、网络公司等，这些厂商一旦已经占据市场，其平均成本随着消费者数量的增加而下降，新进的厂商要进入必须经历较大的前期投入过程，对比已经存在的厂商显然不具有竞争优势；其次，资产的规模和专用性使得厂商退出行业也相当困难，如政府的特许经营权和资质等级等限制的存在。

由于寡头垄断市场的情况非常复杂，因此厂商的决策和行为所产生的结果具有很大的不确定性。厂商不能像完全竞争、垄断竞争和完全垄断厂商那样独立行事，必须考虑竞争对手的反应，而这种反应又无法准确预测，从而导致厂商行为的不确定性。

通常将寡头垄断厂商的行为区分为两种：独立行动和相互勾结。寡头厂商深知它们之间是相互依存的，展开竞争很可能两败俱伤，于是便互相勾结。以下简要介绍互相勾结的情况。

小链接

我国通信市场的寡头垄断格局

我国通信市场的结构经历了从1994年成立联通打破了电信部完全垄断的局面，再到1999年中国移动成立，2001年对固定电话企业进行重组整合，2002年5月16日，成立了中国电信和中国网通。2008年5月23日，中国电信收购中国联通CDMA（包括资产和用户），中国联通和中国网通合并，中国卫通的基础电信业务并入中国电信，中国铁通并入中国移动。至此，形成了中国移动和中国联通、中国电信三大寡头通信运营商。

在三家企业中，中国移动虽然是1999年才成立，但较联通和电信而言，具有明显的市场优势。重组之前的2006年和2007年，中国移动无论是用户数还是营业收入都大大高于中国联通，大约占了市场份额的70%。重组以后，中国电信和中国联通的竞争力加强，中国移动自身在3G业务的发展上也不尽如人意，但是在市场上相当于领导者的地位仍然无法撼动。

重组以后意味着三家运营商都可以经营移动业务和固网业务，企业之间可以提供相互替代服务的竞争性进一步加强，尤其是2G牌照发放以后，使得以宽带接入为核心的技术支撑加速弥合了运营商之间原本的产品差异化界限。不仅如此，品牌的功能也同质化。中国移动的“全球通”“动感地带”与中国联通的“如意通”“新时空”，移动通信的“短信”与固定电话的“家家 e”，中国移动将互联网技术与移动通信融合的“飞信”，以及中国联通的“超信”都体现出了极大的功能相似性。2008 年中国电信推出的“天翼”品牌，正式进军移动互联网，其功能与之前的“小灵通”相差无几。在我国通信市场上，同质化竞争还体现在服务的同质化和企业性质的同质化上。

我国的通信市场在重组以后形成了多寡头垄断的格局，但是联通的优势不明显。电信在近两年有所发展，移动仍然占据着市场的领导地位，选择正确的措施平衡三者之间的影响，形成合理的竞争格局，才有利于我国通信业在竞争中取得更好的发展。

[资料来源]丁丽、潘芹芹：“简析我国通信市场的多寡头垄断格局”，《现代商业杂志》，http://www.ltbka.com/html/c28/2011—04/2466.html，2011 年 4 月 23 日。

二、公开勾结：卡特尔

卡特尔(cartel)在现代意义上的使用始于 19 世纪 60 年代的德国，原意为协议，后被赋予企业联合的含义。经济学上的卡特尔是指生产某种商品的若干工业企业，为垄断某一特定市场而组成的企业联合。各成员企业主要靠共同遵守所缔结的协议而享受高额利润，协议的对象一般是商品的价格或是生产及销售的数量，各成员企业在经济上和法律上都是独立的。

卡特尔的主要任务，一是为各成员厂商的产品规定统一的价格，二是在各成员厂商之间分配总产量。卡特尔制定统一价格的原则是使利润最大化，因此，必须使边际收益等于边际成本，即 $MR=MC$。如图 8-1 所示，D 是卡特尔的需求曲线，MR、MC 分别是从各个厂商的边际收益曲线和边际成本曲线求出的。MR 与 MC 的交点确定了卡特尔的总产量 Q_0 和统一价格 P_0，总产量要在各寡头垄断厂商之间进行分配。

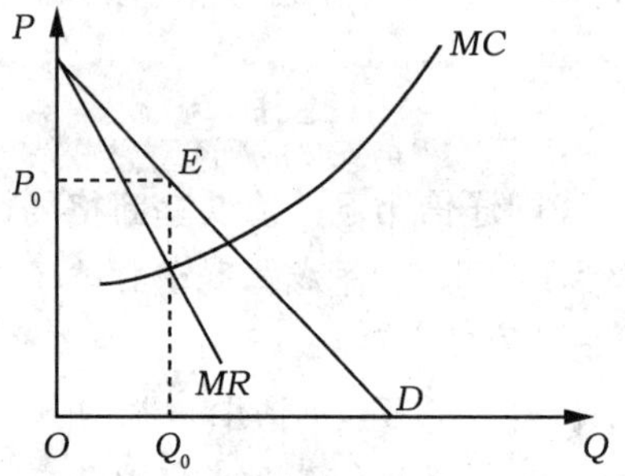

图 8—1　卡特尔的价格和产量决定

卡特尔价格和产量的决定同完全垄断厂商是一样的，其实在这里可以把卡特尔看成一个完全垄断厂商。

卡特尔在统一了产品价格以后，通常要规定生产限额以支持该价格。卡特尔分配产量的原则是使各个厂商的边际成本相等，并且与卡特尔均衡产量的边际成本相等。上述的产量分配方式，往往被认为是一种理想的方法，现实中很难实现。因为卡特尔内部成员之间产量的分配受到各厂商的实际地位、谈判水平、生产能力和销售规模以及地区划分的影响；同时，卡特尔的成员还可以通过广告、信用、服务等非价格竞争手段拓宽销路、增加产量。因此，卡特尔这种企业联盟是不稳固的。各个厂商为了追求最大化的利润，往往会避开卡特尔的规定而另做手脚。

三、价格领导

公开勾结和协议在有些国家被认为是非法的，因此寡头垄断厂商更多的是采取非公开方式互相勾结，价格领导是其主要形式之一。

价格领导（price leadership）是指行业中的一个或极少数几个大厂商带头变动价格，其他厂商均随之响应的行为。价格领导的厂商一般是根据其地位和实力或市场行情来确定或变动价格，其他厂商则随之采取同样的行动。其所以如此，并不是因为它们之间存在合谋，而是出于各自追求最大利润的需要。如果价格领导厂商推出降价措施，其他厂商不降价，就会失去顾客；如果价格领导厂商推出涨价措施，其他厂商不涨价，实际上就等于减价，会遭到报复。因此，一些竞争能力弱或预测能力差的较小厂商，为了自身利益，会自觉或不自觉地接受价格领导厂商确定或变动的价格。

根据厂商的具体情况，价格领导可分为晴雨表型和支配型两种。

晴雨表型价格领导是指晴雨表型厂商（barometric firm）首先宣布能够准确反映行业成本和需求变化的价格，其他厂商则按此进行调整。晴雨表型厂商并不一定是行业中规模最大、效率最高的厂商，但它熟悉市场行情，能代表其他厂商的愿望。

支配型价格领导是指销售量比重较大、地位稳固、具有支配力量的大厂商，根据自己利润最大化的需要和其他厂商希望销售的产量确定和变动价格，其他中小厂商则根据这一价格确定均衡产量。在这种情况下，中小厂商可以出售他们所能提供的一切产量，市场需求量与中小厂商产量的差额全由支配型厂商提供。

四、成本加成定价法

成本加成定价（cost-plus pricing）是在估计的平均成本的基础上，加上厂商所期望的平均利润的定价方法。它是寡头垄断厂商不按照 $MR=MC$ 原则追求利润最大化的一种常见的定价形式。其基本方法是，先根据厂商生产能力的某一百分比确定一个正常的或标准的产量数字，然后根据这个产量计算出相应的平均成本 AC，并加上一个按百分比 r 计算的利润，就得出销售价格 P，即 $P=AC(1+r)$。当同行业的全部厂商都采用统一的会计制度，它们投入要素的价格和生产函数都相同，并用相同的百分比加成时，这些厂商的价格就是一致的；否则，它们的价格就会不一致。

成本加成定价法尽管不是按 $MR=MC$ 原则追求利润最大化，但它可以避免价格随产量而频繁变动，从而使价格比较稳定，这就减少了寡头垄断厂商因价格竞争可能带来的不利后果。

小链接

方便面涨价“高温”

在全国物价一片上涨之中，方便面涨价也属于情理之中的事情，虽然会对我们的生活产生影响，但广大消费者也不得不接受这个现实。但我们必须警惕的一点是，这次方便面涨价，并不是单个企业自身的决定，而是通过世界方便面协会中国分会的 3 次内部价格协调会议，才达成关于涨价的一致意见。

在世界各国关于行业协会的法律规定中，一般都把行业协会的宗旨定位在“发挥企业与政府、会员之间、企业之间、与国内外同行业之间的桥梁和纽带作用，服务会员，维护会员的合法权益，保障行业公平竞争，促进行业健康发展”。

因此，行业协会的职能主要是行业服务、行业维权和行业自律。虽然也允许行业协调，但没有一个国家允许行业协会协调统一定价或者涨价。实际上，在市场经济发达的国家，行业协会一旦协调统一定价或者调价，就涉嫌违法了，因为它成了“价格卡特尔”。

众所周知，卡特尔就是指生产同类商品的企业为了获取高额利润，在划分销售市场、规定商品产量、确定商品价格等方面达成协议而形成的一种垄断联合。参加联合的会员在生产、商业和法律上仍然保持独立性。世界方便面协会中国分会这次扮演的角色已经有了“卡特尔”的影子。

就方便面来说，如果将来方便面行业的原材料价格降低或者管理营销成本降低，那么，方便面的价格也会随着降下来。但是，有了行业“卡特尔”，商品的价格往往就只有涨价，没有降价。从目前来看，世界方便面协会中国分会下的康师傅、统一、今麦郎、日清、农心等十多家知名企业的市场覆盖率达到95%以上，占有绝对垄断地位，它们的价格同盟将是非常恐怖的。

价格卡特尔的实质是一种限制竞争的行为，它往往将组织或行业面临的困难转嫁给消费者，既侵犯了消费者的公平交易权，又干扰了市场经济的优胜劣汰机制，在本质上与市场经济背道而驰。

国外立法在原则上对于卡特尔是予以禁止的，除了少数运用合理原则认定的卡特尔之外，对于价格卡特尔，一般都适用“本身违法原则”，即只要出现这类卡特尔就视为违法，无论其造成的具体后果如何。

对于这次方便面涨价，我们特别应该认清其实质，不反对个别企业涨价，但应该坚决反对这种价格同盟。经历这件事情，我们更应该看到我国出台反垄断法的重要性和紧迫性。

[资料来源]《新京报》，2007年7月25日。

第二节　独立行动

独立行动是指寡头厂商独立地对自己的经济活动做出决策，但同时必须考虑竞争对手的决策和反应。下面分析两个较为典型的理论模型：古诺模型和斯威齐模型。

一、古诺模型

古诺模型是早期的寡头垄断模型，它是法国经济学家古诺于1838年提出的。古诺模型通常被作为寡头理论分析的出发点。古诺模型是一个只有两个寡头厂商的简单模型，也被称为“双头模型”。古诺模型的结论可以很容易地推广到有三个或三个以上寡头垄断厂商的情况中去。

古诺模型的假定是：市场上有 A、B 两个厂商生产且销售相同的产品，它们的生产成本为零；A、B 两个厂商共同面临的市场需求曲线是线性的，它们都准确地了解市场的需求状况；A、B 两个厂商都是在已知对方产量的情况下，各自确定能够给自己带来最大利润的产量，即每个厂商都是消极地适应对方已确定的产量。

古诺模型的价格和产量决定可用图 8－2 来说明。

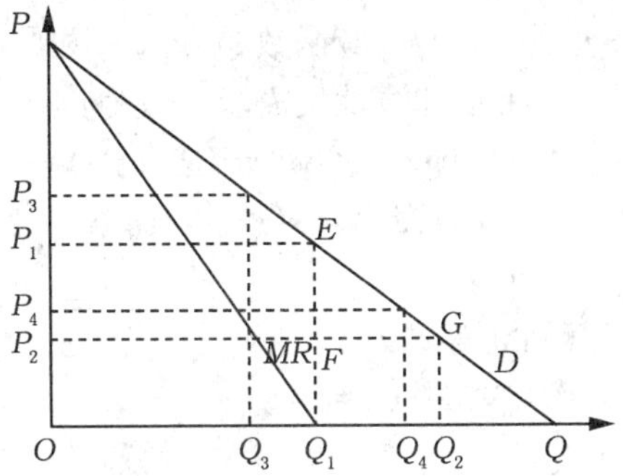

图 8－2　古诺模型

假定最初行业中只有厂商 A。面对既定的市场需求曲线，为了实现利润最大化，厂商 A 按照边际成本等于边际收益的原则，将产量定为市场容量的 1/2，价格为 P_1，这样 A 的最大利润为矩形 OP_1EQ_1 的面积。现在假定厂商 B 进入市场。B 发现市场容量只有原容量的 1/2，同样的道理，B 会将其产量定为原市场总容量的 1/4，价格降为 P_2，这样 B 的最大利润为矩形 Q_1FGQ_2 的面积，A 的最大利润降为矩形 OP_2FQ_1 的面积。

A 注意到 B 的进入后又认为 B 不会改变其产量 Q_2Q（$Q_1Q_2=Q_2Q$），即 A 假定它可以拥有市场 $OQ-Q_2Q=OQ_2$，于是又选择最佳产量 $OQ_3=OQ_2/2$，价格为 P_3。同理，我们知道 B 又把自己的最优产量调整为 $Q_3Q_4=Q_3Q/2$，价格为 P_4。

如此循环，最后就可以达到一个均衡点，即 A 的均衡产量等于 B 的均衡产量，$Q_A=Q_B=OQ/3$，A 的均衡价格等于 B 的均衡价格，A 的利润等于 B 的利润，只有到这时，A、B 两个厂商的产量调整才会停止。

上述结果的得出可简单推导如下：

A、B 两个厂商不断地调整自己的产量，直到满足下列条件时才达到均衡：

$$Q_A=\frac{OQ-Q_B}{2}$$

$$Q_B=\frac{OQ-Q_A}{2}$$

因为两个厂商的规模、成本状况完全相同，所以 $Q_A=Q_B$，将 $Q_A=Q_B$ 代入上式，便可得到：

$$Q_A=Q_B=\frac{OQ}{3}$$

假设整个市场上存在 n 家完全相同的厂商，可得到最终均衡时有：

$$Q_1=Q_2=Q_3=\cdots=Q_n=\frac{OQ}{n+1}$$

则整个行业的总产量为：

$$Q=\frac{n}{n+1}\times OQ$$

在完全竞争的市场上，由于 $n\to\infty$，$\frac{n}{n+1}\to 1$，因此，完全竞争行业的总产量为 OQ。

$Q_A=\frac{OQ-Q_B}{2}$和$Q_B=\frac{OQ-Q_A}{2}$表明，利润最大的Q_A是Q_B的函数，利润最大的Q_B也是Q_A的函数，即A、B两个厂商是相互影响、相互依存的。

接下来，我们用建立寡头垄断厂商的反应函数的方法来说明古诺模型。

在古诺模型的假设条件下，设市场的线性反需求函数为：

$$P=1\,800-Q=1\,800-(Q_A+Q_B)$$

式中，P为商品的价格，Q为市场总需求量，Q_A和Q_B分别为市场对A、B两个寡头垄断厂商的产品的需求量，即$Q=Q_A+Q_B$。

对A寡头垄断厂商而言，其利润等式为：

$$\pi_A=TR_A-TC_A=PQ_A-O(\text{假定 }TC_A=0)$$
$$=[1\,800-(Q_A+Q_B)]Q_A$$
$$=1\,800Q_A-Q_A^2-Q_AQ_B$$

A寡头垄断厂商利润最大化的一阶条件为：

$$\frac{\partial\pi_A}{\partial Q_A}=1\,800-2Q_A-Q_B=0$$

$$Q_A=900-\frac{Q_B}{2}$$

上式是A寡头垄断厂商的反应函数，它表示A厂商的最优产量是B厂商产量的函数。也就是说，对于B厂商的每一个产量Q_B，A厂商都会作出反应，确定能给自己带来最大利润的产量Q_A。

类似地，对于B寡头垄断厂商来说，有：

$$\pi_B=1\,800Q_B-Q_B^2-Q_AQ_B$$

$$\frac{\partial\pi_B}{\partial Q_B}=1\,800-2Q_B-Q_A=0$$

$$Q_B=900-\frac{Q_A}{2}$$

上式是B寡头垄断厂商的反应函数，它表示B厂商的最优产量是A厂商产量的函数（如图8—3所示）。

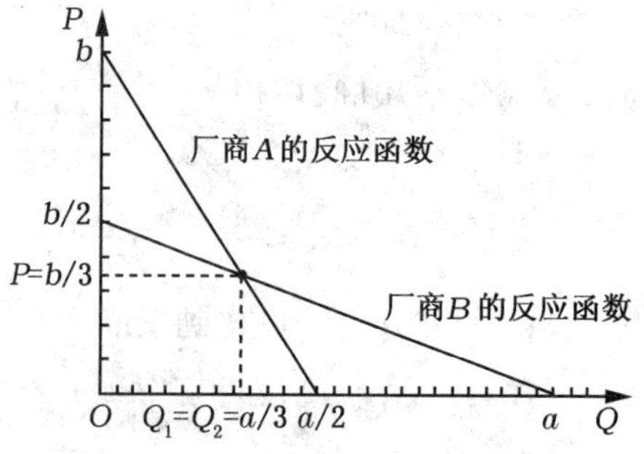

图8—3 寡头垄断厂商的反应函数

联立A、B两个寡头垄断厂商的反应函数，便得到如下方程组：

$$\begin{cases} Q_A=900-\dfrac{Q_B}{2} \\ Q_B=900-\dfrac{Q_A}{2} \end{cases}$$

解方程组得：$Q_A=600$，$Q_B=600$，此即 A、B 两个厂商的均衡产量。可见，每个寡头垄断厂商的均衡产量是市场总容量的 1/3，即有 $Q_A=Q_B=\dfrac{1\,800}{3}=600$。行业的均衡总产量是市场总容量的 2/3，即有：$Q_A+Q_B=2\times\dfrac{1\,800}{3}=1\,200$。

将 $Q_A=Q_B=600$ 代入市场的需求函数式，可求得均衡价格 $P=600$。

若两个厂商的边际成本函数不同，且均不为常数，求古诺均衡的方法同上。

二、斯威齐模型

某寡头垄断厂商如果率先变动价格，必然会引起其他寡头的注意进而采取相应的行动，因而变动价格的效果无法预料，这样厂商便尽可能减少价格的变动。因此，一些寡头垄断行业，如钢铁、煤炭等产品的价格一般比较稳定，我们称之为价格刚性。斯威齐模型也称为弯折的需求曲线模型，能较好地解释这种价格刚性现象。该模型由美国经济学家斯威齐（P.M.Sweezy）于 1939 年提出。

该模型的基本假设条件是：如果一个寡头厂商提高价格，行业中的其他寡头厂商都不会跟着改变自己的价格，因而提价的寡头厂商的销售量减少很多；如果一个寡头厂商降低价格，行业中的其他寡头厂商会将价格下降到相同的水平，以避免销售份额的减少，因而该寡头厂商销售量的增加很有限。

在以上的假设条件下，可推导出寡头厂商弯折的需求曲线，现用图 8－4 加以说明。图中有某寡头厂商的一条 dd' 需求曲线和一条 DD' 需求曲线。dd' 需求曲线表示该寡头厂商变动价格而其他寡头厂商保持价格不变时的需求状况，DD' 需求曲线表示行业内所有寡头厂商都以相同方式改变价格时该厂商的需求状况。假定开始时的市场价格为 dd' 需求曲线和 DD' 需求曲线的交点 B 所决定的 P_0，那么，根据该模型的基本假设条件，垄断厂商由 B 点出发，提价所面临的需求曲线是 dd' 需求曲线上的 dB 段，降价所面临的需求曲线是 DD' 需求曲线上的 BD 段，于是，这两段共同构成的该寡头厂商的需求曲线为 dBD。这是一条弯折的需求曲线，折点是 B 点。这条弯折的需求曲线表示该寡头厂商从 B 点出发，在各个价格水平所面临的市场需求量。

由弯折的需求曲线可以得到间断的边际收益曲线。图 8－4 中与需求曲线 dB 段所对应的边际收益曲线为 MR_d，与需求曲线 BD 段所对应的边际收益曲线为 MR_D，两者结合在一起，便构成了寡头厂商的间断的边际收益曲线，其间断部分为垂直虚线 FG。

利用间断的边际收益曲线，便可以解释寡头市场上的价格刚性现象。只要边际成本 SMC 曲线的位置变动不超出边际收益曲线的垂直间断范围，寡头厂商的均衡价格和均衡产量都不会发生变化。比如，在图中的边际收益曲线的间断部分 FG，当 SMC_1 曲线上升为 SMC_2 曲线的位置时，寡头厂商仍将均衡价格和均衡产量保持在 P_0 和 Q_0 的水平。除非成本发生很大变化，使得边际成本曲线上升为 SMC_3 曲线的位置时，才会影响均衡价格和均衡产量。

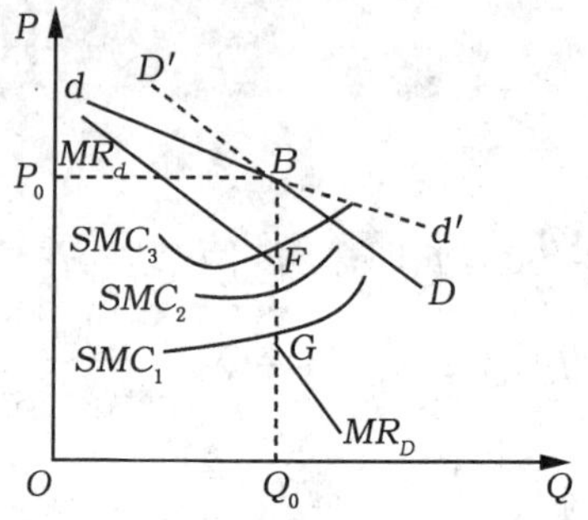

图 8—4　斯威齐模型

有的西方经济学家认为，虽然弯折的需求曲线为寡头市场的价格刚性现象提供了一种解释，但是它并没有说明开始时具有刚性的市场价格本身是如何决定的，这是斯威齐模型的一个缺陷。

第三节　各种市场类型的比较

在分别阐述了四种主要市场类型以后，需要对它们进行综合分析和比较研究。本节通过对完全竞争、垄断竞争、寡头垄断和完全垄断四种市场类型的分析和比较，揭示它们与经济效率的不同联系。

一、对各类市场的图形分析

我们首先借助于各种市场条件下，厂商的长期需求曲线与长期平均成本曲线的关系及其差别，对不同市场的经济效率进行比较性总结（如图 8—5 所示）。

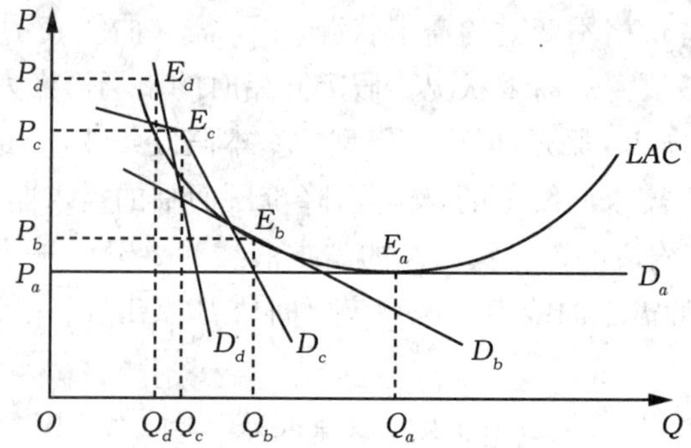

图 8—5　各种市场类型的比较

完全竞争厂商的需求曲线 D_a 为 P_a 高度的水平线，它与长期平均成本 LAC 曲线相切于它的最低点 E_a。均衡价格 P_a 最低，均衡产量 Q_a 最大，表明此时各种资源得到最充分的利用，因而经济效率最高。

垄断竞争厂商的需求曲线 D_b 稍微向右下方倾斜，斜率为负，长期均衡于 LAC 曲线最低点的左边。相对于寡头垄断和完全垄断市场而言，均衡价格 P_b 较低，均衡产量 Q_b 较大，但与完全竞争市场相比，仍存在过剩生产能力，资源利用处于次优状态。

斯威齐模型中寡头垄断厂商的需求曲线 D_c，长期均衡于拐折处，即均衡价格为 P_c，均衡产量为 Q_c。与前两种市场相比，产量较少，价格较高，资源利用较差。

完全垄断厂商的需求曲线 D_d 最陡峭，均衡产量最少，均衡价格最高，资源利用最差，因而经济效率最低。

二、对市场组织及其效率的不同看法

高的经济效率表示对资源的充分利用或能以最有效的方式进行生产，低的经济效率表示对资源的利用不充分或没有以最有效的方式进行生产。不同市场组织下的经济效益是不相同的，市场组织的类型直接影响经济效率的高低。西方经济学家通过对不同市场条件下厂商的长期均衡状态的分析得出结论：完全竞争市场的经济效率最高，垄断竞争市场较高，寡头垄断市场较低，完全垄断市场最低。可见，市场的竞争程度越高，则经济效率越高；反之，市场的垄断程度越高，则经济效率越低。因此，反垄断成为市场经济国家的共同要求和必要措施。

除此之外，西方经济学家认为，一个行业在长期均衡时是否实现了价格等于长期边际成本即 $P=LMC$，也是判断该行业是否实现了有效资源配置的一个条件。商品的市场价格 P 通常被看成是商品的边际社会价值，商品的长期边际成本 LMC 通常被看成是商品的边际社会成本。当 $P=LMC$ 时，商品的边际社会价值等于商品的边际社会成本，它表示资源在该行业得到了最有效的配置。倘若不是这样，当 $P>LMC$ 时，商品的边际社会价值大于商品的边际社会成本，它表示相对于该商品的需求而言，该商品的供给是不足的，应该有更多的资源转移到该商品的生产中来。若 $P<LMC$，则表示相对于需求而言，该商品的供给是过剩的，存在着资源浪费。

在完全竞争市场条件下，在厂商的长期均衡点上有 $P=LMC$，它表明资源在该行业得到了有效的配置。在不完全竞争市场条件下，在不同类型厂商的长期均衡点上都有 $P>LMC$，它表示资源在这些非竞争行业生产中的配置是不足的。尤其在垄断市场条件下，独家厂商所维持的低产高价，往往使资源得不到充分利用的现象更为突出。

以上是西方经济学家对不同市场类型经济效率的基本观点。此外，西方经济学家对这一问题的研究还涉及以下几个方面：

(1)垄断市场与技术进步的关系。有的经济学家认为，垄断厂商会阻碍技术进步。因为，垄断厂商只要依靠自己的垄断力量就可以长期获得利润，所以缺乏技术创新的动力，甚至为了防止竞争对手的新技术和新产品对其垄断地位的威胁，还有可能通过各种方式阻碍技术进步和产品创新。但也有不少经济学家认为，垄断是有利于技术进步的。因为一方面垄断厂商利用高额利润形成了雄厚的经济实力，有条件进行各种科学研究和技术创新；另一方面，垄断厂商可以利用自己的垄断地位，在长期内取得由于技术进步带来的更高利润。这些经济学家还认为，关于垄断有利于技术进步的观点，在一定程度上对寡头厂商也是适用的。

(2)规模经济。西方经济学家认为，对不少行业的生产来说，只有大规模的生产，才能收到规模经济的好处，而这往往只有在寡头市场和垄断市场条件下才能做到。不能设想，无数个如同完全竞争行业或垄断竞争生产集团内的企业，可以将钢铁生产和铁路运输等经营保持在最有效率的水平上。

(3)产品的差别。西方经济学家认为，在完全竞争市场条件下，所有厂商的产品是完全相同的，它无法满足消费者的偏好。在垄断竞争市场条件下，众多厂商之间的产品是有差别的，多样化的产品使消费者有更多的选择自由，可满足不同的需要。在产品差别这一问题上，寡头垄断行业也存在与垄断竞争集团相类似的情况。

(4)广告支出。西方经济学家认为，垄断竞争市场和寡头垄断市场的大量广告，有的是有用的，因为它为消费者提供了信息，提高了产品的知名度。但是，过于庞大的广告支出会造成资源的浪费和抬高销售价格，再加上某些广告内容的过于夸张和片面，这些都是对消费者不利的。

第四节　博弈论与竞争策略

在寡头垄断的市场条件下，厂商在决策时一定要考虑到竞争对手的反应，此时博弈论的学习就变得很有必要。

博弈论是研究经济主体在发生相互作用时的决策过程以及这种决策的均衡，也就是说，当一个主体的选择受到其他主体影响，而且反过来影响其他主体时的决策和均衡问题。

一、博弈的基本要素与分类

"囚徒困境"是博弈论里最经典的例子之一，讲的是两个嫌疑犯(A 和 B)作案后被警察抓住，隔离审讯。警方的政策是"坦白从宽，抗拒从严"，如果两人都坦白，则各判 8 年；如果一人坦白、另一人抵赖，则坦白的放出去，抵赖的判 10 年；如果都抵赖，则因证据不足各判 1 年。A 与 B 的得益矩阵如图 8－6 所示。

		囚犯 B 坦白	囚犯 B 抵赖
囚犯 A	坦白	−8,8	0,−10
	抵赖	−10,0	−1,−1

图 8－6　"囚徒困境"的得益矩阵

在这个例子里，可能出现四种情况：A 和 B 均坦白或均抵赖、A 坦白 B 抵赖或者 B 坦白 A 抵赖。假定 A 选择坦白的话，B 最好是选择坦白，因为 B 坦白判 8 年而抵赖却要判 10 年；假定 A 选择抵赖的话，B 最好还是选择坦白，因为 B 坦白将不被判刑而抵赖却要被判刑 1 年。也就是说，不管 A 坦白或抵赖，B 的最佳选择都是坦白。同样地，不管 B 是坦白还是抵赖，A 的最佳选择也是坦白。结果，两个人都选择了坦白，各判刑 8 年。囚徒困境反映了个人理性和集体理性的矛盾。如果 A 和 B 都选择抵赖，各判刑 1 年，显然比都选择坦白各判刑 8 年好得多。当然，A 和 B 可以在被警察抓到之前订立一个"攻守同盟"，但是这可能不会有用，因为没有人会始终遵守这个协定。

"囚徒困境"作为一个专有名词，现在也常被用来形容行动上的两难处境。该博弈的重要意义在于，类似的情况在社会经济活动中具有很大的普遍性，在市场竞争的各个领域和方面，在资源利用和环境保护，以及政治、军事和法律等各种领域的问题中，都存在类似的现象。我们再看类似于囚徒困境的双寡头价格竞争问题。

在市场竞争方面，典型的囚徒困境现象是寡头之间的价格战。通过降价争夺市场是市场竞争中十分普遍的行为，但削价竞争并不一定是成功的策略，因为一个厂商的削价往往会引起竞争对手的报复，此时降价不仅不一定能扩大销量，而且很可能会白白损失利润。这里用一个简单的双寡头价格竞争模型来说明这个问题。

设寡头1和寡头2是双寡头市场上的两个竞争对手，它们原来用同一种较高的价格（我们称它为高价）销售相同的产品。如果这两个寡头不满足它们各自原来的市场状态，都有可能通过降价来争夺更大的市场份额和更多利润。但需要注意的是，当自己的降价引起对手的报复时，这种目的就不一定能达到。假设两寡头在原来的高价策略下各可以获得100万元的利润；如果某个寡头单独降价，即单独采用低价，那么它可以获得150万元的利润，此时，另一寡头因为市场份额被对手抢去，利润将下降到20万元；如果另一寡头也降价，则两个寡头都将只能得到70万元的利润。这个博弈问题可以表示为图8－7中的得益矩阵。

		寡头2	
		高价	低价
寡头1	高价	100,100	20,150
	低价	150,20	70,70

图8－7　双寡头价格竞争的得益矩阵

根据上述得益矩阵容易看出，双寡头削价竞争与囚徒困境博弈相似，博弈的最终结果一定是两个寡头都采用低价策略，各得到70万元的利润。

事实上，囚徒困境式的博弈问题非常多。面临竞争和选择的个人、企业或各种社会组织和机构等，都可能遇到类似囚徒困境的问题。如在广告投资、采用新技术等方面，厂商之间就常常进行耗资巨大但并不一定有利可图的争夺战，对公共资源的掠夺式使用也是这种困境所导致的结果。囚徒困境式矛盾的存在，在一定程度上否定了传统经济理论关于市场经济中有一只“看不见的手”，总会把个人的利己行为变为对集体、社会有利行为的论断，也说明了政府在社会经济活动中的组织协调工作是必需的，放任自流并不是导致全社会最大福利的有效政策。

从囚徒困境中，可以看出博弈包含如下基本要素：

(1)局中人：在一场竞赛或博弈中，每个有决策权的参与者都将成为局中人。囚徒困境中的囚犯A和B就是局中人。

(2)策略：在博弈中，每个局中人都选择实际可行的方案，它不是某阶段的方案，而是指导整个行动的完整方案。局中人能统筹全局的方案，称为它的策略。囚徒困境中的囚犯策略就是坦白和抵赖。

(3)得失：一局博弈的结果称为得失。每个局中人在博弈结束时的得失，不仅与该局中人自身的策略有关，而且与其他局中人的策略有关。所以，博弈结束时每个局中人的得失是全体局中人所取定的一组策略的函数，通常称为支付(pay off)函数。

(4)均衡：这里的均衡是指各局中人按照利益最大化的原则选择的策略组合，如囚徒困境中，两个囚犯都选择坦白便是其均衡。

二、博弈的基本分类

博弈根据不同的基准，有不同的分类。

一般认为，博弈主要分为合作博弈和非合作博弈。它们的区别在于相互发生作用的当事人之间有没有一个具有约束力的协议，如果有，就是合作博弈；如果没有，就是非合作博弈。

按照行为的时间序列，博弈分为静态和动态两类：静态博弈是指在博弈中，参与人同时选择，或虽非同时选择但后行动者并不知道先行动者采取了什么具体行动；动态博弈是指在博弈中，参与人的行动有先后顺序，且后行动者能够观察到先行动者所选择的行动。通俗地理解：囚徒困境就是同时决策的，属于静态博弈；而棋牌类游戏等决策或行动有先后次序，属于动态博弈。

按照博弈的次数或者持续时间的长短，博弈可以分为有限博弈和无限博弈。

按照得益总和的不同，博弈可以分为零和博弈、常和博弈和变和博弈。在零和博弈中，各方的得益总和始终为零；而常和博弈的得益总和是不为零的常数；当得益总和为不确定值时，该博弈属于变和博弈。

按照参与人对其他参与人的了解程度，博弈可以分为完全信息博弈和不完全信息博弈。完全信息博弈是指在博弈过程中，每一位参与人对其他参与人的特征、策略及收益函数有准确的信息。如果参与人对其他参与人的特征、策略及收益函数了解得不够准确，在这种情况下进行的博弈就是不完全信息博弈。

目前经济学家们所说的博弈论一般是指非合作博弈。合作博弈比非合作博弈复杂，在理论上的成熟度远远不如非合作博弈。非合作博弈又分为完全信息静态博弈、完全信息动态博弈、不完全信息静态博弈、不完全信息动态博弈。与上述四种博弈相对应的均衡概念为纳什均衡、子博弈精炼纳什均衡、贝叶斯纳什均衡、精炼贝叶斯纳什均衡。

博弈还有很多分类，如根据表现形式不同，可以分为一般型（战略型）或者展开型（战术型）等。

三、上策均衡与纳什均衡

考虑这样一种情况：在某个博弈中，如果不管其他博弈方选择什么策略，博弈一方的某个策略给他带来的得益始终高于其他策略，至少不低于其他策略。这时我们不难理解，上述“某个策略”必然是该博弈方愿意选择的策略。例如，囚徒困境博弈中的“坦白”就是这样的策略，对两个博弈方都成立。我们称这种策略为该博弈方的“上策”（dominant strategy）。

进一步，如果一个博弈的某个策略组合中的所有策略都是博弈方各自的上策，那么这个策略组合肯定是所有博弈方都愿意选择的，必然是该博弈比较稳定的结果。我们称这样的策略组合为“上策均衡”（dominant-strategy equilibrium）。上策均衡是博弈分析中最基本的均衡概念，也是最基本的分析方法。囚徒困境中的策略组合（坦白，坦白）实际上就是一个上策均衡，因为根据前面的分析，“坦白”对两个博弈方来说都是上策。

正是因为上策均衡反映了所有博弈方的绝对偏好，所以非常稳定。根据上策均衡可以对博弈结果作出肯定的预测。我们在博弈分析时，应该首先判断各博弈方是否都有上策，博弈中是否存在上策均衡。如果能够找到一个博弈的上策均衡，那么意味着该博弈有了明确的结果，博弈分析的任务就基本完成了。

但问题是并非每个博弈方都有这种绝对偏好，而且常常是所有博弈方都没有上策，因为博弈方的最优策略随其他博弈方的策略而变化，是博弈关系相互依存的主要表现形式。因此上策均衡不是普遍存在的，它不能解决所有的博弈问题，最多只是在少数博弈时有效。

下面再用“夫妻之争”博弈说明上述问题。“夫妻之争”也是一个经典博弈问题，我们不妨这样表述:一对夫妻得到了两张时装表演票和同一时间的两张足球比赛票。妻子更想去看时装表演而丈夫更想去看足球比赛,但又不愿或不能分头行动,争执不下就双方投票决定。若同选时装表演则去看时装表演,同选足球比赛则去看足球比赛,如选择不一致则哪儿都不去。再假设若丈夫与妻子同去看时装表演,则妻子得益(也就是效用,下同)2 单位,丈夫得益 1 单位;若丈夫与妻子都去看足球比赛,则丈夫得益 3 单位,妻子得益 1 单位;若因为双方选择不同而没有出门,则双方得益都为 0 单位,那么该博弈的得益矩阵如图 8－8 所示。

		丈夫	
		时装	足球
妻子	时装	2,1	0,0
	足球	0,0	1,3

图 8－8 "夫妻之争"博弈的得益矩阵

在日常生活和经济活动中,有许多问题与这个夫妻之争博弈是相似的。例如,两个企业之间在关联产品技术和规格等方面的合作也有类似的特征。

在"夫妻之争"这个案例中,不存在上策均衡,因为不管是丈夫还是妻子,选择的策略是好是坏取决于对方作出的选择。但双方作出同样的选择显然是有利的,在实际中可能出现的均衡结果是:有时妻子迁就丈夫看足球,有时丈夫迁就妻子看时装。

这里的均衡与图 8－6 引申出的上策均衡是有所不同的,被称为纳什均衡(Nash equilibrium)。它因数学家纳什的研究而得名。纳什均衡指的是博弈中的一方在给定其他方的策略后,选择自己的最好策略所构成的策略集合。

从上面的分析中可以推论出,每一个上策均衡一定是纳什均衡,但并非每一个纳什均衡都是上策均衡。也可以说,上策均衡是纳什均衡的特例。有些博弈的纳什均衡可能不止一个,如"夫妻之争"。

纳什均衡的价值在于它有一些非常重要的性质,"一致预测性"就是其中之一。这里所说的"一致预测性",是指如果所有博弈方都预测一个特定的结果会出现,那么博弈方都不会选择与预测结果不一致的策略,因此这个预测最终成为博弈的结果。"一致预测性"在博弈分析中重要的原因,主要在于一般博弈方的预测包括他自己的选择,因此有可能利用预测改变自己的选择,而具有一致预测性的博弈就能避免这样的矛盾,从而是稳定的和自我强制的(self-enforcing),相应选择也才是真正可预测的。

四、重复博弈与序列博弈

我们在上面所分析的博弈都是一次性的,不会重复进行,因而可以说都是静态的。但在现实中,厂商之间的竞争一般都会持续一个较长的时期。在博弈可以多次重复的情况下,竞争的结局是否会有所改变呢?对博弈的参与者来说,此时是否存在一种最好的策略呢?

在厂商价格竞争的案例中,如果允许重复博弈的话,厂商在选择策略的时候不仅需要考虑当前的对局,而且还需考虑对于以后对局将产生怎样的影响。在第一次对局中,厂商应选择高价策略。如果对方选择低价应对,你就在第二次选择时采用削价策略;如果对方在第一次选择高价,你也就可以维持高价策略。只要对方采取降价竞争,你就马上选择降价作为报复;反之,如果对方保持"合作"的态度,双方会一直选择高价策略合作下去。

值得指出的是，从理论上说，这一策略的获胜有一个重要条件，即博弈是无限次重复的。也就是说，参与者都预期这一博弈将持续下去而不会停止。如果对局的次数是有限的，上述结论将不再有效。

我们可以对有限对局进行分析。假定对局的次数为 N，不管多大，N 是有限的。我们从第 N 次即最后一次的对局开始分析。此时对厂商 A 来说，如果他是理性的话，会做如下推理："厂商 B 采取的是以牙还牙的策略，但现在是最后一次，即使我采取低价竞争的策略，他也无法报复。"因此，厂商 A 将在第 N 次选择低价竞争的策略。

由于两个对局者的地位是完全对称的，因此在第 N 次对局中，厂商 B 的推理应该与厂商 A 是完全一致的。也就是说，厂商 B 也将在最后一次对局中选择低价竞争的策略。不仅如此，厂商 B 还会进一步推理："既然厂商 A 在第 N 次一定选择低价策略，那么我在第 $N-1$ 次选择高价的策略又有什么意义呢？我的合作态度是不能得到回报的。"因此，厂商 B 从第 $N-1$次对局开始就将采取低价策略。反过来，厂商 A 也会做出同样的推理。进一步，类似的推理会发生在第 $N-2$ 次、第 $N-3$ 次，……，一直到第一次。显然，在这种情况下，最终会出现的结局是，厂商 A 和厂商 B 都从一开始就采取低价竞争的策略。因此可以说，有限次的博弈与一次性的博弈在本质上没有什么不同，它们都将得到同样的结局，即（低价，低价）。

我国在发展市场经济的过程中，在许多行业的价格竞争多少带有恶性竞争的意味。许多厂商在参与市场竞争的时候，往往一厢情愿地以为降价就能获得更大利润，而忽视竞争对手的反应，这是一种不成熟的表现。

五、威胁和承诺

在寡头垄断市场上，寡头厂商为了实现自己的经济目标，有时需要对竞争对手采取威胁或承诺的策略。需要强调的是，无论厂商采取的是威胁还是承诺，都必须是可信的，否则他就会失败，所期望的经济目标就无法实现。

在此，我们以"在位者和进入者"博弈为例，说明厂商采取威胁或承诺策略的可信性的重要性。"在位者和进入者"博弈的主要内容是：假定寡头市场上的厂商面临着进入者的竞争压力。在位者为了阻止其他厂商进入，所采取的威胁策略是利用闲置设备，扩大生产规模。只要潜在进入者敢于进入此行业，则在位者就立即动用闲置生产能力进行扩大生产，并将大量产品抛向市场，以压低价格。由于实力雄厚的在位者能够承受，而新进入者显然无法承受，因此，进入者受到在位者的威胁，便有可能放弃进入该行业，这样在位者的威胁策略便获得成功。

由此可见，此博弈的关键问题是：进入者是否相信在位者的威胁？或者说，在位者的威胁是否可信呢？只有在威胁策略可信的条件下，在位者才能阻止后来者的进入。

下面，我们给出关于"在位者和进入者"博弈的两个不同的得益矩阵，通过分析和比较，来理解威胁的可信性对策略取胜的重要性（见图 8－9）。

在图 8－9(a)的得益矩阵中，我们通过分析可以发现在位者的威胁是不可信的。因为在进入者进入的前提下，如果在位者采取威胁策略抵制进入，则在位者可获支付 800；如果在位者不采取威胁策略抵制进入，则在位者可获支付 900。所以，在位者的抵制这一威胁是不可信的（因为 800＜900）。换句话说，在位者扩大生产规模的威胁只是一种摆设，它不会被真正实施。在这种情况下，进入者根本不相信在位者的威胁，他所采取的行动就是进入。

我们再分析图 8－9(b)的得益矩阵，这是一个威胁策略可信的博弈。因为，在进入者进入的前提下，如果在位者采取威胁策略抵制进入，则在位者可获支付 800；如果在位者不采取威胁策略抵制进入，则在位者只可获支付 700。所以，在位者的抵制威胁是可信的（因为 800>700）。换句话说，在位者的威胁是一种能真正实施的威胁，进入者一定会相信在位者的威胁，于是采取不进入的策略。

		进入者	
		进入	不进入
在位者	抵　制	800，600	1 300，900
	不抵制	900，1 200	1 300，900

（a）

		进入者	
		进入	不进入
在位者	抵　制	800，600	1 300，900
	不抵制	700，1 200	1 300，900

（b）

图 8—9 “在位者和进入者”博弈的得益矩阵

由此可见，在寡头厂商的相互博弈过程中，所采取的威胁策略一定是可信的。只有这样，其威胁策略才能真正发挥作用，并达到既定的经济目标。关于可信性这一点，对于寡头厂商的承诺策略也是适用的，即只有寡头厂商采取的承诺可信时，这一策略才能取胜。成语“破釜沉舟”即是一种有效的威胁。从威胁策略和承诺策略可信性的角度，也可以帮助我们理解厂商坚持诚信的重要性。正因为这样，从一定意义上说，诚信也是一种生产要素。

小链接

名人传记——约翰·纳什

约翰·纳什，全名为约翰·福布斯·纳什（John Forbes Nash，Jr.），1928 年 6 月 13 日出生在美国西弗吉尼亚州（West Virginia）工业城布鲁菲尔德的一个中产阶级家庭。1950 年，约翰·纳什获得美国普林斯顿高等研究院的博士学位，他的博士论文仅仅只有 27 页，但是这 27 页的博士论文中有一个重要发现，这就是后来被称为“纳什均衡”的博弈理论。

1952 年他 24 岁，开始在麻省理工学院教书。他的教学和考试方法总是有悖于传统。他不是一个善于为人处世并受大多数人欢迎的人，他有着天才们常有的毛病——骄傲并以自我为中心。1958 年的纳什开始显露出精神失常。1960 年夏天，他目光呆滞，蓬头垢面，长发披肩，胡子犹如丛生的杂草，在普林斯顿的街头上光着脚丫子晃晃悠悠，人们都尽量躲着他。

正当纳什本人处于梦境一般的精神状态时，他的名字开始出现在 20 世纪 70 年代和 80 年代的经济学课本、进化生物学论文、政治学专著和数学期刊的各领域中。他的名字已经成为经济学或数学的一个名词，如“纳什均衡”“纳什谈判解”“纳什程序”“德乔治—纳什结果”“纳什嵌入”和“纳什破裂”等。纳什的博弈理论越来越有影响力，但他本人却默默无闻。大部分曾经运用过他的理论的年轻数学家和经济学家都根据他的论文发表日期，想当然地以为他已经去世。即使一些人知道纳什还活着，但由于他特殊的病症和状态，他们也把纳什当成了一个行将就木的废人。

20世纪80年代末期，纳什渐渐康复，从疯癫中苏醒，而他的苏醒似乎是为了迎接他生命中的一件大事：1994年，他和其他两位博弈论学家约翰·C. 海萨尼和莱因哈德·泽尔腾共同获得了诺贝尔经济学奖。此后，纳什并未放弃自己的事业，而一直继续着自己所喜好的数学研究。

课后习题

一、单项选择题

1. 在生产同质产品的寡头垄断行业中，行业利润最大化的条件是，厂商(　　)。

A. 按照古诺模型中的寡头垄断者行动

B. 无论成本高低，生产一样多的产品

C. 按照不同水平的边际成本曲线，规定不同的价格

D. 统一价格，在边际成本相等处生产

2. 博弈论对于分析(　　)最有效。

A. 经济分析中的不确定性

B. 两个或两个以上的博弈者如何选择对各方都有影响的策略

C. 完全竞争市场中的均衡

D. 保险市场中的逆向选择

3. 在一个博弈理论的模型中，当(　　)时，就会存在占优均衡。

A. 无论其他博弈者采用何种策略，该博弈者的策略总是最好的

B. 博弈者相互合作以使共同利润最大化

C. 博弈者对于价格相互博弈

D. 所有博弈者的回报都相等

4. 寡头垄断厂商的产品是(　　)。

A. 同质的

B. 有差异的

C. 既可以是同质的又可以是有差异的

D. 以上都不对

5. 卡特尔解体的结果将会是价格(　　)，产量(　　)。

A. 下降，上升　　B. 上升，下降　　C. 下降，下降　　D. 上升，上升

6. 在古诺竞争中，企业(　　)。

A. 猜测对手将索取的价格，通过选择自己的索价来竞争

B. 猜测对手将生产的数量，通过选择自己生产的数量来竞争

C. 有序地瓜分市场

D. 相应对手降价，但不相应提价

7. (　　)为古诺均衡的特性。

A. 各厂商的总产量水平低于社会最优水平

B. 各厂商的利润为零

C. 各厂商的边际成本与价格相等

D. 各厂商各自定价

8. 关于寡头行为的斯威齐模型中，边际收益曲线最重要的特点是（　　）。

A. 间断　B. 连续　C. 扭折　D. 平滑

9.（　　）模型为价格黏性提供了理论说明。

A. 古诺　B. 张伯伦　C. 伯特兰　D. 斯威齐

二、多项选择题

1. 对于合作性均衡，下列描述中正确的是（　　）。

A. 各方结成联盟，以找到总利润最大化的策略

B. 它是不稳定的，因为各企业有违反协议的可能性

C. 企业可能结成卡特尔

D. 企业不会形成卡特尔

E. 以上选项都不正确

2. 分析寡头企业的行为比分析其他市场企业的行为复杂，是因为寡头垄断行业中（　　）。

A. 企业行事相互独立

B. 企业的价格和产量取决于其对手的行为

C. 企业能进入、退出该行业

D. 企业不是按照边际成本等于边际收益的原则来最大化其利益的

E. 企业在做决策时需要考虑对手的反应

3. 下列各项中，属于卡特尔特征的是（　　）。

A. 追求垄断组织的利润最大

B. 存在成员背叛组织的诱惑

C. 所有成员的边际成本之和等于行业的边际收益

D. 不存在成员背叛组织的诱惑

E. 以上都不是

4. 卡塔尔的功能一般包括（　　）。

A. 统一利润　B. 统一价格　C. 分配市场　D. 分配产量

E. 以上都不是

5.（　　）市场接近寡头市场。

A. 汽车　B. 农贸产品　C. 自来水　D.服装

E. 石油

三、名词解释

1. 寡头市场

2. 串谋

3. 非价格竞争

4. 价格领导

5. 占有均衡

6. 纳什均衡

四、计算题

1. 两个寡头垄断厂商的成本函数分别为：$TC_1=0.1q_1^2+20q_1+100\ 000$，$TC_2=0.4q_2^2+32q_2+20\ 000$。这两个厂商生产同质产品，其市场需求函数为$Q=4\ 000-10p$。根据古诺模型，求：

(1)厂商1和厂商2的反应函数。

(2)均衡价格，厂商1与厂商2的均衡产量和各自利润。

(3)若两厂商建立卡特尔，追求总利润极大，求新的均衡价格，各自产量与总利润。

2. A、B两企业利用广告进行竞争。若A、B两企业都做广告，在未来销售中，A企业可以获得20万元利润，B企业可以获得8万元利润；若A企业做广告，B企业不做广告，A企业可以获得25万元利润，B企业可以获得2万元利润；若A企业不做广告，B企业做广告，A企业可以获得10万元利润，B企业可以获得12万元利润；若A、B两企业都不做广告，A企业可以获得30万元利润，B企业可以获得6万元利润。

(1)画出A、B两企业的支付矩阵。

(2)求纳什均衡。

五、简答题

1. 论述寡头垄断厂商的产量及价格决定理论。

2. 占优策略均衡与纳什均衡之间的区别是什么？

3. 如何用博弈论解释价格战导致利润消失的情况？

4. 有人说：传统的“囚徒困境”案例中，两个罪犯只打算合伙犯罪一次，所以被捕后出现了(不合作，不合作)的情况。那如果两个罪犯准备合伙犯罪30次，还会出现“囚徒困境”的结局吗？请你用所学的博弈论知识对其分析。

第九章　要素价格与收入分配

前面几章在假定生产要素价格已知的前提下，分析了产品市场均衡价格与均衡产量的决定。但产品市场是与生产要素市场(一般简称为要素市场)密切相联、相互影响的。在现实生活中要素价格决定时，要素所有者的收入也会随之决定，因此，要素价格问题与收入分配问题息息相关，生产要素价格理论也可称之为收入分配理论。本章阐述要素市场的基本特点，探讨生产要素的配置及其价格的决定，在此基础上更好地分析收入分配问题。微观经济学认为，生产要素价格的决定，实质是要解决“为谁生产”的问题。

第一节　要素市场的需求和供给

在第四章中已经提到，厂商将四大类生产要素组合起来生产出产品，而厂商获取生产要素则要通过要素市场。产品的价格决定于产品市场的供求，要素的价格则决定于要素市场的供求。在分析要素市场时，虽然要素市场的供求与一般产品市场的供求有所区别，但是其基本的分析方法没有改变。要素市场也分为完全竞争与非完全竞争两类，产品市场利润最大化的原则在要素市场也适用，其表现形式却有所变化。

一、要素市场的利润极大化原则

要素市场的需求是一种引致需求，消费者对产品的需求引发了厂商对生产要素的需求。所以厂商对要素的需求及需求量不是取决于自身，而是取决于消费者对其产品的需求。产品市场的利润最大化原则要求 $MR=MC$，而要素市场的利润最大化是如何实现的呢？为了研究这个问题，须引入以下几个概念：

(1)边际生产力(marginal productivity)，是指在其他条件不变的前提下，每增加一单位要素投入所增加的产量。这一概念由美国经济学家克拉克首先提出，有时也被表述为边际物质产品(MPP)，简称为边际产品(MP)。

(2)边际收益产品(marginal revenue product，MRP)，是指增加一单位要素投入给厂商带来的收益增量。$MRP=MP\cdot MR$，其中 MP 为要素的边际产量，MR 为产品的边际收益。一般来讲，由于 MP 随着要素投入的增加而减少，MR 随着产品销量的增加而下降，所以边际收益产品随着要素的增加而下降。如果投入的要素是劳动，则劳动的边际收益产品表示为 MRP_L；如果投入的要素是资本，则资本的边际收益产品表示为 MRP_K。

(3)边际要素成本(marginal factor cost，MFC)，是指追加一单位要素投入而导致的总成本的变化。

在要素市场上，为使利润极大化，厂商将按照 $MRP=MFC$ 的原则来使用投入要素。因为厂商在决定投入多少生产要素时，必须考虑成本和收益的比较，即追加一单位生产要素所获得的收益 MRP 能否补偿他为使用该单位要素所需支付的成本 MFC。如果 $MRP>MFC$，这表示继续增加要素投入所带来的收益会超过为此所支付的成本，因而这时增加要素投入会使利润总额增大，厂商必会增加要素的投入。如果 $MRP<MFC$，这表明最后增加的要素投入反而造成利润总额的减少，厂商必会减少要素的投入，一直到边际收益产品等于边际要素成本时为止。所以，只有在 $MRP=MFC$ 的条件下，厂商的利润达到极大。因此，在要素市场上，利润极大化的条件是 $MRP=MFC$。在图 9－1 中，MRP 曲线就是厂商对要素的需求曲线，而 MFC 曲线则是要素的供给曲线。

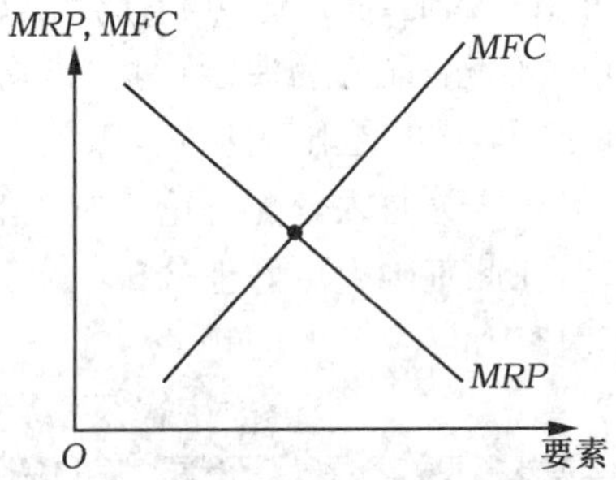

图 9－1　要素的需求曲线和供给曲线

二、完全竞争条件下的要素供求

这里的完全竞争指的是产品市场和要素市场都处于完全竞争的状态。因为是完全竞争市场，所以要素价格和产品价格都保持不变。为讨论简便，只考察厂商对一种可变要素（如劳动力）的需求，产品价格为 P，要素价格即使用劳动的成本为 W。

分析完全竞争市场，再引入边际产品价值（value of marginal product，VMP）这个概念。它是厂商增加使用一单位要素所增加的收益，即等于边际产出与产品价格的乘积，$VMP=MP\cdot P$。在完全竞争的产品市场上，因为 $MR=P$，所以 $MRP=VMP$。

根据要素市场利润极大化原则 $MRP=MFC$，有 $VMP=W$，因为 $MP\cdot MR=MP\cdot P=VMP$，所以 $MFC=W$。受边际收益递减规律的支配，VMP 曲线自左向右下方倾斜，要素的 VMP 曲线也就是厂商对该要素的需求曲线。

在完全竞争条件下，要素所有者不能影响要素价格，更不能决定要素价格，只能接受由整个要素市场供求决定的既定要素价格。所以，要素的供给曲线表现为一水平线，这一曲线也是 MFC 曲线，而且这时的 $MFC=W$。同产品市场一样，要素供求曲线的交点决定了要素的均衡价格和要素的均衡使用量，如图 9－2(a)所示。不难发现，要素的均衡价格由行业的要素供求决定，如图 9－2(b)所示。全行业的供给曲线之所以向右上方倾斜，我们可以这样来理解：由于一定时期内，资源总量是固定的，消费者只能将其拥有的全部资源的一部分（当然，这部分可以小到 0，也可能大到等于其资源总量）作为生产要素提供给市场。全部既定资源中除去供给市场的生产要素外，剩下的部分可称为“保留自用”（或简称为“自用”）的资源。因此，所谓要素供给问题，可以看成是消费者在一定的要素价格水平下，将其全部既定资源在“要素供给”和

“保留自用”两种用途上进行分配，以获得最大效用。随着要素市场价格的上涨，单位“要素供给”给消费者带来的效用在增加，消费者就愿意增加“要素供给”，在图形中就表现为供给曲线向右上方倾斜。

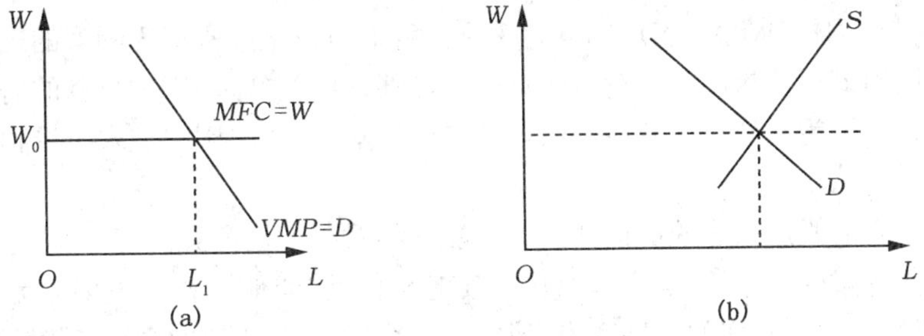

图 9—2 完全竞争的要素供求

三、不完全竞争条件下的要素供求

不完全竞争市场，是指除完全竞争以外的三种多少带有垄断因素的产品市场和要素市场。对单个厂商而言，完全竞争的产品市场与不完全竞争的产品市场的重要区别之一是：产品价格在完全竞争市场中给定不变，而在不完全竞争市场中，则是产销量的函数，即产销量增加时，价格必须下降。当产品市场不完全竞争时，遵循边际收益递减规律，这时边际收益产品曲线应该位于边际产品价值曲线的下方。当产品市场和要素市场均为不完全竞争市场时，均衡的要素使用量取决于边际要素成本曲线和边际收益曲线的交点。在均衡要素使用量的水平上，要素供给曲线便可以决定均衡时的要素价格。由于产品价格决定不同，在这两种不同类型的市场中产品的需求曲线就不一样。在要素市场上，要素的供给价格也受很多因素的制约，如工会、政府干预会影响劳动的供给，利率则会受资本边际效率、时间长短等诸多因素影响，因此要素的供给和需求的变化更为复杂。

第二节 工资的决定

工资是劳动的市场价格，因此它也是由劳动的供求状况决定的。由于劳动是生产的主观要素，与其他客观要素相比，它的价格决定又有特殊性，因此，要结合社会实际加以考察和研究。

一、劳动的供给

劳动供给是指劳动者在不同劳动价格水平上愿意并能够提供的劳动数量。劳动供给与其他的生产要素存在一个最为显著的差别是劳动不仅是一种十分重要的生产要素，同时也是消费者收入的最大来源。我们曾在消费者行为理论中研究了在收入水平既定的情况下，消费应该如何选择不同的商品组合以使自身的效用最大化。然而，在我们对劳动力市场进行研究之后，我们会发现消费者的收入是一个变动的量，一方面受到劳动的供给数量影响，另一方面又受到单位时间的工资率影响。工资率是指单位劳动(时间)的工资,劳动价格水平实际是指工资率高低。劳动价格通常用工资率加以衡量。影响劳动供给的因素很多,如总人口中能够参加工作的人数、劳动者的年龄和性别、工作条件、传统风俗等。但一般假定其他因素不变,只将劳动供给看作劳动价格——工资率的函数。

劳动供给与闲暇需求存在着反向变化关系。我们可以把工资视为闲暇的机会成本或是闲暇的价格,可以用闲暇需求曲线来解释劳动供给曲线。我们知道,正常物品的需求曲线之所以向右下方倾斜,是因为受到替代效应和收入效应的影响。同样,闲暇需求也受到替代效应和收入效应的影响。

(1)替代效应。假定闲暇的价格即工资上涨。相对于其他商品而言,闲暇这个商品现在变贵了,于是消费者减少对它的"购买",而转向其他替代品,即他会转向更多的劳动,这就是说,由于工资上涨使得闲暇时间的价格变贵,消费者往往愿意用更多的工作来代替闲暇。由于替代效应,闲暇需求量与闲暇价格呈反向变动。

(2)收入效应。对于一般商品,价格上升意味着消费者实际收入下降,但闲暇价格的上升却意味着实际收入的上升。随着收入的增加,消费者将增加对商品的消费,也会增加对闲暇商品的消费。由于收入效应,闲暇需求量与闲暇价格的变化相同。随着闲暇价格的上升,闲暇需求量究竟是下降还是上升取决于两种效应的大小。当替代效应大于收入效应时,闲暇需求量随着工资的增加而减少;当收入效应大于替代效应时,闲暇需求量随着工资的增加而增加(劳动供给曲线向后弯)。通常,收入效应要小于替代效应,但闲暇价格的变化有时也会超过替代效应。当工资处于较高水平,此时工资上涨引起的收入增量就会很大,从而可以超过替代效应。因此,供给曲线在较高的工资水平上开始向后弯曲(如图9—3所示)。

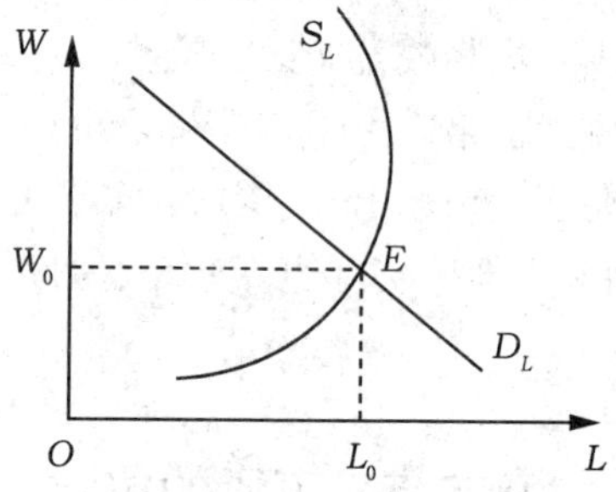

图9—3　劳动供给曲线

其实,在劳动工资率极低的情况下,当工资率提高后劳动的供给也可能会减少。对于一些极端贫穷而劳动技能又低的劳动者来说,劳动是很痛苦的事情。当工资率很低时,他为了维持生存,不得不长时间工作以获得一定的收入,而当工资率提高后,减少劳动时间也可以应付必要的支出时,则他就会选择少劳动。在一些贫穷的发展中国家,这种现象会一定程度地存在。所以也有学者认为,劳动的供给曲线其实是反S曲线,如图9—4所示。当然,一般情况下,劳动供给曲线具有正的斜率,即向右上方倾斜的那一段。

二、劳动的市场供给曲线和均衡工资的决定

将所有单个消费者的劳动供给曲线相加,即得到整个市场的劳动供给曲线。尽管许多单

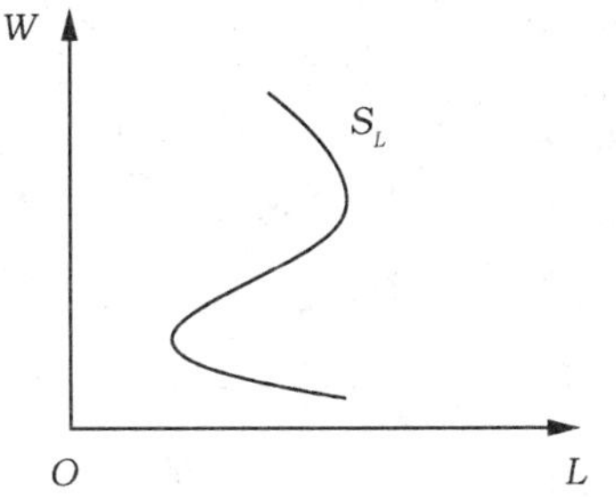

图 9—4　劳动供给曲线

个消费者的劳动供给曲线可能向后弯曲，但劳动的市场供给曲线却不一定也是如此。在较高的工资水平上，现有的工人也许提供较少的劳动，但高工资也吸引进来新的工人，因而总的市场劳动供给一般还是随着工资的上升而增加，从而市场的劳动供给曲线仍然是向右上方倾斜的。

由于要素的边际生产力递减和产品的边际收益递减，要素的市场需求曲线通常总是向右下方倾斜。劳动的市场需求曲线也不例外。将向右下方倾斜的劳动需求曲线和向右上方倾斜的劳动供给曲线综合起来，即可决定均衡工资水平，参见图 9—5。图中的劳动需求曲线 D 和劳动供给曲线 S 的交点 E_0 是劳动市场的均衡点。该均衡点决定了均衡工资 W_0、均衡劳动数量 L_0。因此，均衡工资由劳动市场的供求曲线决定，且随着这两条曲线的变化而变化。

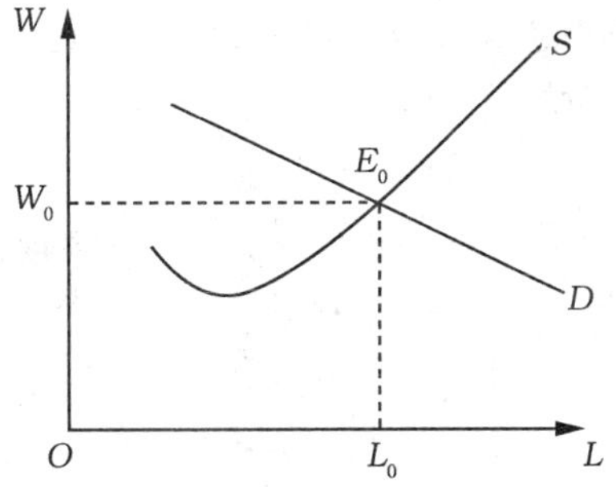

图 9—5　均衡工资水平的决定

三、垄断条件下的工资

劳动市场的非完全竞争即垄断性，主要有三种情形（如图 9—6 所示）：

（1）买方垄断。要素的使用者较少，因此，要素的使用者（一般是指厂商）在劳动力市场中占有优势，他们对工资具有较大的话语权。此时的供给曲线与 MFC 曲线分离，处于下方，表明要素使用者可以较低价格购买劳动。

（2）卖方垄断。劳动者依靠工会等形式联合起来，他们在劳动力市场上便处于优势地位，形成强大的卖方垄断市场，这样，他们能够对工资具有较大的话语权，可以促使劳动价格即工资率上升。

（3）双边垄断。同一行业同时存在买方垄断和卖方垄断。买方垄断时，厂商雇用的劳动量

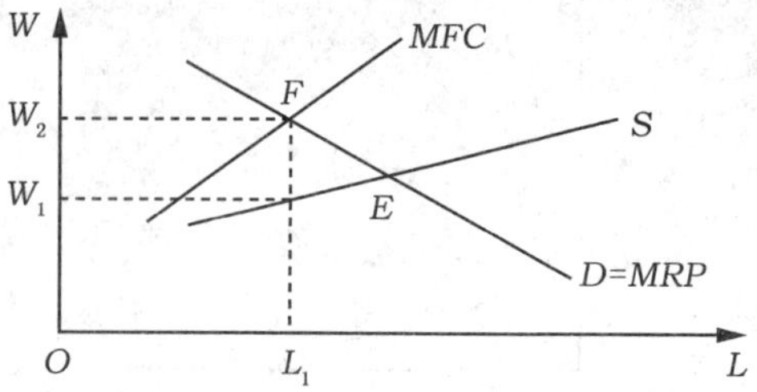

图 9—6　垄断条件下的工资

为 L_1，对应的工资水平为 W_1；而卖方垄断时，工会对于 L_1 的就业量提出的工资要求可能是 W_2。双边垄断时，工资应位于 W_1 和 W_2 之间，其大小取决于垄断厂商与工会的力量对比。

四、教育与工资差别

产生劳动市场工资水平差异的一个重要根源是劳动者教育程度的高低。不少国家的实证分析表明，受教育的程度与工资水平正相关：受过教育的劳动者的工资要高于未受过教育的劳动者。教育导致的工资差异是十分明显的，我们可以从劳动的需求和供给两个方面来说明：

现实生活中，虽然存在着不同层次的教育和培训，但我们可以把教育水平简单地分为受过教育和未受过教育两种，相应地把劳动分为熟练劳动和不熟练劳动两种。熟练劳动的边际生产力要比不熟练劳动高，能提高劳动生产率，从而给厂商带来更多的边际收益。在任何一个既定的劳动需求量上，厂商愿意向熟练劳动支付的工资要高于向不熟练劳动支付的工资。这两种工资之间的差异是两种不同劳动边际生产力的差别。

把教育和劳动的边际生产力相联系，从而解释工资差异的理论也称为人力资本理论。人力资本是指体现在个人身上的可以得到收益的价值。从劳动需求角度来看，人力资本的投资提高了劳动者的边际生产力，在同样的条件下给厂商带来了更多的收益，因此，厂商愿意为此多支付报酬；从劳动供给角度来看，人力资本的投资增加了劳动者的支出，这种支出不仅包括学费等直接成本，而且包括因上学或接受培训而损失的工资收入，即机会成本，因此，劳动者要求更高的工资待遇以弥补接受教育和培训的支出。这样，教育作为人力资本投资在供求两个方面作用于劳动市场，使劳动工资出现了差异。

人力资本投资也经常成为企业增加利润的方式。厂商对它的劳动者进行培训，能使其在培训的过程中提高技能和素质，从而为厂商带来更高的边际劳动生产力，因此，厂商预期其能够在未来产生更多的利润，是厂商的一种直接投资。从这一点上来说，企业的人力资本投资和实物资本投资的结果是一致的。

人力资本理论认为，教育是人力资本投资的一种方式，然而，从 20 世纪 70 年代起，出现了一种与人力资本差异很大的理论。有些经济学家认为，毕业文凭只能作为一种衡量工作能力的尺度和信号，而不是获得技能的证据，产生这种理论的基础是劳动市场的信息不对称。教育是劳动市场的一个强信号，一个劳动者的受教育程度可以通过几个方面来衡量——受教育的年限、获得的学位、就读学校的声誉、个人的平均成绩等。教育能够使受教育者获取对工作有益的信息、技艺和知识，来直接或间接地提高他们的劳动生产率。即使教育并不提高劳动的生产率，它仍旧能够成为代表较高生产率的有用“信号”。生产率高的劳动者一般智商较高、求知欲强、学习方法好且工作较努力，这些能力也是获得良好教育的必要条件。因此，生产率水平较高的劳动者更容易得到高水平的教育，而受过高水平教育的人也往往代表高生产率的劳动者。那么，在现实生活中是不是受过更多教育的高学历的劳动者就能够获得更高的工资呢？请大家自行思考并能够找出一定的数据或论据佐证自己的观点。

小链接

明星高片酬的经济学分析

众所周知，对于明星而言，其知名度越高，其出场费或者演出费等就会越高。2011 年国内一集片酬只不过区区 20 万元，现如今，明星一集片酬直逼 100 万元。例如，周迅出演《红高粱》的打包价为3 000万元，孙俪为 87 万元/集，黄渤为 70 万～90 万元/集，冯绍峰为 70～100 万元/集等。但在明星片酬水涨船高的另一头，制作公司却不得不加长集数、缩短周期、压缩成本来保证收入。不可思议的是，明星片酬占影视行业的总投资的比例越来越大。2000 年拍一部电视剧，演员片酬只占成本的二三成，到 2005 年前后，这个数字已达到一半。目前，一部电视剧的制作成本中有六至七成用于演员片酬，其中很大一部分被一两个一线明星拿走。一般而言，人员工资占到总投资的 40%已经是工资成本的极限了。

为何明星能够获得如此高昂的演出费，且不同明星之间的演出费为何也有这么大的差异呢？

对于这种明星现象，美国经济学家萨缪尔森将此所生产的额外溢价回报称之为“个人租金”。个人租金的特点就是需求越大，即观众们对明星越青睐，随需求曲线向上移动的幅度就越大，这种个人租金就越高，明星的超额收入将越大。说到底，明星的片酬飙升是基于明星们供给的有效性劳动与观众对明星的追捧的产物。因此，演员的薪酬理应由市场决定。既然薪酬由市场决定，那么，制作成本的压缩导致的粗糙不堪现象，单纯地归结于明星挤压显然没有道理。

此外，投资方理论上认为的最优效果在实际中往往呈现另外一种结果。举个例子，假设影视市场上有两个投资制作方 A 和 B，理论上选择报酬适中的明星策略可达到各自收益的最优状态，但现实情况中，A 考虑到若自己选择一般的明星，而 B 选择报酬高的明星，那么，B 的电影有可能会获得更高的收益，自己可能吃亏，于是，选择明星报酬高策略；B 也会这么想，结果是双方都选择明星报酬高策略，得到双方收益都低的纳什均衡。往大的讲，明星被限薪后会降低工作意愿，造成这方面的供给短缺，从而推高价格。

其实，早在 2006 年 8 月，中国广播电视协会电视制片委员会就通过了《中国电视剧制作行业自律公约》，向明星高片酬宣战。不过，供求决定价格的市场铁律最终击垮了“自律公约”的善意。

[资料来源]财经观察，http://www.s1979.com/news/finance/201411/15134709315.shtml，2014 年 11 月 15 日。

五、工会与劳动供给

工资的差异还可能来自劳动力市场中的垄断，工会是卖方垄断的主要形式。工会是由工人自发组成，借以增强劳动者市场力量的组织。凭借集体的力量，工会可以对改善工作条件和增加工资待遇发挥积极的作用。工会主要有两种类型：一种是技术工会，另一种是产业工会。

在现代社会中，工会已经是劳动市场中不可缺少的组成部分，在劳动力市场中具有很大的影响力。工会使有组织的工人的市场力量得到增强，从而使会员的工资高于非会员。从这个意义上说，工会类似于卡特尔，同样，工会也会面临卡特尔的难题。为了抬高工资，导致一部分工人失业，还有一部分工人不得不缩减工作时间。因此，工会必须对这些人进行补偿，但无法避免这部分工人选择欺骗策略，即享受高工资并偷偷地增加工作时间。

在实践中，工会常用的主要手段有以下几种：

(1)提高工会成员的边际生产力。很多工会都积极制订培训计划，鼓励各种形式的在职学习，或通过职业资格制度来提高会员的边际生产力。除此之外，还能够使得工会成员有更多的就业机会，增强工会成员的就业适应性。

(2)鼓励进口限制。在很多国家，工会往往是关税保护主义的热烈鼓吹者，希望以此减少外国产品对本国产品的竞争，进而降低本国劳动的需求弹性。若一国大量地依赖进口产品，那么，该国的生产便会只需要更少的劳动力，劳动需求一旦减少，工会的谈判力量受到削弱，在工资的博弈中便会处于不利地位。

(3)支持最低工资法案。工会以这种做法防止非会员工人以低工资进行竞争。非会员工资的提高会降低市场对非会员劳动的需求，从而增加对会员劳动的需求。一旦非会员以极低的价格投入工作，会使得劳动力的供给量扩大，这就不利于工会成员进行谈判。

(4)限制移民迁入。从发展中国家迁入发达国家的移民在劳动熟练程度上相对较低，限制移民迁入有助于减少不熟练劳动力的供给，从而提高对熟练劳动者的需求和他们的工资水平。

(5)集体谈判。集体谈判是指工会作为全体会员的代表与雇主进行工资等福利要求的协商。工人如果分别与雇主单独进行谈判，必将处于不利的地位，但工人组织起来，以同一个声音说话，其力量就会大大增强。在集体谈判中，工会常常以罢工对雇主实施威胁，因而罢工是工会最有力的斗争“武器”。

很多研究表明，工会在提高会员的工资方面的确取得了一定的成功。20 世纪 90 年代，工会成员的工资比非工会成员要高出 1/3。但是，工会的影响力在不同行业、不同时期以及不同性别和种族之间都有所区别。

小链接

“民工荒”的原因分析

改革开放特别是 20 世纪 90 年代以来，大量农村剩余劳动力纷纷外出打工，为城市经济的发展做出了很大的贡献。但自 2003 年下半年以来，我国南方沿海城市出现了“民工荒”，众多企业的工人纷纷辞职却又不能招收到新的工人，这些企业大多是劳动密集型企业，如服装厂、玩具厂、鞋厂等。原因是民工待遇(工资、福利等每月六七百元左右)极低，与十年前相比几乎没有提高，工作又脏又累，时间又长。但厂商不愿提高工资，因为就算每人提高 100 元，一年成本支出也要增加几十万元甚至几百万元。

第三节　利息的决定

利息是资本使用权的价格，是厂商在一定时期内为利用资本的生产力所支付的代价，或者说是资本所有者在一定时期内因让渡资本使用权、承担风险所索取的报酬。

利息率是利息与借贷资本的比例，其高低决定于资本的供求状况。厂商对资本的需求取决于资本的边际生产力。所谓资本的边际生产力，是指其他生产要素不变，增加一单位资本所能增加的边际收益产品。边际生产力递减规律决定了资本的需求曲线自左向右下方倾斜。将所有单个厂商对资本的需求曲线汇总即形成资本的需求曲线（见图 9—7）。资本的供给就是资本所有者在不同的利息率水平上愿意而且能够提供的资本数量。资本供给主要取决于让渡资本的机会成本及其风险，只有借出资本所获得的利息报酬可以补偿这些成本，资本供给才成为现实。资本的供给曲线自左向右上方上升，如图 9—7 所示，表示利息率越高，资本的供给越大。资本的供给有以下几个基本来源：家庭储蓄、厂商的未分配利润、中央银行新增加的货币发行量、金融体系创造的货币等。

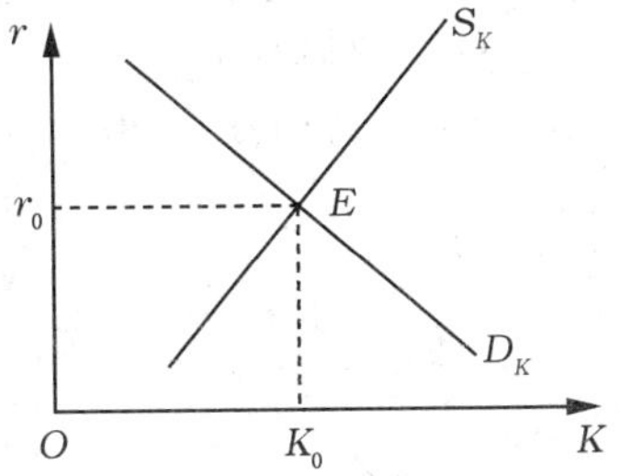

图 9—7　资本需求曲线和供给曲线

在图 9—7 中，资本的需求曲线与资本的供给曲线交于 E 点，这时的均衡利息率 r_0 被假定没有任何风险，称为纯粹利息率。而实际利息率的决定还要考虑另外一些因素，如借贷的时间长短、还款方式、借方的偿债能力等。

第四节　地租与寻租

地租也称为土地租金，是土地所有者出让土地使用权获得的报酬。本节主要阐述地租以及由其衍生出的准租金、经济租金和寻租等理论。

一、土地与地租

经济学中的土地是一个广泛的概念，它不仅指地面，也指地下、空中、水面上的一切自然资源。由于土地的供给总量在一个相当长的时期内是固定的，不会随着地租的变化而变化，因此，其供给曲线是垂直的，见图 9—8。

地租是在一定时期内利用土地的生产力所支付的代价，或是提供土地这一生产要素的报酬。地租是由土地的供给和需求共同决定的。同其他的生产要素一样，土地向右下方倾斜的需求曲线也是由递减的边际生产力决定的，见图 9—8。随着社会经济的发展，对土地的需求会越来越大，地租也会随着增加。图 9—8 中，当需求曲线 D_0 提高到 D_1 时，地租由 R_0 提高到 R_1。不难发现，土地供给的零弹性决定了地租的变化只与需求有关。

虽然土地的总量是固定的，但具体到某一用途，土地的供给量不再是固定不变的，因为土地的用途是可以改变的。例如，原用于农业生产的土地可用于建工厂，原用于建工厂的土地可

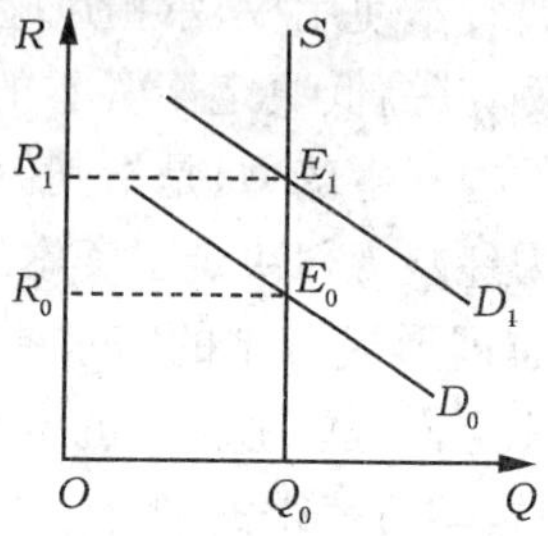

图 9—8　土地供给曲线

用于开发商品房。当土地所有者决定改变某一块土地的用途时，首先会作收益和机会成本的比较，确保能获取最大收益，这样行业的土地供给曲线应是一条向右上方倾斜的曲线，如图 9—9所示。而该行业的地租和土地使用量则取决于行业土地的供给曲线与需求曲线的交点 E。这种情形下形成的地租称为转移地租或转移租金(transfer rent)。

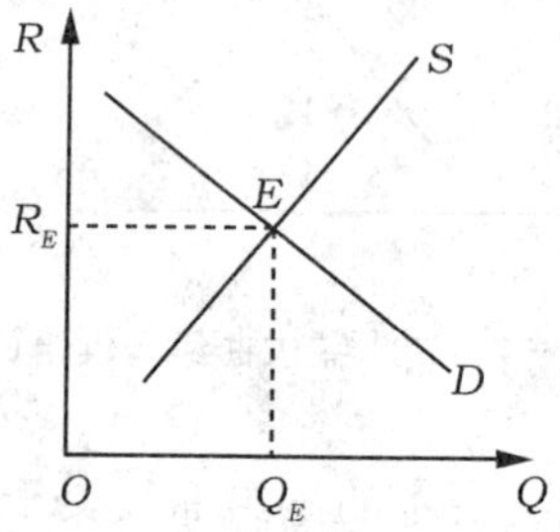

图 9—9　地租的决定

二、级差地租

由于地理位置、气候状况、肥沃程度和矿藏含量等方面的原因，形成的土地质量和等级的差别，使得其边际生产力有大有小，从而又会导致对同一用途的不同级别土地的需求不一样，所决定的地租也不相同。级别高的土地，边际生产力高，地租相应就高。所谓级差地租，就是不同级别的土地与同一用途的最劣土地之间的地租差额。级差地租的运用，有利于土地资源的合理配置和土地利用效率的提高。

三、准地租与经济租金

地租与土地资源供给固定不变相联系，这里的固定不变显然对(经济学意义上的)短期和长期都适用。但是，在现实生活中，有些生产要素尽管在长期中可变，但在短期中却是固定的。这些要素的价格在某种程度上也类似于租金，通常被称为“准租金”。所谓准租金，就是对供给量暂时固定不变的生产要素的支付，即固定生产要素的收益。准租金可以用厂商的短期成本曲线来加以分析。如图 9—10 所示，产品价格为 P_0，产量为 Q_0，GP_0CB 就是准租金，它等于总固定成本与经济利润之和。当经济利润为 0 时，准租金等于总固定成本。当厂商亏损时，准租金小于总固定成本。

经济租金是指支付给生产要素所有者的超额报酬，以及报酬中超过为得到生产要素而必须支付的最低报酬部分。如图 9－11 所示，图中 R_0AE 为经济租金。因为要素全部收入为 OR_0EQ_0，要素所有者提供 Q_0 量要素所愿意接受的最低要素收入是 $OAEQ_0$。因此，去掉 R_0AE 部分也不会影响要素的供给量。所以，R_0AE 部分为经济租金。

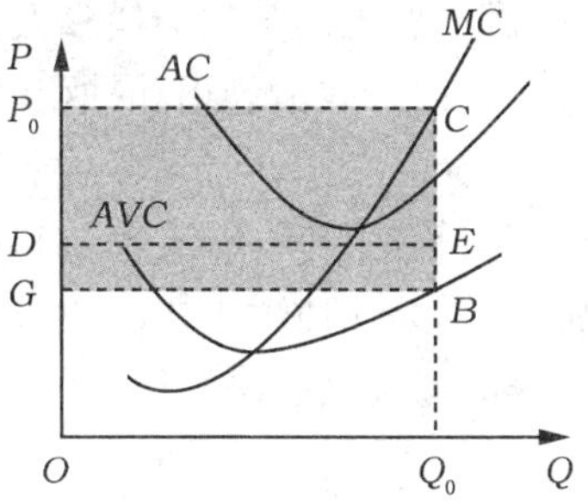

图 9－10　准租金

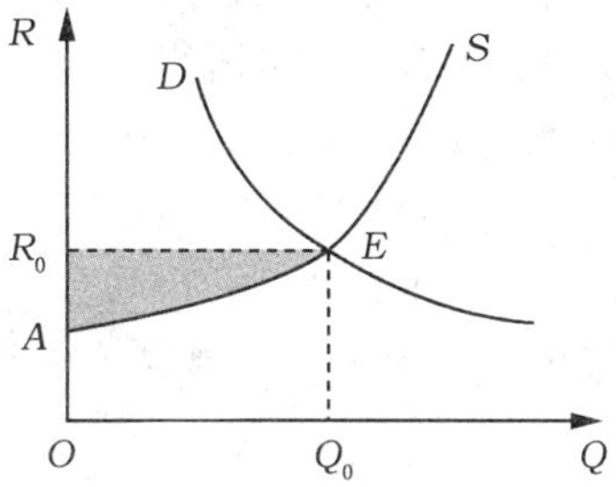

图 9－11　经济租金

经济租金的大小取决于要素供给曲线的形状。供给曲线越陡，经济租金越大。当供给曲线垂直时，全部要素收入均变为经济租金。例如，土地的地租收入全部是土地的经济租金。

四、寻租

在经济租金的基础上，后来又发展出寻租(rent-seeking)理论。寻租就是寻求经济租金的简称。在政府这只“看得见的手”调节和管理市场经济的过程中，会产生围绕政府活动的寻租行为(rent-seeking behavior)。作为现代社会中影响较广的非生产性经济行为，寻租是个人或组织通过合法或非法的手段控制或影响资源分配，攫取额外的利益或好处的行为，它是一种人为的财产转移。

近二十年来，寻租行为越来越受到经济学家的关注，他们提出寻租行为的概念，来描述那种维护既得的经济利益或对既得利益进行再分配的非生产性行为。这类行为往往涉及采用阻碍生产要素自由流动、自由竞争的办法来维护或攫取既得利益。例如，当一家企业开拓了一个市场后，它可能寻求政府的干预来阻止其他企业进入，以维护其独家垄断的地位。又如，一家企业或企业群体明知道另一些企业拥有更先进的管理和技术，它们不是采取向后者学习的方式，而是想方设法诱使政府采取保护政策，阻止那些先进企业加入竞争，以维护自身的既得利益。还有同样糟糕的例子是，一部分企业施展种种手段，使政府以特殊政策给他们优先照顾，并通过税收和补贴的办法使社会的既得利益在企业间重新分配。

寻租行为有以下特点：第一，它们造成了经济资源配置的扭曲，阻止了更有效的生产方式的实施；第二，它们耗费了社会的经济资源，使本来可以用于生产的资源浪费在对社会无益的行为上；第三，还会导致“避租行为”：利益受到威胁的企业以“避租”来与之抗衡，从而耗费更多的社会经济资源。因此，经济学家们把寻租称为人类社会的“负和游戏”，即一场损失大于收益的竞赛。

布坎南认为寻租有三个层次：一是对政府活动所产生的额外收益的寻租，二是对政府肥缺的寻租，三是对政府活动所获得的公共收入的寻租。例如，对房屋开发商数量进行限制，即只发放一定数量的开发资格证。这时寻租的活动在三个层次上进行：首先是对资格证本身的第一层次寻租，接着是对发放资格证权利的第二层次寻租，而当资格证发放的收入确认为财政收入后，各个利益集体便会对其分配展开第三层次的寻租。

政府在寻租行为中未必扮演一个被利用的角色，而有政治创租(political rent creating)和抽租(rent-extracting)的行为。前者是指政府利用行政干预的办法来增加私人企业的利润，人为地创租，诱使企业向他们提供好处；后者是指政府官员故意提出某项会使私人企业利益受损的政策，迫使它们割舍一部分既得利益与政府官员分享。由于政治创租和抽租的存在，更增添了寻租活动的普遍性和经常性。

由于寻租行为的性质，一项政府政策造成的市场扭曲越是严重，有关人员和利益团体享有的寻租收益就越多，于是这项政策就越是难以得到矫正，因为任何矫正扭曲的努力都会遇到来自既得利益维护者强有力的抵抗，这使得有时寻租行为的蔓延具有恶性循环的趋势。

课后习题

一、单项选择题

1. 生产要素的需求曲线向右下方倾斜，是因为(　　)递减。

A. 边际收益产品　　B. 产品的边际效用

C. 生产的规模报酬　　D. 以上均不正确

2. 某工人在工资为每小时 5 元时，每周挣 200 元。现在每小时 10 元，每周挣 300 元。由此可以断定(　　)。

A. 替代效应起着主要作用　　B. 收入效应起着主要作用

C. 收入效应和替代效应都没有起作用　　D. 无法确定

3. 某一时期科技进步很快，人们越来越倾向于资本密集生产方式，这将导致(　　)。

A. 劳动的供给曲线右移　　B. 劳动的需求曲线右移

C. 劳动的供给曲线左移　　D. 劳动的需求曲线左移

4. 假定某球星的年薪为 30 万元，但他若从事其他职业，最多只能得到 2 万元，那么该球星所获得的经济地租为(　　)。

A. 28 万元　　B. 30 万元　　C. 2 万元　　D. 难以确定

5. 在完全竞争条件下，边际产品价值向下倾斜的原因是(　　)递减。

A. 要素的边际产量　　B. 要素的规模报酬

C. 厂商边际收益　　D. 边际技术替代率

6. 若某厂商面临商品需求曲线，并假使生产要素 L 是唯一的生产要素，则该厂商对要素 L 的需求曲线由(　　)曲线来描述。

A. 边际产品价值 VMP　　B. 边际收益产品 MRP

C. 边际要素成本 MFC　　D. 边际产量 MP

7. 一个卖方垄断厂商，当它生产产量为 80 时，达到最大化利润。它面临的需求函数为 $p=250-y$，工资率为 1 800 元，则它雇用的最后一位工人的边际产量为(　　)。

A. 15　　B. 20　　C. 40　　D. 60

8. 假设一厂商在产品市场上是垄断者，而在要素市场上是完全竞争者，已知需求函数为 $p=100-5y$，生产要素的价格为 100。假设利润最大化时的边际产量为 10，则此时的产品价格为(　　)。

A. 45　　B. 50　　C. 55　　D. 65

9. 土地供给曲线呈现(　　)特征。

A. 垂直线　　B. 水平直线　　C. 正斜率直线　　D. 负斜率直线

10. 在短期内,厂商所面临的资本供给曲线(　　)。

A. 向右上方倾斜　　B. 向右下方倾斜　　C. 完全无弹性　　D. 完全有弹性

二、多项选择题

1. 生产要素的需求是一种(　　)。

A. 派生需求　　B. 联合需求　　C. 最终需求　　D. 以上均不正确

2. 下面说法中不正确的是(　　)。

A. 边际产品价值与边际收益产品均反映增加一单位要素所增加的收益

B. 边际产品价值一般不小于边际收益产品

C. 在完全竞争条件下,边际产品价值等价于边际收益产品

D. 边际收益产品反映完全竞争条件下增加一单位要素所增加的收益

3. 下述行为中,不是典型的寻租的是(　　)。

A. 男下属向女上司求爱

B. 两家企业在商务谈判前互赠礼品

C. 旅游景点的饭店业主要求管理部门禁止新饭店的开设

D. 市容管理人员对某单位的不合理罚款

4. 工资率上升所引起的替代效应是指(　　)。

A. 工作同样长的时间可以得到更多的收入

B. 工人愿意放弃一部分闲暇时间用于工作

C. 工人宁愿工作更长的时间,用收入带来的效用替代闲暇的效用

D. 以上均正确

5. 在卖方垄断条件下,边际收益产品递减的原因是(　　)递减。

A. 要素的边际产量　　B. 要素的规模报酬

C. 厂商边际收益　　D. 以上均不正确

三、名词解释

1. 准租金

2. 转移收入和经济租金

3. 边际要素成本

4. 级差地租

5. 边际收益产品

6. 寻租

四、计算题

某包装公司粘贴信封的数量为 $Q=10\,000\sqrt{L}$,L 为每小时雇用人数,该行业为完全竞争市场。

(1)若每只信封的市价为 0.01 元,求在竞争性工资分别为 10 元、5 元和 2 元时该公司雇用的工人数量;并据此画出劳动的需求曲线。

(2)若公司支付的小时工资为 10 元,求当信封价格分别为 0.10 元、0.05 元和 0.02 元时的

信封粘贴量;并据此画出信封的供给曲线。

五、简答题

1. 在完全竞争条件下,要素的市场需求曲线与一般厂商的需求曲线有何不同?

2. 影响劳动供给的因素有哪些?劳动供给曲线为何会向后弯曲?

3. 劳动需求曲线是如何形成的?

4. 据2008年12月《中国经营报》报道,由中纪委牵头,财政部、监察部、审计署、发改委五部委将组成联合检查组,分成24个小组派往全国各地,以此全程监控1 000亿元投资分配到各地的项目投资建设情况。本次稽查重点包括重大项目审批程序稽查、项目法人稽查、勘察设计稽查、工程招投标稽查、工程监理稽查、工程质量和进度稽查、资金管理和使用稽查、竣工验收稽查。请你结合所学经济学知识,说明对投资项目进行稽查的必要性和重要性。

第十章　局部均衡与一般均衡

前几章分别讨论了产品市场和要素市场的需求和供给行为，采用的是以英国的马歇尔为代表的局部均衡(partial equilibrium)分析法，这一章我们将把这些市场联系起来，采用瓦尔拉斯提出的一般均衡(general equilibrium)分析法来考察。本章将引入福利经济学的有关内容，因为在分析一般均衡时，会涉及如何有效、合理地利用经济资源，使社会福利最大化的问题。

第一节　局部均衡与一般均衡

我们首先探讨产品市场的供求平衡，然后进一步研究要素市场的供求平衡。本节要把产品市场与要素市场结合起来，揭示它们的总体平衡及其变化规律。

局部均衡分析是在假定其他条件不变的情况下，单独分析某种商品或要素的价格和供求变动的一种分析方法。在前面的理论分析中，我们都将市场简化，分别分析产品市场、要素市场中的均衡价格和产量。在这种分析中，商品的价格只由其市场供求决定，与其他市场无关。很明显，这种分析方法在理论上有一定的价值，但与现实相距甚远。

小链接

政府干预巴西大豆市场的效果分析

由于在世界大豆市场上巴西是与美国竞争的，因此巴西对其国内大豆市场的管制会显著地影响美国的大豆市场，而这反过来又会对巴西市场产生反馈效应。当巴西采取旨在提高其短期国内供给和长期大豆出口的管制政策时，导致预料不到的结果。

在20世纪60年代末和70年代初，巴西政府限制大豆的出口，导致巴西大豆的价格下降。它希望巴西大豆价格的下降会鼓励国内大豆的销售，并刺激对大豆产品的国内需求。最终出口控制将会取消，巴西的出口也会上升。

这一预期是建立在对巴西大豆市场的局部均衡分析上的。事实是，出口的减少使美国的出口增加，并使美国的大豆价格上升，生产扩大。这使得巴西即使在取消控制之后也更难以出口大豆了。

例如，在1977年，巴西大豆的出口比没有政府干预情况下可能出口的要低73%。而美国在1973～1978年间的大豆出口则比巴西不管制情况下要高30%。大豆市场的世界性竞争使得巴西和美国的出口市场高度地相互影响。作为这些市场一般均衡性质的结果，旨在刺激巴西市场的管制从长期来看是反生产性的。巴西大豆的实际出口在有政府管制时比没有管制时可能出口得少(而美国的出口则较多)。

因此，巴西的大豆政策是误导的，并从长期来看使巴西受损。决策者没有考虑这一政策对美国大豆生产和出口的影响。

在现实社会中，每一个部门或单位都不是也不可能孤立存在，而是相互依存、相互影响的，所有的产品市场和要素市场都是相互联系的，它们的供求状况和价格都会相互关联、相互制约。局部均衡分析研究一个部门或单个经济变量的直接、单纯的后果；一般均衡分析则要研究一个变量所引起的一系列连锁反应，即不仅要看到变动的直接效应，还要顾及其间接的影响和最终的结果。

一般均衡试图考察所有商品和要素的供求如何同时达到均衡，其分析基于以下前提：一个社会所有商品和要素的供求与价格都是相互影响、相互依存的。简言之，一般均衡是要找到一个价格体系，在此体系下，消费者选择自己偏好的产品，从而达到效用最大化；生产者买到所需要的生产要素，通过生产和销售实现企业利润最大化。这种在所有产品和要素市场上同时实现供求均衡的状态，便是一般均衡。

一般均衡分析的结论往往与局部均衡分析的结论迥然不同。例如，从局部均衡分析来看，降低工资会降低企业的生产成本，进而促进生产、增加就业。但从一般均衡分析的角度来说，降低工资到底是增加就业，还是减少就业，是难以确定的。因此，一般均衡分析要比局部均衡分析复杂得多。

一般均衡考察经济体系中各种变量的总体均衡，因而实现一般均衡既复杂又困难。实际上，由于经济社会中各种变量是不断变化的，并且一种变量引起另一些变量变化的方向、程度各不相同，因此，一般均衡只是一种趋势或特殊状态，非均衡才是普遍和经常的。

早在 1874 年，法国经济学家瓦尔拉斯在《纯粹经济学要义》中就提出了一般均衡分析框架。第二次世界大战后，经济学家通过一系列证明得出：在一定条件下，一般均衡状态是可以实现的。

第二节 不同条件下的一般均衡

在不同情况下，一般均衡的条件也有所差异，下面我们分别对只存在交换、只存在生产和生产与交换并存的条件进行详细探究。

一、只存在交换的一般均衡

只存在交换的一般均衡可以使用一个被称为纯交换的理论模型来表达，假设在市场中消费者只拥有固定的劳务和产品，为了能够让自己满足度最大化，就需要通过产品交换来实现。社会对人们进行了劳动分工，人们因此可以通过对消费资源进行科学配置来实现自身满意程度的提升。例如，人们都喜欢在消费的内容上更加丰富，不仅仅喜欢吃肉，也需要基本的大米作为粮食，在这样的情况下，如果个人 A 有大米但是缺少肉，而个人 B 的情况恰恰相反，那么就可以通过交换的形式使得双方都能够同时拥有两种物品，这样的交换方式相对于简单的直接消费能够提高消费者的满意度。所以说在只存在交换的情况下，交换的方式并不会增加人们的产品总数量，但是可以显著改善个人的满意水平。交换还存在一种优势，就是社会的劳动分工更加专业化，也就是说，每个人都能够使用自己的专业技能生产特定的优势产品，从而提升劳动生产率，增加整个社会的产品数量。

埃奇沃斯盒状图(Edgeworth box)是一种帮助人们直观化地表达和分析的工具，该工具可以表达一般的均衡问题，该名称来自于英国经济学家埃奇沃斯的贡献。假设消费者 A 和消费者 B，同时也有产品 X 和产品 Y，消费者 A 的禀赋为(X_A, Y_A)，对于 B 来说则是(X_B, Y_B)。而社会产品总量 X 就可以表达为 $X=X_A+X_B$，同时社会产品总量 Y 也可以表达为 $Y=Y_A+Y_B$。如图 10－1 所示，横坐标表示的是 X 的禀赋总量，纵坐标表示的是 Y 的禀赋总量，O_A 和 O_B 表示的是消费者 A 和 B 的原点，O_A 方向表示的是 A 消费者的消费组合，而 O_B 方向表示的则是 B 消费者的消费组合，在图中社会的初始禀赋点为 W 点。在该埃奇沃斯盒状图中，每一点都是可以进行自由分配的，也就是说，消费者 A 和 B 可以进行不同程度的消费组合。另外，在图中还表示出了两位消费者的代表性无差异曲线，每一个消费者的曲线突出方向都朝向自身的原点，这些曲线所表达出来的性质和消费者的行为理论是非常吻合的。

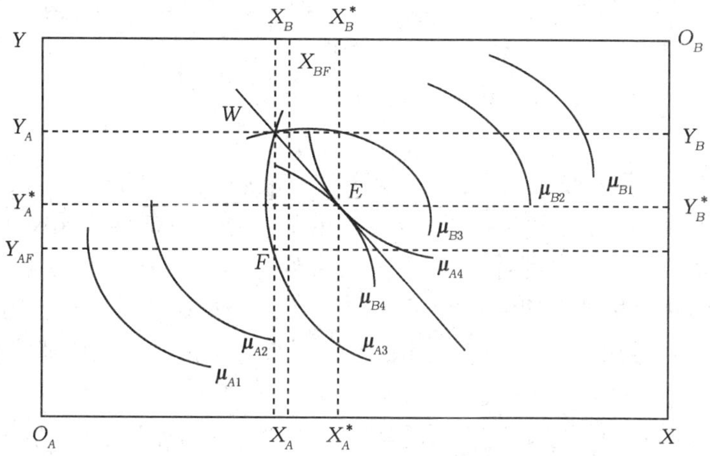

图 10－1　埃奇沃斯盒状图

在图 10－1 中，消费者 A 的无差异曲线为 u_{A3}，而 B 的无差异曲线为 u_{B3}，W 点处于两者的交点处，但是 W 点并不是两者最大的消费组合点，原因是如果沿着 u_{A3}线运动到 F 点，消费者 A 使用 $Y_A \sim Y_{AF}$ 的消费品来换取消费者 B 的 $X_B \sim X_{BF}$ 的单位产品，对于 A 来说消费者效用水平保持不变，但是对于 B 来说，则移动到了更高效用水平上，也就是说，交换可以给双方带来效用水平的提升。同样地，如果顺着 u_{B3}的方向移动，也可以在不影响 B 效用水平的情况下提升 A 的效用水平。

在图 10－2 中，如果 A 从 W 点向着 E_1 点的方向移动，通过自己的 Y 产品来从 B 处获得一定的产品 X，那么就可以在不影响 B 效用水平的情况下最大化地提升自己的效用水平。同样地，如果 B 能够从 W 点向着 E_2 点移动，用自己的产品 X 来从 A 处获得一定的 Y 交换产品，也可以不影响 A 效用水平而最大化提升自身的效用水平。在这样的交换方式中，两者的无差异曲线其实是相切的，并且两者对于两种产品的边际替代水平也是相同的，数学表达为 $MRS_{XY}^A = MRS_{XY}^B$。消费者 A 和 B 在讨价还价方面的水平可以决定交换的最终点是 E_1 点还是 E_2 点。如果两者中 A 的讨价还价水平相对高一些，那么最终的均衡点更加接近 E_2 点；而反过来如果 B 的讨价还价水平更高一些，那么均衡点会更加贴近 E_1 点。在实际情况下，两者最终的均衡点可能会落在两个点之间的任何一个位置。这样 A 和 B 的整体效用水平都会提升，而且两者的无差异曲线仍然相切，所以说，在纯交换的环境中，两者的边际替代率相等才是

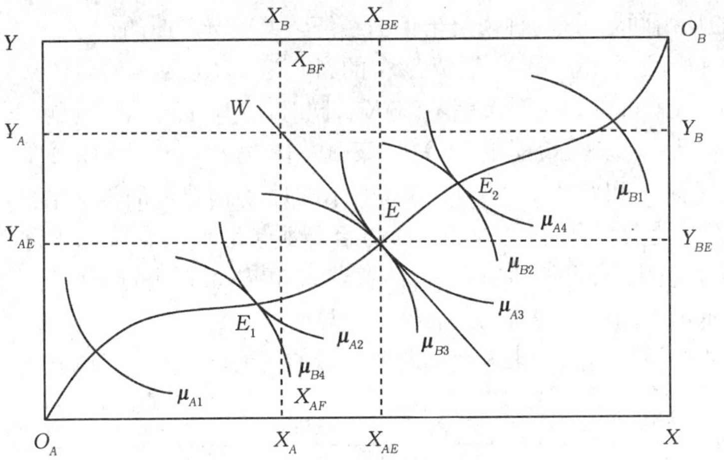

图 10—2　交换的一般均衡

消费者均衡的条件。

深入来说，如果能够将 E、E_1、E_2 及其他无差异曲线的切点进行相连，就会形成一条曲线从 O_A 一直延伸到 O_B，这条曲线就被称为是交换的契约曲线(contract curve)。该曲线也是在纯交换的环境中最优化的一条线路，也就是说，该曲线上的每一个点都可以代表两个消费者对两种产品的边际替代率相同，如果一个消费者的效用要增加，那么就需要消耗另一个消费者的效用为代价，在不降低其中一个消费者效用的情况下来直接提升另一个消费者的效用是不可能的，因为交换的利益已经全部完成。

在纯交换的环境中，为了实现均衡需要确定一系列的价格，该系列的价格需要保证在消费者效用最大化的情况下来实现均衡，也就是实现供需平衡。从消费者行为理论中可以知道，在获得一组价格的情况下，就可以知道消费者的预算曲线，在消费者实现均衡时其预算线与无差异曲线是相切的。在一般均衡中，这样的价格是双方都要接受的，并且还要在此基础上实现效用的最大化。为了实现该特定价格的预算线，在埃奇沃斯盒形图中需要从禀赋点出发同时和两者的无差异曲线均相切，最终实现的均衡点就是“瓦尔拉斯均衡点”，该点消费者的价格比率和边际替代率都是相等的，实现其效用的最大化，也能满足市场的供需平衡。在图 10－3 中，瓦尔拉斯均衡点就是图中的 E 点，两位消费者分别按照预算线中的价格进行交换，也就是消费者 B 从消费者 A 处用产品 X 换取了产品 Y。

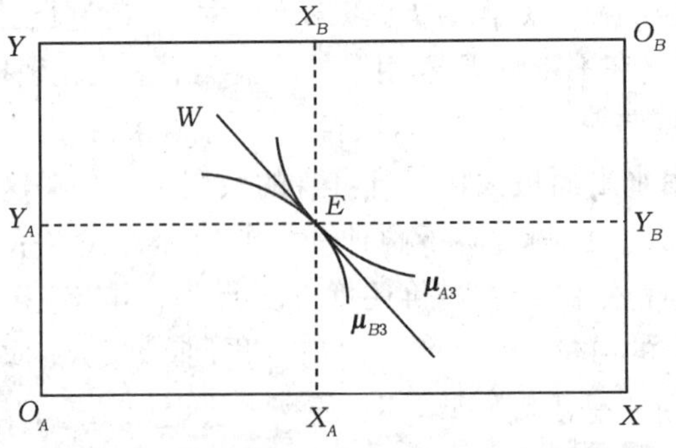

图 10—3　瓦尔拉斯均衡点

这样的分析还可以展开进一步的挖掘，在有 n 位消费者和 n 种产品的情况下，任意两种产品和任意两位消费者都有相等的边际替代率，只要有不相等的情况，那么交换就可以提高至少一位消费者的效用，但是交换的利益并不一定全部得到实现。

二、只存在生产的一般均衡

采用和交换的方式一样的途径，我们可以更深一步讨论一般均衡问题，也就是对于生产者来说，获得投入产出之间一般均衡状态的基本条件。简化一下，假设生产者只有两种产品，分别是 X 和 Y，生产劳动要素也只有两种，分别是 L 和 K，运用上述章节中的埃奇沃斯盒形图就可以研究生产中的一般均衡问题。

从图 10－4 中可以看出，横坐标表示的是劳动要素总量，纵坐标表示的是资本要素总量，产品 X 和产品 Y 的生产原点分别是 O_X 和 O_Y，O_X 方向表示的是产品 X 的生产要素组合，O_Y 方向表示的是产品 Y 的生产要素组合，在图中 F 点表示的是最开始的组合要素情形，也就是在产品 X 和 Y 之间的分配要素数量。图 10－4 中画出了两种产品的技术性代表产量曲线，这两种产品的曲线都朝着自身的原点方向弯曲，前面生产理论中和这里的等产量曲线的性质都是相同的。

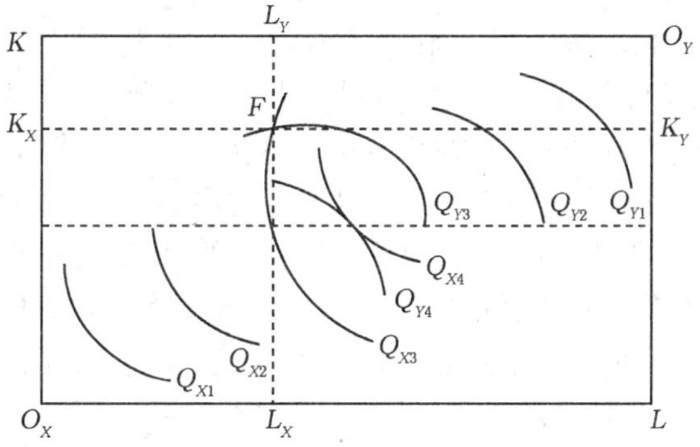

图 10－4　生产的埃奇沃斯盒形图

从图 10－5 中可以看出，F 点的位置就是产品 X 等产量曲线 Q_{X2} 和产品 Y 等产量曲线 Q_{Y2} 的交点处。但是 F 点并不是 X 和 Y 的最佳产量组合点。如果在曲线 Q_{X2} 上进行移动，如 E_1 点，那么产品 X 的总产量是不变的，但是产品 Y 的总产量就会提高到 Q_{Y4}。同样地，如果顺着曲线 Q_{Y2} 的方向移动，也可以保证产品 Y 总产量不变的情况下提升产品 X 的总产量。而如果处于 E_1 和 E_2 之间的任意一点上，那么两种产品的总产量都可以得到提升，并且要素投入也不需要加大。

在图 10－5 中，可以利用生产理论的知识知道，在 F 点处两种产品具有不相等的边际技术替代率（通过 F 点作出两种产品的曲线斜率，那么斜率的负值所表示的就是该产品的边际技术替代率，实际上也就是两种要素的边际产量的商，即 $MRTS_{LK}=MP_L/MP_K$）。通过改变这两种要素在产品中的配比，就可以在不降低其中一种产品总量的情况之下提升另一种产品的产量。如果产品 X 和产品 Y 在等产量曲线上相切，那么两种产品就具有了相等的边际技术替代率，也就是 $MRTS_{LK}^X=MRTS_{LK}^Y$，这样就可以实现生产者的均衡。

如果我们将类似于 E、E_1、E_2 这样的两种产品等产量曲线切点进行前后相连，就可以形

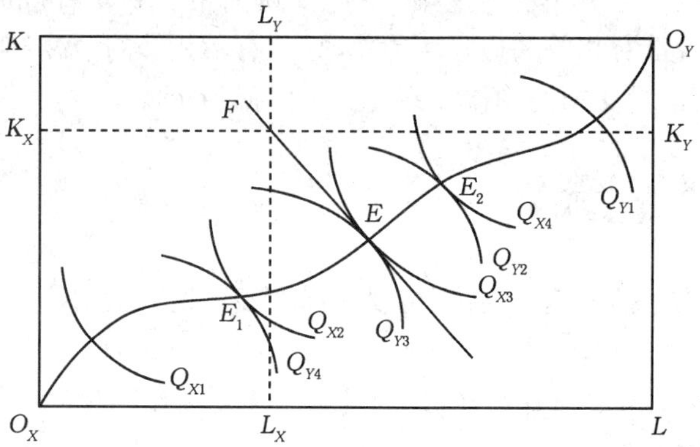

图 10—5　生产的一般均衡

成一条从 O_X 一直延伸到 O_Y 的曲线，这样的一条曲线就被称为是生产的契约曲线。该曲线也是生产的最优曲线，如果我们需要增加其中一种产品的产量水平，就必然要以牺牲另外一种产品的产量为代价，我们不可能在不降低其中一种产品产量水平的基础之上再增加另外一种产品的产量，如果生产要素一直在契约曲线上进行运动，那么就可以称为实现了生产的一般均衡。

把这样的分析进行更深一步挖掘，我们可以得到具有 s 种生产要素和 m 种产品的情况，也就是任意的两种产品边际技术替代率和任意两种生产要素均相等。只要没有不相等的情况，就可以看成是调整生产要素的配置能够在结果上至少改善一种产品的产量水平。

生产契约曲线上的每一个点都是两种产品的产量组合情形，将这样的关系融合到两种产品产量为变量的坐标中，得到的曲线就是生产可能性边界。生产可能性边界在图形上应当是一条向右下方延伸的曲线，如果生产要素的总量是一定的，那么就意味着沿着该曲线进行移动的过程中，要想提升产品 X 的产量就必须要降低产品 Y 的产量，这样才能够有一定的生产要素被释放出来，两种产品呈现相反的变化关系。生产可能性曲线的凸出方向是从原点向外，那么可以知道曲线的斜率是逐渐增大的。加上生产可能性曲线中每一个点的斜率绝对值可以体现出一种产品产量对另一种产品产量的影响水平，这样的参量一般被定义为产品边际转换率(marginal rate of transformation，MRT)，也就是 $MRT_{XY}=-\Delta Y/\Delta X$，或者也可以将其定义为 $MRT_{XY}=-\mathrm{d}Y/\mathrm{d}X$。

三、生产与交换并存的一般均衡

前面的章节分析了在没有生产情况下的纯交换一般均衡，还有在没有交换的情况下纯生产的一般均衡问题，而实际上两种方式在现实生活中是互相结合的，每一个人在产品使用上既是一些产品的需求方，在另一方面也是另外一些产品的供应方，还是提供生产要素的重要主体。作为生产者，只有在运用生产要素生产的产品组合能够满足消费者的最大消费效用组合时，才能够实现经济上的一般均衡，也就是自身资源的最大化配置。

在生产满足一般均衡的前提下，生产要素会在不同的产品之间实现不同程度的分配，最终使得产品组合在需要的生产可能性边界上。例如图 10—6 中所表示的 O_B 点，在这个时候产品 X 的产量被定义为 X^*，产品 Y 的产量被定义为 Y^*。如果产量的组合已经被确定，那么消费者的交换和消费也需要在特定的产量组合下开展，在这种情况下四边形 $O_AX^*O_BY^*$ 所表示的正是分析交换的埃奇沃斯盒形图。

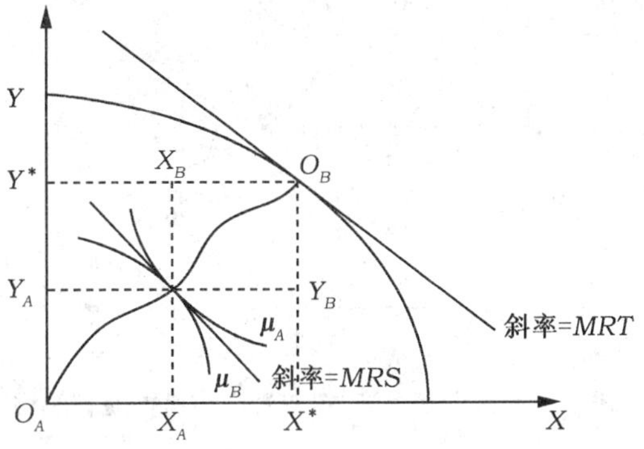

图 10－6　生产和交换的一般均衡

如果消费和交换实现了一般均衡，那么两种产品的产量会在消费者 A 和消费者 B 之间进行分配，从而实现整个社会的消费者能够得到最大化的效用，根据交换的一般均衡知识，可以知道分配方式应当按照契约曲线的方向来进行。

如果生产和交换都达到了一般均衡，那么分配在交换契约曲线上的每一点的产品边际替代率都等于产品的边际转换率，数学表达就是 $MRS_{XY}=MRT_{XY}$。图 10－6 中所表示的就是两位消费者在无差异曲线的切点斜率和 O_B 在生产可能性曲线上斜率相等，如果产品可以在边际转换率和边际替代率上实现相等，那么整个社会的经济水平就达到了交换与生产之间的一般均衡。如果这样的条件不能够得到满足，仍然可以调整两种产品生产中生产要素的分配，或者是调整消费者之间两种产品的分配，让整个社会的整体效用水平能够提升。比如，$MRS_{XY}>MRT_{XY}$，也就是说，每当产品 Y 降低一单位的产量，同时降低消费者 A 一单位水平的消费量，那么只要能给消费者 A 增加 $1/MRS_{XY}$单位水平的产品 X，就能够保证 A 的效用不产生变化，降低的一单位产品 Y 在生产中节省出来的生产要素可以产出多于$1/MRS_{XY}$单位的产品 X。所以说，消费者 A 的产品 X 虽然被扣除了一定数量，但是在效用水平不变的情况下产品 X 仍然可以有剩余，这些剩余的部分在两个消费者之间进行分配，就可以提升两个消费者的整体效用水平。同样地，如果 $MRS_{XY}<MRT_{XY}$，这时候产品 X 被降低了一单位的产量，消费者 A 的产品 X 也被减少了一单位的消费量，也能够利用两种产品中的生产要素分配调整和不同消费者之间的生产要素分配来提升整个社会的效用水平。最后，只有实现了 $MRS_{XY}=MRT_{XY}$，才能够算真正实现了交换和生产的全面均衡。

除此之外，对于通过组合生产要素来实现产品 X^* 和 Y^* 之间的 O_B 点，仍然需要一些进一步的阐释。如果社会经济中只有一位消费者，那么就是“鲁滨逊经济”，这位消费者的无差异曲线与生产可能性曲线的切点可以决定当前生产要素条件下能够获得的最大效用。从图 10－7中可以看出，单独的消费者生产可能性曲线与无差异曲线在 E 点相切，E 点处代表的 X_1 和 Y_1 的产品组合是一般均衡的，也就是该点不仅在生产可能性曲线上，代表了当前生产要素条件下产品的最优组合，也代表了这个消费者能够获得的最大效用，达到消费和生产的一般均衡。

而如果经济社会中存在着多个消费者，那么就可以得到整个社会的无差异曲线，社会的生产可能性边界与无差异曲线的相切点代表的是整个社会在特定生产要素条件下能够实现的最优产量组合。这样的组合会在社会消费者中进行不断分配，如果分配关系正好与契约曲线相

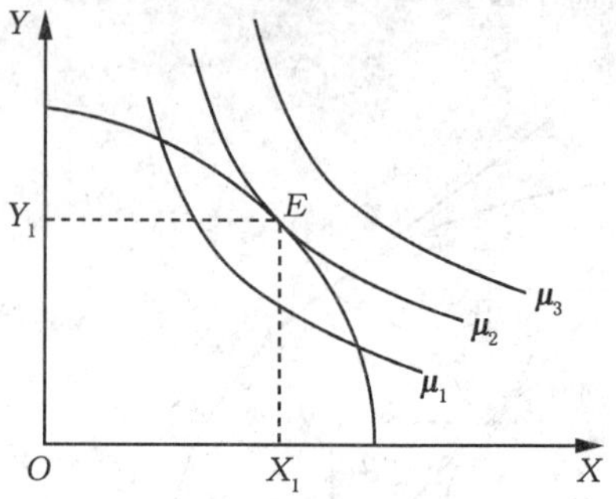

图 10－7 "鲁滨逊经济"中的生产和消费的一般均衡

契合，并且产品的边际转换率和边际替代率相等，那么整个社会就实现了交换和生产的一般均衡，从图 10－8 中可以看出。

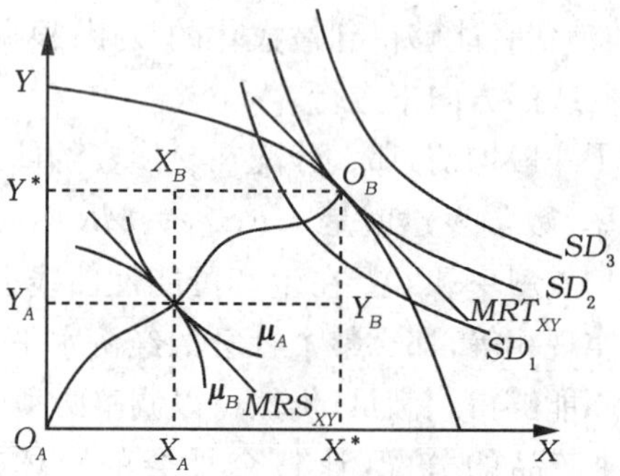

图 10－8 社会无差异曲线与生产和交换的一般均衡

第三节 产品市场与要素市场的均衡

我们这里用一般均衡分析方法研究产品市场和要素市场之间的关系。

一、交换的均衡条件

假定其他条件不变而劳动供给出现减少的情况，劳动市场上均衡工资会提高，均衡劳动数量会下降，劳动市场的这种变化影响着其他市场的供求。

首先，劳动市场的变化影响产品市场。从成本方面看，由于工资上升，所有使用劳动的产品，其成本就会提高，导致价格上升，而产品价格上升将引起其替代品的需求量增加和价格上升，以及互补品的需求量减少和价格下降。从收入角度看，工资上升意味着劳动者收入提高，假定产品价格不变，这会使劳动者对消费品的需求增加，进而使产品的价格上升，产品价格上升又通过替代品和互补品影响着其他产品的价格与需求。但工资上升会导致物价上升，物价上升又意味着劳动者实际收入的下降，这会对需求和商品价格的上升起到抑制作用。所以，最终的结果取决于上述需求增加和减少这两个对立的方面哪一个更强些。

其次，从要素市场之间的关系来看，劳动市场的变化必然影响资本品市场。劳动市场价格的提高使资本品价格相对降低，厂商将会以机器等资本品替代人力，从而增加对资本品的需求。随着资本替代劳动的增加，资本的价格也提高了，这又会引起与机器有关的替代品或互补品价格的变动。

总之，根据局部均衡分析，一种产品的需求主要取决于该产品价格与消费者收入。而从一般均衡分析的角度来看，一种产品的需求不仅取决于该产品的价格，而且取决于所有相关产品的价格；不仅取决于一类要素所有者的收入，而且取决于各类要素所有者的收入。一种产品的供给，不仅取决于该产品的价格，而且取决于相关产品的价格；不仅取决于生产该产品的成本与收益的比较，而且取决于相关产品的成本与收益的比较。例如，当某产品的收益大于成本时，如果其他产品生产上的收益更高，也会使该产品的供给减少。

要素的供给情况同样如此。一种要素的供给，不仅取决于该要素的价格，而且取决于相关要素的价格；不仅取决于该要素所生产的产品价格，而且受到其他相关产品价格的影响。借助英国的埃奇沃斯于 1881 年提出的埃奇沃斯盒状图，我们来做进一步的讨论。

图 10－9(a)、图 10－9(b)分别为 A、B 的无差异曲线图，图中的 X、Y 为两种商品。

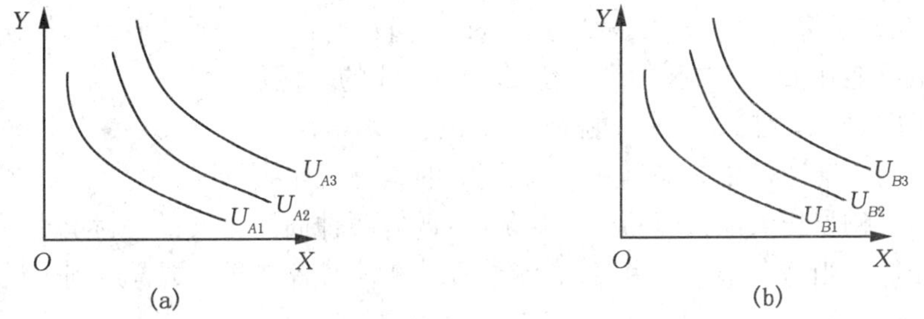

图 10－9 A、B 的无差异曲线

图 10－9(a)固定下来，再把图 10－9 (b)旋转 180°，使图 10－9 (a)与图 10－9 (b)原点相对，这样我们便得到了矩形的埃奇沃斯盒状图，如图 10－10 所示。

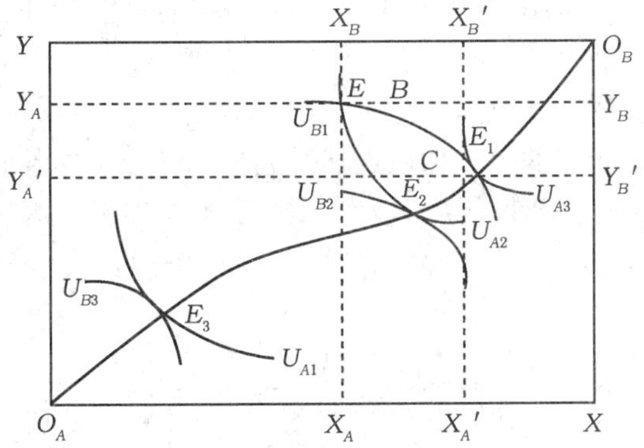

图 10－10 埃奇沃斯盒状图

埃奇沃斯盒状图横轴的长度等于该社会已有的 X 产品的数量，纵轴的长度等于 Y 产品的数量。假设交换开始前的状态由 E 点来表示，即 A 拥有 X_A 的 X 产品、Y_A 的 Y 产品，其效用水平为 U_{A2}。B 拥有 X_B 的 X 产品、Y_B 的 Y 产品，其效用水平为 U_{B1}。

现在开始交换，A、B 双方交换的结果为 E_1 点代表的均衡点，此时 B 的效用水平不变，而 A 的效用水平从 U_{A2} 提高至 U_{A3}。

当改变 E_1 点所代表的交换结果时，必定会使其中一人遭受效用损失。E_1 点是 U_{A3} 与

U_{B1}的相切之点，因为无差异曲线上任一点的切线斜率表示该点的边际替代率，所以，E_1 点 A、B 两人的 X 和 Y 产品的边际替代率(MRS)相等，即有：

$$A\text{ 的 }MRS_{XY}=B\text{ 的 }MRS_{XY}=\frac{MU_X}{MU_Y}$$

当盒状图内的点不在 O_AO_B 上时，即该点不是 A、B 的无差异曲线的切点，其对应的 A 的 MRS_{XY}不等于 B 的 MRS_{XY}，那么 A、B 的交换会继续进行下去，因为这样对双方都有利，直到其交换结果落在 O_AO_B 上，实现一方效用水平没有下降，而另一方效用水平达到最大化。

如果交换前的初始状况是其他情况，A、B 双方交换的结果也可能由 E_3 点来表示，原因同上。

我们把 A 的无差异曲线与 B 的无差异曲线的相切之点连结起来的曲线 O_AO_B 称为契约曲线或交换契约曲线，这一曲线也就是 A、B 双方的边际替代率相等的轨迹。它表示 A、B 双方交换产品的均衡点都应该位于这条曲线上。至于 A、B 双方的交换最终停留在这条轨迹上的哪一点，则取决于：(1)社会财富(在这里是 X 与 Y 的数量之和)在 A、B 双方之间的分配状况。(2)交换双方讨价还价的能力。如果 A 的力量较强，而 B 则乐于现状、容易协商的话，交换的均衡点很可能在 E_1 上，或离 E_1 不远的契约曲线的其他点上。

上述分析中，E_1、E_2、E_3 三种可能的情况都属于帕累托最优状态。因为在这三种情况下，若要使一个人的情况变得更好，就势必要让别人的境况变坏。

由此得出了帕累托最优状态的第一个条件：任何两种商品之间的边际替代率对所有的消费者来说都相等。当这个条件满足时，意味着商品在消费者之间的配置达到了最佳。

二、生产的均衡条件

假定一个经济社会只利用两种要素 L 和 K，生产两种产品 X 和 Y。在既定的技术条件下，可以画出 X 与 Y 的等产量图，并得到生产的埃奇沃斯盒状图。同样分析，可得到在生产的均衡点(生产最有效率的点)上，L 与 K 这两种要素的边际技术替代率($MRTS_{LK}$)相等。也就是说，只有边际技术替代率相等的点，才是生产的均衡点。

生产的契约曲线是将所有的生产均衡点连结起来的曲线。这条曲线上的任何一点都表明在一定的资源条件下，生产的两种产品为最大产量组合，它的资源配置是最有效率的，如果增加一种产品的产出，就会减少另一种产品的产出(见图 10－11)。

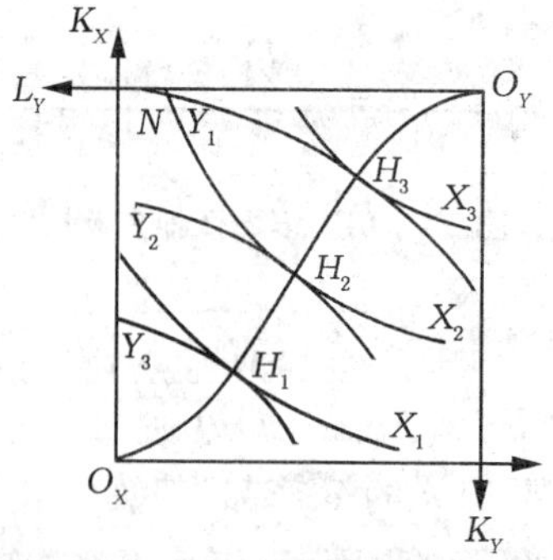

图 10－11　生产的埃奇沃斯盒状图

由此得出了帕累托最优状态的第二个条件：在全部产品的生产中，任何一种产品所使用的两种生产要素的边际技术替代率都相等，此时，生产要素的配置达到了最佳。

三、生产与交换同时均衡的条件

只有当 X 与 Y 两种产品的组合恰好等于消费者所要求的最佳组合时，整个经济才达到全面的最佳配置，可通过生产可能性曲线与无差异曲线加以说明(如图 10－12)。

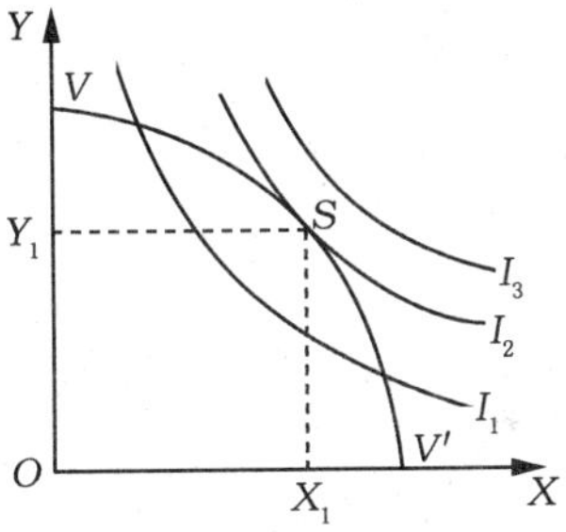

图 10－12 生产与交换同时均衡

图 10－12 中的横轴表示 X 产品的数量，纵轴表示 Y 产品的数量。VV'线为生产可能性曲线，它表示一定社会资源条件下，X 与 Y 两种产品的最大产量组合的轨迹。生产可能性曲线的斜率是边际转换率(marginal rate of transformation，MRT)，它表示在既定的资源条件下，增加商品 X 导致商品 Y 减少的比例，即 $MRT_{XY}=\dfrac{\Delta Y}{\Delta X}$。

课后习题

一、单项选择题

1. 同时分析经济中所有的相互作用和相互依存关系，这个过程称为(　　)。

A. 一般均衡分析　B. 部门均衡分析　C. 供给需求分析　D. 局部均衡分析

2. 当一个市场有效率时，(　　)。

A. 所有人的需要已满足

B. 不再有未被获得的能通过交易得到的好处

C. 稀缺被最小化

D. 稀缺被消除

3. 如果对于消费者甲来说，以商品 X 替代商品 Y 的边际替代率等于 3；对于消费者乙来说，以商品 X 替代商品 Y 的边际替代率等于 2，那么有可能发生下述情况中的(　　)。

A. 乙用 Y 向甲交换 X　B. 乙用 X 向甲交换 Y

C. 甲和乙不会交换商品　D. 以上均不正确

4. 由上题已知条件，在甲和乙成交时，商品的交换比例可能是(　　)。

A. X 与 Y 的交换比例大于 1/3，小于 1/2　B. 1 单位 X 和 3 单位 Y 相交换

C. 1 单位 X 和 2 单位 Y 相交换　D. 上述均不正确

5. 在两种商品 X 和 Y、两种要素 L 和 K 的经济中，达到生产全面均衡的条件为(　　)。

A. $MRT_{XY}=MRS_{XY}$　　B. $MRTS_{LK}^{X}=MRTS_{LK}^{Y}$

C. $MRTS_{LK}=\frac{P_L}{P_K}$　　D. $MRTS_{LK}=MRS_{XY}$

6. 在一个两人埃奇沃思盒状图中，有两种总量固定的商品，则供给曲线(　　)。

A. 一定不与契约曲线相交　　B. 一定与契约曲线相交

C. 不一定与契约曲线相交　　D. 无法判断

7. 在两个人(甲和乙)、两种商品(X 和 Y)的经济中，达到生产和交换的全面均衡的条件为(　　)。

A. $MRT_{XY}=MRS_{XY}^{甲}=MRS_{XY}^{乙}$　　B. $MRS_{XY}^{甲}=MRS_{XY}^{乙}$

C. 甲与乙的 $MRS_{XY}=\frac{P_X}{P_Y}$　　D. $MRT_{XY}=\frac{P_X}{P_Y}$

8. 在两个人(甲和乙)、两种商品(X 和 Y)的经济中，达到交换的全面均衡的条件为(　　)。

A. 对甲和乙，$MRS_{XY}=\frac{P_X}{P_Y}$　　B. 对甲和乙，$MRT_{XY}=MRS_{XY}$

C. $(MRS_{XY})_{甲}=(MRS_{XY})_{乙}$　　D. 上述所有条件

9. 生产契约曲线上的点表示生产者(　　)。

A. 支出了最小成本

B. 获得了最大利润

C. 通过生产要素的重新配置提高了总产量

D. 以上均正确

10. 边际转换率度量(　　)。

A. 一个人为了多得到一单位的一种商品而愿意放弃另一种商品的数量

B. 如果生产中各种投入都被使用一单位产出的数量

C. 如果经济放弃一单位某种商品，它可以增加另一种商品的数量

D. 生产一单位产出所需投入的数量

二、多项选择题

1. 当最初的变化的影响广泛分散到很多市场，每个市场只受到轻微的影响时，(　　)。

A. 可以采用一般均衡分析　　B. 一般均衡分析很可能推出错误的结论

C. 局部均衡分析很可能推出错误的结论　　D. 结合局部均衡与一般均衡进行分析

E. 以上均正确

2. 下列各项中，属于瓦尔拉斯一般均衡模型的基本假定有(　　)。

A. 所有商品市场和要素市场均为完全竞争市场

B. 整个经济有 n 个消费者，每个消费者都是商品的需求者和要素的供给者

C. 整个经济有 n 个厂商，每个厂商都是要素的需求者和商品的供给者

D. 每个消费者的效用函数既定不变，每个厂商的生产函数既定不变

E. 以上均错误

3. 一般均衡状态即满足(　　)。

A. 每个消费者都依据预算线选购自己认为效用最佳的商品组合

B. 每个消费者都自己决定向生产单位提供要素的数量

C. 每个生产者都谋求最大利润

D. 在现有价格下，商品和资源市场供求平衡

E. 以上均错误

4. 在市场的一般均衡分析中，会运用到(　　)来确定产品市场和生产要素市场上需求曲线或供给曲线的形状。

A. 机会成本递增规律　　B. 边际报酬递减规律

C. 边际效用递减规律　　D. 以上规律都会运用到

E. 以上均不会被用到

5. 实现完全竞争下的均衡状态需要满足(　　)的条件。

A. 价格等于平均成本

B. 对每一个人及对他消费的每一种商品，边际效用与价格的比例都是相等的

C. 价格等于边际成本

D. 在个人间的收入分配没有显著的不平等

E. 以上均不满足

三、名词解释

1. 局部均衡

2. 一般均衡

3. 社会无差异曲线

4. 交易的一般均衡

5. 生产的一般均衡

6. 瓦尔拉斯均衡

四、计算题

在封闭经济中，用两种生产要素土地和劳动生产两种产品 X 和 Y，且供给曲线完全无弹性，所有要素为私有，市场完全竞争，并处于长期均衡中，生产函数为 $x=48^{0.25}k_x^{0.75}l_x^{0.25}$，$y=3^{0.25}k_y^{0.25}l_y^{0.75}$。其中 X 和 Y 分别为两种产品的年产出单位数，k_x 和 k_y 分别为产品 X 和 Y 生产过程中使用的土地平方千米数，l_x 和 l_y 分别为两种产品生产中雇用的劳动人数。所有人都具有相同的效用函数 $u=x^{0.5}y^{0.5}$。假定现在有 324 平方千米的土地、2 500名工人，产品 X 的价格为 100。试计算：

(1)产品 Y 的价格；

(2)每平方千米土地的年租金 R；

(3)每个工人的年工资 W。

五、简答题

1. 试分析一般均衡分析与局部均衡分析的区别。

2. 为什么说边际转换率和边际替代率不相等时，资源没有达到有效配置？

3. 试画图说明生产和交换同时均衡的条件。

4. 为什么完全竞争的市场机制符合帕累托最优状态？

第十一章　资源配置与经济福利

第一节　经济福利

关于福利的定义，我们可以追溯到英国古典经济学家庇古（A.C.Pigou），他曾在其经典著作《福利经济学》中对福利作过精辟的论述。他对福利提出了两个命题：一是福利的性质是一种意识形态，或是意识形态之间的联系；二是福利可以在或大或小的范畴内产生。他随后指出，在社会生活中，通过货币来测量福利无疑是可取的最佳方式，然而同时，我们的研究范围也被限制在能够直接或者间接与货币这一测量尺度有关的那部分社会福利。因此，他将这部分福利定义为经济福利。

此后，有关福利的理论和探究得到长足的发展，关于福利的定义也达成了较为统一的意见。福利经济学认为，个人是自己福利的判断者，所有个人福利的总和构成社会福利。这种福利也称为广义福利，它不仅包括人们从物质享受中得到的满足，还包括从精神需求中得到的满足，甚至包括所处社会环境的状况等。大多数西方经济学家承认，这种广义的福利无法具体地、准确地衡量，它超出了经济学的研究范围。因此，福利经济学只研究社会福利中可以直接或间接用货币衡量的部分，即经济福利。

那么，直接或间接用货币衡量的含义是什么呢？到底如何才能衡量呢？庇古援引马歇尔的分析方法，并按照英国税收专员的实用方法，进一步探讨了国民所得与经济福利的关系。国民所得是指人们用货币收入购买的所有东西。他认为国民所得和经济福利这两个概念是对等的。基于此，他得出了两个基本的命题：一是国民所得的多少就代表了社会经济福利的大小；二是若一国的国民收入是既定的，那么，国民所得分配的平均程度决定了社会经济福利的大小。

由此可见，在国民所得既定的情况下，我们应该将重点放在国民所得如何均等化分配之上，即资源配置问题。

第二节　资源配置

从第一个命题出发，庇古提出社会生产资源的最优配置问题。国民所得的增加或减少并不一定反映社会福利水平的增加或者减少，这还要看社会福利的分配程度。庇古运用基数效用论方法，认为在国民所得既定的情况下，把富人的一部分货币收入转移给穷人将增加总效用，从而增加一国的经济总量。一个百万富翁增加 100 元收入对他来说效用微乎其微，然而，对于一个饥寒交迫的人来说，增加 100 元收入的效用就大多了。由此可见，在国民所得既定的情况下，资源配置是我们所要考虑的重点问题。

对于一个国家而言，将国民所得放到生产领域就可以看作一国的生产资源。那么，问题就转化为一国生产资源如何配置的问题，即如何将这些生产资源合理地分配至各个生产部门，从而使得这些资源能够被充分地利用。如何衡量这些生产资源是否被充分地利用或者合理地配置呢？庇古在其《福利经济学》一书中提出了两个概念：一是边际社会净产品，二是边际私人净产品。边际社会净产品是资源边际增量在任一用途或地区中总的物质性净产品或客观服务的总和，不考虑其中每一部分归谁所有。比如，由于生产某种污染品对周围的水域造成了污染，给人们带来无法弥补的损失，而这种损失会由一些并不相干的人承担。边际私人净产品是指资源边际增量在任意用途或地区中所产生的实物或者服务的总产出的增加，其在出售之前是归生产资源所有者所有的。我们不妨将边际净产品的价值用其在市场出售后所得的货币来衡量，那么，边际社会净产值与边际私人净产值就是边际社会净产品和边际私人净产品在市场交换后所实现的价值。

然而，在生产过程中，生产者往往只关心自身的利益，并不关心社会利益，因此，其在生产过程中会或多或少地造成边际社会净产值与边际私人净产值不相一致的情况。比如，某生产者在生产某项污染性产品时，往往会对周围的居民或者其他生产者带来一定程度的损失。如化工厂的污水排放会对周围的居民身体健康造成影响，对在这一流域的鱼虾养殖的生产者造成损失，此时这家化工厂的边际社会净产值便小于其边际私人净产值。还有一种相反的情况，比如，一家城市垃圾处理厂，这家公司的工作不仅会给居民带来身心健康，还会为其垃圾处理区域的生意带来一定程度的提高。如此一来，垃圾处理公司的边际社会净产值便大于其私人社会净产值。

假设在不考虑资源转移成本的条件下，且社会上只有一种资源，则只有当这种资源在其每一种社会或生产用途上都能带来同样的边际社会净产值时，这种资源才达到充分利用，且使得此时的国民所得能够处于最大配置。以此类推，对于不考虑转移成本的多种社会生产资源而言，将某种边际社会净产值较小的资源转移至边际社会净产值较大的用途上去，必将会增加国民所得。

在现实经济中，边际社会净产值与边际私人净产值相异是十分常见的，而出于私人利益最大化的考量，各种自发形成的机制是无法驱使国民所得达到最优配置的，如信息不完全便会造成资源错配等现象的发生。因此，在自发形成的经济机制中只会促使边际私人净产值趋于相等而非边际社会净产值趋于一致，社会资源的最优配置显得尤为困难。

为了使得边际社会净产值达到一致，我们就得发挥政府的职能。如果某企业的边际社会净产值小于其边际私人净产值，政府应该对其进行征税；如果某企业的边际社会净产值大于其边际私人净产值，政府为扶持该企业或该行业，就应该对其进行津贴补助。由此才能使社会资源达到最优配置，使社会福利达到最优。

从第二个命题出发，庇古实际上是提出了收入资源的最优分配问题。按照经济学原理，货币的边际效用也是递减的，即同量的货币收入带给穷人的边际效用要大于富人，因此收入分配的差距过大会影响社会的总效用。经济学家庇古提出采取累进所得税、遗产税、失业补助、养老金和社会救济等政策，以及通过政府的转移支付来缩小贫富差距，以增大社会福利的总效用。

第三节 福利经济学

通过一般均衡分析求得的结果不一定是最优状态，对全社会来说，可能还没有实现资源的最优配置和社会福利的最大化。那么如何解决这些问题，就要借助福利经济学的相关理论和方法。

一、福利经济学的含义

在前面的分析中，我们的思路都是主要针对经济现象进行描述。针对一些条件得到控制的情况下，另外一些变量发生变化时所带来的因变量的变化，这些都属于实证分析的范畴。实证经济学只是探究发生的现象是什么，却不会考虑这样的现象是否合理。福利经济学是西方经济学的一个分支，属于以规范分析为主的学科，它从微观经济主体的要求出发，在一定价值判断的基础上提出社会福利的目标，考察社会的福利状况，用以评判资源配置和经济运行的优劣程度。

正是因为福利经济学是在一定的价值判断基础上所研究的，所以，如果价值判断标准不同，最终分析的结果也会相差甚远。福利经济学所研究的问题是：社会如何判断整体的福利状况？社会福利的含义是什么？个人目标和社会目标的冲突何在？这些冲突会造成什么样的后果？

基于这些问题的逻辑演绎，我们可以抽象出福利经济学的三大社会目标。

二、福利经济学的社会目标

福利经济学的社会目标不但有经济福利的需求，还有一般福利的要求，包括人们在欲望、感情和知识等方面，有些已超出了经济学所能考察的范围。大致有以下三大社会目标：

首先，要实现最大的选择自由。充分的选择自由能满足人们不同的偏好，从而扩大资源和产品的实际效用。但是，正如民主制度对自由的定义一样，选择自由的前提是维护整个社会的利益，不能以牺牲别人的利益为代价。所谓帕累托最优，就是追求社会福利与个人福利相一致的产物。

其次，要实现最高的经济效率。增加国民的产出总量是增进社会福利的基本因素，而提高资源的利用效率是在资源、技术等外生条件不变的情况下，提高国民产出的有效途径。通过提高资源的利用率这一内生要素，有利于增强国力和提高全民的福利水平。

最后，要实现公平的收入分配。如果收入差距过于悬殊，会降低社会整体的福利水平，也就是少数人过多地占用了社会资源，违背了社会福利最大化的目标。此时，政府应当采取措施缩小这种差距，使社会资源和产品的效用达到最大化。当然，公平的收入分配并不是指平均的收入分配，否认效率导致的收入差距不能形成有效的激励机制。

三、福利经济相关理论

关于福利经济学的起源最早可以追溯到英国古典经济学家亚当·斯密，他曾在其著作《国民财富的性质及原因研究》中认为“每个人都在力图应用他的资本使其产品得到最大的价值。一般地说，他并不企图增进公共福利，也并不知道他所增进的公共福利为多少。他所追求的仅仅是他个人的安乐，仅仅是他个人的利益。在这样做的时候，有一只看不见的手引导他去促成一种目标，而这种目标绝不是他所追求的东西。由于追逐他自己的利益，其效果要比他真正想促进社会利益时所得到的效果大”。由此可见，斯密认为，市场这只“看不见的手”可以自发地将个人利益的追逐演化一种社会利益的实现。

亚当·斯密的论述中孕育着福利经济学的思想，却并未提出“福利”这一概念。福利经济学早期阶段的代表人物——英国经济学家霍布森对福利经济学的发展起到了重要的作用。他认为经济学的研究应该以社会福利为中心，传统的经济学分析只是侧重于在竞争机制中分析价格和收入，却未曾关心这一收入分配中的平等性问题，收入分配与社会福利紧密联系，我们不能忽略对收入分配的研究。他还提出了“有机福利”的概念，这一概念是指个人需要应该和社会需要相结合，不仅要考虑所获得物品的效用，还要考虑是谁获得了该物品，从而给社会整体福利所带来的影响。从他的观点延伸来看，我们不仅要考虑财富的总量，更不能忽略财富的结构性分配问题。

霍布森对福利经济学的发展起到了重要的作用，然而其并未将福利经济学形成一门学科。这一工作是英国经济学家庇古独创性的贡献，他将福利经济学进行系统化的探究，并将福利经济学形成了一门分支学科。根据边际效用论提出两个基本的福利命题：(1)国民收入总量越大，社会经济福利就越大；(2)国民收入分配越是均等化，社会经济福利就越大。他认为，经济福利在相当大的程度上取决于国民收入的数量和国民收入在社会成员之间的分配情况。因此，要增加经济福利，在生产方面必须增大国民收入总量，在分配方面必须消除收入分配的不均等。我们在前面已经进行了阐述。

庇古的福利经济学也存在着许多缺点，后来的经济学家对他进行了批评。一是基数效用难以衡量。庇古的基数效用论来源于他的老师马歇尔，然而，庇古所分析的福利经济学又不同于马歇尔供求决定价格的理论，因而产生一系列难以解释的现实矛盾。二是收入的均等化问题。竞争下的正常收入差距不应看作不公平，政府强制介入反而会破坏公平竞争、损害经济效率、降低人们的生产积极性，最终导致社会福利减少。后来的新福利经济学则以序数效用为基础，代表人物有帕累托、卡尔多、希克斯、柏格森、萨缪尔森等。其中，帕累托的思想独树一帜，他提出的最优状态理论成为支撑新福利经济学的主要框架。

第四节 帕累托最优

帕累托最优是追求社会福利最大化的理论和方法的产物。本节在阐明帕累托最优的含义的基础上，具体分析帕累托最优状态实现的三个条件。说明只有在完全竞争的条件下，才能达到帕累托最优状态；而在非完全竞争条件下，只能求其次的理论见解。

一、帕累托最优的含义

微观经济学的实质是要提高资源的配置效率。这里的效率是和所有社会成员的福利状况联系在一起的，资源的配置效率直接影响不同社会成员的福利水平。所谓帕累托最优，就是衡量社会福利状况或资源配置效率的一种标准。

意大利经济学家帕累托(V. Pareto)认为,假如改变现有的资源配置可以使一部分人的福利增加,同时又不会使其他人的福利减少,那么,这一改变就能增加整个社会的福利,是值得采取的。

如果没有一个人可以在不使其他人境况变坏的条件下使自己的境况变得更好,这样的资源配置就被称为帕累托最优配置(Pareto optimum),或者称为帕累托效率。通俗地说,如果资源配置达到了一种不损人就不能利己的状态,那就是帕累托最优。彼此在不损害他人福利的前提下增进了自己的福利,这被称为帕累托改进。只要存在帕累托改进的余地,资源配置的效率就没有达到最大。帕累托最优意味着资源的配置效率达到了最大,任何重新配置的结果都只能使它的效率降低。

小链接

计划经济条件下的帕累托改进

在计划经济条件下,资源配置远未达到帕累托最优状态。比如,在计划经济条件下,劳动力不能自由流动。大学毕业时A本来希望去企业,而B希望去机关。结果A被分配到了机关,B则被分配到了企业,两个人都觉得工作不如意,因此不能充分发挥自己的才干,都感觉比较苦闷。如果让两个人交换工作,则会为社会创造更大的财富,个人也能从中受益。这两个人可能并非刚好从事对方擅长的工作,但从整个社会范围来看,劳动力的合理流动和重新配置显然有利于效率的提高。在社会生产、生活的各个方面,帕累托改进都有很大的余地。

二、实现帕累托最优的三个条件

帕累托最优是如何实现的?帕累托最优要同时符合三个条件,即在交换中实现均衡的条件,在生产中实现均衡的条件,以及生产与交换同时实现均衡的条件。从这一表述中我们不难发现,某经济达到帕累托最优的条件与我们在上一章所讲的一般均衡联系在一起,即一般均衡理论在此应用于福利经济学领域。

(一)交换的均衡条件

如果一个社会只有两个消费者A和B,消费两种产品X和Y,A与B如何通过相互交换各自的产品,使得产品效用的总和达到最大?这个问题实际上就是要解决这一定量的X和Y产品如何在消费者A和B之间进行分配。我们现在假设这两个消费者在交换之前就已经各自拥有一定量的X和Y产品。现在就是要进行交换以使得两人持有这两种商品组合的总效用水平提高,直到进行交换已经不能再提高他们所具有的效用水平时,交换就可以停止了,我们称之达到了帕累托最优状态。

对于消费者A和B而言,达到帕累托最优状态的条件是两者对于X和Y这两种商品的边际替代率相等。即:

$$MRS_{XY}^{A}=MRS_{XY}^{B}$$

我们对于此条件进行举例证明。假设两者的边际替代率不相等,首先我们假设对于消费者A而言,其对产品X和Y的边际替代率是6∶1。即:

$$MRS_{XY}^{A}=\left|\frac{\Delta Y}{\Delta X}\right|=\left|\frac{MU_X}{MU_Y}\right|=\frac{6}{1}$$

这就意味着消费者 A 消费 1 单位 X 产品的效用相当于消费 6 单位 Y 产品的效用。对于消费者 B，我们不妨假定其对产品 X 和 Y 的边际替代率为 3∶1，即：

$$MRS_{XY}^{B}=\left|\frac{\Delta Y}{\Delta X}\right|=\left|\frac{MU_X}{MU_Y}\right|=\frac{3}{1}$$

即消费 1 个单位的产品 X 对消费者 B 带来的效用相当于消费 3 单位的产品 Y 所带来的效用。此时，若两者进行产品交换，会发生什么样的情形呢？第一种情况是消费者 A 用 3 单位的 Y 与消费者 B 交换 1 单位的产品 X，此时我们发现消费者 B 的总效用水平并未发生变化，然而消费者 A 的总效用水平增加了 3 单位。第二种情况是消费者 B 用 1 单位的产品 X 与消费者 A 交换 3 单位的产品 Y，此时消费者 B 的总效用水平并未发生变化，但是消费者 A 的总效用水平增加了 3 单位。由此我们可以发现，若两个消费者的边际替代率不相等，他们就可以通过交换来提高总的效用水平。无疑，这两个消费者关于产品 X 和 Y 的交换比率应该介于 6∶1 和 3∶1 之间即可，这样两个消费者通过交换可以增加或者至少不降低自己的效用水平，而两者的总效用水平总是上升的，直至两者对于这两种产品的边际替代率相等时，才达到了帕累托最优状态。

由此得出了帕累托最优状态的第一个条件：任何两种商品之间的边际替代率对所有的消费者来说都相等。当这个条件满足时，意味着商品在消费者之间的配置达到了最佳。

(二)生产的均衡条件

我们假设在某一社会中只有既定量的 L 和 K 两种生产要素，生产 X 和 Y 两种产品，现在技术水平是一定的，那么，我们所需要考虑的问题就是如何在既定的社会总资源和生产技术水平下，通过资源的配置使得生产产品的产量达到最大化。

通过资源配置使这两种产品产量最大化的条件就是生产的均衡条件，即对于生产产品 X 和 Y 来说，使用 L 和 K 这两种生产要素的边际技术替代率相等。即：

$$MRS_{LK}^{X}=MRS_{LK}^{Y}$$

这就意味着，若两种生产要素 L 和 K 的边际技术替代率不相等，生产资源就还未达到最优的配置，我们肯定能够通过生产资源的调整使得某一种产品的产量增加，另一种产品的产量至少保持不变，总体产量上升。若这两种生产要素的边际技术替代率已经相等，那么，资源配置的调整可能会使某一种产品的产量下降，而另一种至少不变或下降。

同样，我们可以通过实例来证明这一条件。假设这两种生产要素的边际技术替代率并不相等，不妨假设生产 X 产品的两种生产要素 L 和 K 的边际技术替代率是 2∶1。即：

$$MRS_{LK}^{X}=\left|\frac{\Delta K}{\Delta L}\right|=\left|\frac{MP_L}{MP_K}\right|=\frac{2}{1}$$

这就意味着在保持生产产品 X 的产量不变的条件下，1 单位的生产要素 L 可以替代 2 单位的生产要素 K。我们同时假设，生产 Y 产品的两种生产要素 L 和 K 的边际技术替代率是 4∶1。即：

$$MRS_{LK}^{Y}=\left|\frac{\Delta K}{\Delta L}\right|=\left|\frac{MP_L}{MP_K}\right|=\frac{4}{1}$$

这表明在保持生产产品 Y 的产量不变的条件下，1 单位的生产要素 L 可以替代 4 单位的生产要素 K。

此时，如果我们将两种产品的生产要素进行适当的交换，可以促进产量增加。比如，将 X

生产者的 1 单位的生产要素 L 去交换 Y 生产者的 4 单位的生产要素 K，这样可以保持 Y 生产者的总产量不变，而 X 生产者的产量增加，因为对于 X 生产者而言，其 1 单位的生产要素 L 能够换来 2 单位的生产要素 Y 就可以保持其产量不发生变化，现在换来了 4 单位的生产要素 Y，其产量会增加。当然，我们也可以假设 X 生产者用 1 单位生产要素 L 与 Y 生产者交换了 3 单位的生产要素 K，这样对于 X 和 Y 生产者他们的产量都能够提高。直到 X 和 Y 生产者的边际技术替代率相等时，这两个生产者才不能通过生产要素的相互交换来再次提高产量，我们就说实现了帕累托最优状态。生产的均衡条件也由此可以证明。

由此得出了帕累托最优状态的第二个条件：在全部产品的生产中，任何一种产品所使用的两种生产要素的边际技术替代率都相等，此时，生产要素的配置达到了最佳。

(三)生产与交换同时均衡的条件

在前面讨论的交换的均衡条件和生产的均衡条件中，我们都是将这两种情况完全分开来进行讨论，那么，在既有交换又有生产的经济中，均衡条件如何呢？这肯定不是将分开来的两种均衡条件简单地并列，因为我们在讨论这两者结合的均衡时，前提假设也发生了变化，此时，我们不妨假设，在这一经济中，有两个经济行为人 A 和 B，他们既是生产者也是消费者。作为生产者，他们的生产技术水平既定；作为消费者，他们的偏好是不变的。在这一经济中仍然只有两种生产要素 L 和 K，只有两种产品 X 和 Y。

在介绍生产与交换同时均衡的条件时，我们首先介绍两个概念：一是生产可能性曲线，二是边际转换率。生产可能性曲线(production possibility curve)又称为产品转换曲线，是指在生产技术水平和社会生产资源总量不变的情况下，充分利用所有的生产资源所能生产出的两种产品所有可能的组合所构成的曲线，见图 11－1。

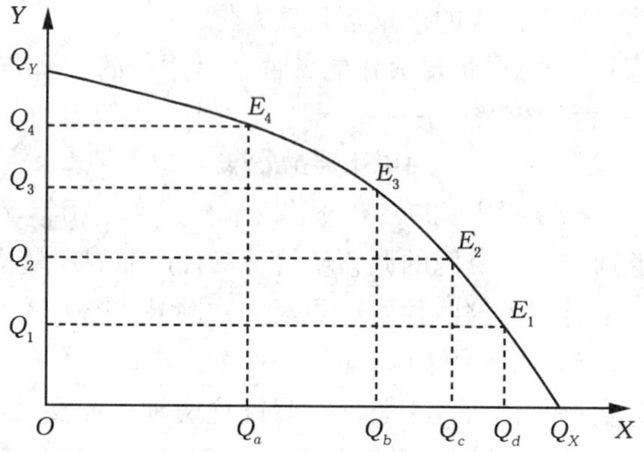

图 11－1　生产可能性曲线

边际转换率(marginal rate of transformation，MRT)是指在生产可能性曲线上的某点，如果要增加产品 Y 的产量就必须减少产品 X 的产量，这也就意味着两种产品 X 和 Y 之间存在一定的转换比率，这一比例也可以看作生产可能性曲线上某点的斜率的绝对值，即：

$$MRT_{XY}=\lim_{\Delta x\to 0}\left|\frac{\Delta X}{\Delta Y}\right|=\left|\frac{dY}{dX}\right|$$

所以生产可能性曲线又可称为产品转换曲线。

那么，生产与交换同时达到均衡的条件就是这两个消费者消费这两种产品的边际替代率等于这两个生产者生产这两种产品的边际转换率，见图 11－2。

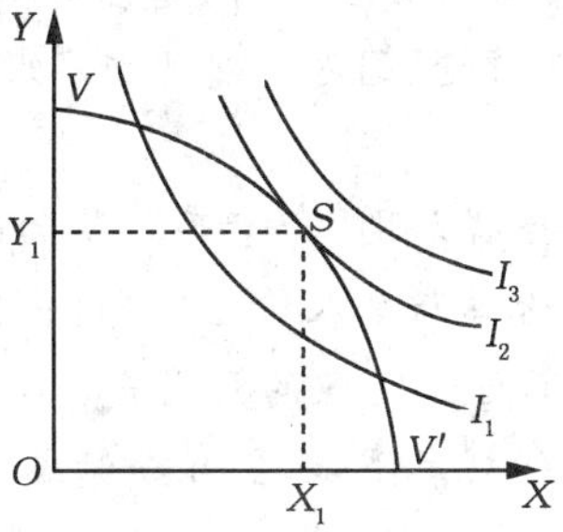

图 11－2　生产与交换同时达到均衡的条件

假定经济体中只有一个消费者，并列出其效用水平无差异曲线组合 I_1、I_2、I_3，$I_1<I_2<I_3$。很明显，在现有资源的承载能力内，能达到最高效用水平的最优组合应该是 I_2 曲线与生产可能性曲线的切点 S 点所代表的产品组合。因此，该点为生产和交换的一般均衡，其边际转换率等于边际替代率，即 $MRT_{XY}=MRS_{XY}$。

由此得到了帕累托最优状态的第三个条件：消费者对任意两种商品的边际替代率，要等于生产这两种商品的边际转换率，才能使生产和交换同时实现资源的最佳配置。

小链接

阿罗不可能定理

在我们的心目中，选举的意义恐怕就在于根据多数票原则，通过投票推举出最受我们爱戴或信赖的人。然而，通过选举能否达到这个目的呢？1972 年，诺贝尔经济学奖获得者、美国经济学家阿罗采用数学中的公理化方法，于 1951 年深入研究了这个问题，并得出在大多数情况下是否定的结论，那就是鼎鼎大名的“阿罗不可能定理”。阿罗不可能定理是指在一般情况下，要从已知的各种个人偏好顺序中推导出统一的社会偏好顺序是不可能的。我们对此加以证明。

假定有张三、李四、王五三个人，他们为自己最喜欢的明星发生了争执，他们在刘德华、张学友、郭富城三人谁更受观众欢迎的问题上争执不下：张三排的顺序是刘德华、张学友、郭富城；李四排的顺序是张学友、郭富城、刘德华；王五排的顺序是郭富城、刘德华、张学友。到底谁更受欢迎呢？没有一个大家都认可的结果。如果规定每人只投一票，三个明星将各得一票，无法分出胜负。如果改为对每两个明星都采取三人投票，然后依少数服从多数的原则决定次序，结果又会怎样呢？

首先看对刘德华和张学友的评价，由于张三和王五都把刘德华放在张学友的前面，两人都会选择刘德华而放弃张学友，只有李四认为张学友的魅力大于刘德华，依少数服从多数的原则，第一轮刘德华以 2∶1 胜出；再看对张学友和郭富城的评价，张三和李四都认为应把张学友放在郭富城的前面，只有王五一人投郭富城的票。在第二轮角逐中，自然是张学友胜出；接着再来看对刘德华和郭富城的评价，李四和王五都认为还是郭富城更棒，只有张三认为应该把刘德华放在前面，第三轮当然是郭富城获胜。

通过这三轮投票，我们发现对刘德华的评价大于张学友，对张学友的评价大于郭富城，而对郭富城的评价又大于刘德华，很明显我们陷入了一个循环的境地。这就是“投票悖论”。也就是说，不管采用何种游戏规则，都无法通过投票得出符合游戏规则的结果。

如果世界上仅限于选明星的事情就好办多了，问题在于一些关系到国家命运的事情的决定上，也往往会出现上述的“投票悖论”问题。对此很多人进行了探讨，但都没有拿出更有说服力的办法。

在所有人为寻找“最优公共选择原则”奔忙而无获的时候，美国经济学家阿罗经过苦心研究，在1951年出版的《社会选择与个人价值》中提出他的不可能定理，并为此获得了1972年诺贝尔经济学奖。阿罗不可能定理的意思是，“只要给出几个选择者都必然会接受的前提条件，在这些前提条件的规定下，人们在一般或普遍意义上不可能找到一套规则（或程序）在个人选择顺序基础上推导出来”。由此进一步推出，在一般或普遍意义上，无法找到能保证所有选择者福利只会增加不会受损的社会状态。

阿罗所说的几个选择者必然接受的条件是：(1)广泛性。至少有三个或三个以上的被选方案，以供选择者选择。(2)一致性。即一定的社会选择顺序以一定的个人选择为基础，但必须符合公众的一致偏好。(3)独立性。不相关的方案具有独立性。(4)独立主权原则。对备选方案的选择和确定，应由公民完全依据个人的喜好而定，不能由社会强加。(5)非独裁性。不能让每一个人的喜好决定整个社会对备选方案的排序顺序，应坚持自由和民主的原则。

阿罗认为上述五个相互独立的条件每一个都是必要的，但是要构造能同时满足这些条件的社会福利函数是不可能的。导致不可能的原因在于这五个条件之间存在相互矛盾，因此不可能达到完全一致。他从中得出了一个似乎不可思议的结论：没有任何解决办法能够摆脱“投票悖论”的阴影，在从个人偏好过渡到社会偏好时，能使社会偏好得到满足，又能代表广泛的个人偏好这样一种排序方法，只有强制与独裁。这样寻找合理的社会选择机制的努力就几乎陷入了困境。

阿罗不可能定理，打破了一些被人们认为是真理的观点，也让我们对公共选择和民主制度有了新的认识。因为我们所推崇的“少数服从多数”的社会选择方式不能满足“阿罗五个条件”。如市场存在着失灵一样，公共选择原则也会导致民主的失效。因此，多数票原则的合理性是有限度的。

[资料来源]于善波：《西方经济学案例》，中国商务出版社2008年版，第129～130页。

三、完全竞争与帕累托最优状态

完全竞争状态是指每种商品的价格对于所有消费者来说都是相同的，因而任何两种产品的边际替代率必定相等，即 $MRS_{XY}=\dfrac{\Delta Y}{\Delta X}=\dfrac{P_X}{P_Y}$，满足了帕累托最优的第一个条件。

生产者追求利润的最大化，使生产要素的边际技术替代率等于要素的价格之比，即有 $MRTS=\dfrac{\Delta K}{\Delta L}=\dfrac{P_L}{P_K}$。在完全竞争条件下，要素的价格对于所有生产者来说都是相同的，因而任何一组要素的边际技术替代率必定相等，满足了帕累托最优的第二个条件。

就帕累托最优的第三个条件来说，在完全竞争条件下为求利润最大，存在 $MR=MC$，而且，$MRT_{XY}=\dfrac{MC_X}{MC_Y}$，$\dfrac{MC_X}{MC_Y}=\dfrac{P_X}{P_Y}$，所以 $MRT_{XY}=MRS_{XY}$，也就满足了帕累托最优的第三个条件。

因此，帕累托最优状态可以在完全竞争的市场中达到，因为帕累托最优的三个条件能够在完全竞争的状态中得到满足。完全竞争的均衡便是帕累托最优状态，即一般均衡的实现。

现实经济不可能处于完全竞争状态，也不可能达到帕累托最优。自20世纪50年代以来，一些西方福利经济学者认为，如果不能满足最优状态的全部条件，那就退而求其次，力争实现资源的次优配置。这一理论后来被称为次优理论（theory of the second best）。

然而，帕累托最优并非没有现实意义，它在经济生活中仍有指导意义和导向作用，他的理论也成为福利经济学的中心课题。

第五节　公平和效率

公平和效率的问题是经济学家普遍关心的理论难题，实质是如何正确处理生产与分配的关系问题，它们并不是完全对立的，而是既有区别又有联系。因此，我们必须深入研究它们的关系，使两者能够有机结合、相互促进。

一、洛伦茨曲线与基尼系数

收入差距过于悬殊，产品分配严重不均，会导致社会的福利水平下降，那么，我们该如何克服这种现象？首先需要找到衡量收入分配平均程度的客观标准。洛伦茨曲线（Lorenz curve）和基尼系数（Gini coefficient）正是用以反映社会收入分配状况的方式和指标。

洛伦茨曲线是反映社会贫富状况的曲线。在图11－3中，从横轴看，O点表示人口为0，H点表示全部人口，OH表示从穷到富的人口比例。从纵轴看，O点表示社会总收入为0，M点表示100%的社会总收入，OM表示相应人口的收入占社会总收入的比例。因此，洛伦茨曲线表示一定比例的人口其收入占总收入的比重，如G点表示60%的人口，其收入占总收入的30%。显然，对角线OF是表示收入分配绝对平均的状况，如E点表示60%的人口占有60%的收入。折线OHF表示收入分配的绝对不平均状况，即一个人占有了总收入的100%，而其余人的收入均为零。

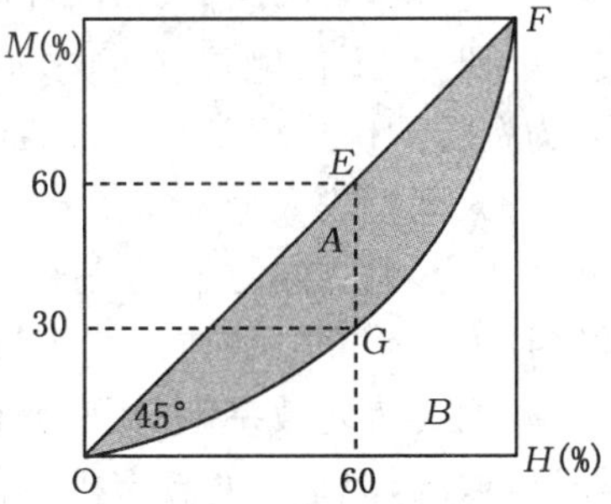

图11－3　洛伦茨曲线

其实，一个国家的收入分配既不可能完全平均，也不可能绝对不平均，而实际状况总是介于两者之间。所以，洛伦茨曲线既不可能是对角线OF，也不可能是折线OHF，而总是类似于图中的弧形OGF。洛伦茨曲线的弧度越大，表现为图中阴影部分的面积越大，说明社会收入分配的差距越大。

基尼系数是反映社会收入分配平均程度的指标，这个指标在数值上就是图中的阴影面积 A 除以三角形 OHF 的面积(即 $A+B$)。显然，基尼系数大于0、小于1，且基尼系数越小，表示收入差距越小；基尼系数越大，表示收入差距越大。收入分配严重不均的国家，其基尼系数为0.5～0.7；收入分配差距较小的国家，其基尼系数一般为0.25～0.4。

在改革开放以前，我国城镇居民个人收入的基尼系数为0.15，这在世界范围内算是极低的，说明当时的平均主义非常严重。目前，我国基尼系数有加大的趋势，说明收入不均正在加剧。与此同时，社会收入差距的拉大阻碍了经济效率的提高，也不利于社会福利最大化的实现。

小链接

我国的基尼系数

在我国现时期，随着改革开放的深化，收入分配不平等现象越来越严重，根据国家统计局统计数据显示，1978年中国居民收入基尼系数为0.317 0，1985年曾下降至0.223 7，而后基本上逐年递增，在1990年上升到0.357 0，2000年达到0.390 3，2003年升至0.479，2006年则达到0.487，2013年我国居民收入基尼系数为0.473。

二、公平和效率的关系

资源配置是效率标准，收入分配是公平标准。庇古主张应该把社会上穷人的收入不减少作为检验福利的标准。在不减少穷人收入的情况下，如果增加了社会资源的利用效率，则可认为社会福利有了提高。如果国民收入水平不变，增加了社会资源的利用效率，也可以认为社会福利得到了提高。

许多经济学家认为，公平和效率的关系如鱼与熊掌不可兼得，因而成为福利经济学长期争论不休的重要论题。公平本身有两种含义：一种是指起点公平，即社会成员面临选择的机会均等；另一种是指结果公平，即相同的资源投入带来的收入均等。因此，我们不仅要根据第一种含义的公平，而且要根据第二种含义的公平，解决它们与效率的种种矛盾和问题。

经济学家们对公平与效率关系的研究，不仅侧重点不同，而且出现多次反复。例如，庇古把效率和公平都置于重要地位，认为资源的优化配置和收入的合理分配，都会对社会福利产生积极的影响。后来，帕累托、卡尔多等人则把收入分配排除在外，主要讨论经济资源利用的效率问题。而柏格森、萨缪尔逊等人又认为，只有同时解决公平与效率的问题，才可能实现社会福利的最大化。还有不少经济学家致力于研究公平与效率的替代关系和替代程度，因为在他们看来，要实现公平就必须牺牲效率，而要实现效率就必须牺牲公平。研究结果表明，缺乏公平的效率和缺乏效率的公平都是不可取的，但是使两者有机结合的理想状态很难确定。

(一)效率优先

所谓效率优先，就是在收入分配上首先考虑效率，把它作为第一要素。经济效率高，所得到的收入也高；反之则反是。只有在保证效率的基础上，才能更好地解决公平问题。自改革开放以来，我国经济发展十分迅速，在一定程度上遵循着效率优先的政策，发展就是硬道理是我国改革开放初期的指导方针。

那么，怎样才能做到效率优先呢？就是要让市场机制在收入分配过程中充分发挥作用，让市场的供求关系决定生产要素的价格，决定收入分配的差距，也就是要承认个人天赋的差别、后天努力的差别、不同效率的差别。总之，承认一切合法和合理的差别，并把它们与经济运行的结果即收益联系起来，就会对经济效率的提高产生激励和促进作用。我国改革开放30多年来的经济迅猛发展正是印证了效率优先的原则。

(二)兼顾公平

效率优先不是不要平等，为了兼顾公平，需要做好以下几个方面的工作：

第一，要减少和消除那些不合理甚至不合法的收入，它们不是实行市场经济的结果，恰恰是市场经济不健全的表现，是导致收入分配差距过大的重要原因。值得注意的是，这些不合理、不合法的收入，不仅严重恶化了收入分配状况，而且还会引起群众的不满，导致经济衰退和社会动荡。

第二，要促进机会均等。机会均等是公平竞争的前提，在机会均等的社会中，其收入分配也比较合理；反之，机会不均等则会扩大收入差距，使不平等的程度加深，因此克服和消除机会不均等成为改善收入分配的重要途径。不仅如此，机会不均等也会反过来影响效率。例如，贫穷家庭的子女不能得到好的教育也是一种人力资源的损失，它会制约社会的经济效率提高。争取就业平等、教育平等，向广大人民群众特别是向贫穷地区提供广泛的接受教育和充分就业的机会，提供完善的市场信息和科技服务，是改善收入分配状况和促进社会公平的有力措施和方法。

第三，要限制某些行业、某些个人的垄断性收入。由于政府的特许，或者其他原因，如自然条件或规模效益等，在经济中常常会出现许多垄断企业。这些企业无论是在生产上还是在分配上，都有其内在的“缺陷”。垄断形成的过高收益，既缺乏效率，又缺乏公平，因此政府有必要对它进行干预。

第四，要维护生存权利和消灭贫穷状况。贫穷是收入分配中的一个特殊问题，贫穷的存在不仅影响收入分配状况的改善，而且本身就是一个严重的社会问题。由于贫穷，许多人得不到适当的保健和教育，更不用说用剩余财力进行储蓄和投资，这就在很大程度上影响了社会经济效率的提高。实际上，就改善收入分配而言，提高社会最底层人的收入水平，向他们提供更多、更好的保健和教育条件，是提高整个社会经济效率的重要途径。

小链接

福利国家的困扰——公平与效率

贫富差距随着经济的发展而逐步加深，在工业化进程中，一部分人逐渐沦落为穷人，这些现象的恶化势必会引发社会冲突，早期的解决方法是教会、慈善机构或政府的救济行动。20世纪30年代之后，一些国家建立系统的社会保障制度。第二次世界大战后，各个发达国家开始了社会保障与福利计划。以较早实现福利国家的瑞典为例，包括：(1)养老金制度，从1960年起不仅对全体老年人实行基本养老金制度，而且还对退休老人实行补充退休金制度；(2)扩大到全民的医疗保险制度，各级政府承担经营医疗服务的责任；(3)建造住房及住房津贴制度；(4)广泛推行了失业保险制度，对病休职工现金补贴提高到工资的90%；(5)通过部分企业的国有化和补贴提高就业水平；(6)其他福利补贴，如向大学生普遍提供的奖学金和贷款、对贫困家庭的补贴、对有未成年子女家庭的补贴等。

这些福利制度在很大程度上促进了社会公平。市场经济早期的贫富对立曾经引起无数有良知的人的谴责。只有在第二次世界大战后各国实施了众多的福利计划后，社会才基本消灭了贫困，每个人都过上了能保障基本所需的生活，穷人分享到了一些经济进步的好处，这种平等的实现是社会进步的结果。

然而，这种平等也是有代价的，而且代价十分高昂。因为庞大的社会保障和福利支出是由政府财政支出所承担的，在实行福利的国家，这部分支出无疑十分巨大。仍以瑞典为例，20 世纪 80 年代起福利支出就占到了 GDP 的 2/3 以上。除了瑞典之外，北欧国家的福利支出也基本占到 GDP 的一半以上。庞大的福利支出也是造成这些国家财政赤字的主要原因。与此同时，由于财政支出来自于税收，这势必会带来较大的税收负担，无疑，瑞典也是税收重国。仅是中央和政府的所得税在 20 世纪 80 年代就占到一般职工收入的 60%左右。

这样巨大的福利支出和税收负担降低了社会生产率。一方面，高福利滋生了人们工作的惰性；另一方面，过高的税收打击了人们劳动的积极性。美国社会学家吉尔德曾经指出："失业补贴促进失业人数的增加。对有子女家庭的援助计划使更多的家庭有子女需要抚养，使更多的家庭没有父亲。多种形式的残病保障，也会鼓励小毛病转变成残废，使部分残废变成全部残废和永久残废。支付社会保障会阻碍人们去照顾老年人，从而使代与代之间的联系消失。"福利国家在很早以前就已超过收益递减和阻碍生产的地步。更何况财政赤字、通货膨胀、公共投资减少都使生产率下降。福利"天堂"的欧洲无疑也是失业率最高的地方。

公平是人类的理想，但实现平等化的过程却引起效率损失，这就是漏桶效应。实现公平以损失效率为代价，但提高效率又要损失公平。公平与效率是一道难解的题。兼顾公平和效率是社会发展的一个目标。效率优先、兼顾公平也是理想，但是哪个国家能够真正做到呢？我国的目标是"共同富裕"，但决不是那种降低效率的平均主义。

［资料来源］改编自梁小民：《微观经济学纵横谈》，中国出版集团 2005 年版，第 189～192 页。

课后习题

一、单项选择题

1. "人们的收入差距是大一点好还是小一点好"属于(　　)所要研究的问题。

A. 实证经济学　　B. 规范经济学　　C. 宏观经济学　　D. 微观经济学

2. 如果产品在消费者之间的任何重新分配都会至少降低一个消费者的满足水平，这种状态是(　　)。

A. 效率不高的　　B. 帕累托最优　　C. 不合理的分配　　D. 比较合理的分配

3. 在生产上符合帕累托最优状态的条件是(　　)。

A. 边际收益等于边际成本

B. 边际收益等于要素边际成本

C. 任何两种要素间的边际技术替代率对任何两个要素都相等

D. 边际收益等于商品价格

4. 福利经济学提出的限制社会下的最大满足点是指最大福利的(　　)。

A. 生产点　　B. 交点
C. 生产、交换点　　D. 生产、交换和分配的唯一点

5. 经济中生产的所有商品都必须以有效率的方式在各人之间加以分配，这样的要求称为(　　)的效率。

A. 生产　　B. 分配　　C. 产品组合　　D. 交换

6. 生产契约曲线上的点表示生产者(　　)。

A. 获得了最大利润
B. 支出了最小成本
C. 通过生产要素的重新配置提高了总产量
D. 以上均正确

7. 如果减少甲厂家某种要素投入来增加乙厂家的生产，结果是所增加的产量在补偿甲厂家的损失后还有剩余，这种情况是(　　)。

A. 非帕累托最优状态　　B. 最有经济效率的
C. 均衡状态　　D. 总收益最大

8. 阿罗不可能定理是说(　　)。

A. 总供给与总需求相一致是不可能的
B. 总收益与总成本相一致是不可能的
C. 社会利益不可能是个人利益的总和
D. 在任何情况下，从个人偏好次序达到合乎理性的社会偏好次序是不可能的

9. 在公平与效率关系上，奥肯主张(　　)。

A. 公平与效率同等重要　　B. 效率重要
C. 公平重要　　D. 公平与效率相妥协

10. 两种商品在两个人之间的分配，能被称为帕累托最适度的条件为(　　)。

A. 不使其他个人受损失就不能使另一个人受益
B. 个人都处在其消费契约曲线上
C. 个人都处在他们的效用可能性曲线上
D. 包括以上所有条件

二、多项选择题

1. 帕累托最优的必要条件包括(　　)。

A. 所有消费者对任意两种商品的边际替代率都相等
B. 厂商使用两种生产要素的边际技术替代率都相等
C. 厂商生产两种产品的边际转换率等于消费者消费这两种商品的边际替代率
D. 每个消费者的效用为最大
E. 不需要所有消费者的效用为最大

2. 一个社会要达到最高的经济效率，得到最大的经济福利，进入帕累托最优状态，必须(　　)。

A. 满足交换的边际条件：$(MRS_{XY})_{甲}=(MRS_{XY})_{乙}$
B. 满足生产的边际条件：$(MRTS_{LK})_X=(MRTS_{LK})_Y$
C. 满足替代的边际条件：$MRT_{XY}=MRS_{XY}$
D. A 和 B 满足条件

E. 上述条件都不是

3. 有关伯格森、萨缪尔森等人提出的社会福利函数理论，下列选项中不是这些理论试图解决的问题是(　　)。

A. 帕累托最优状态

B. 在社会福利函数下，确定哪一点社会福利为最大

C. 厂商的供给和需求相等

D. 如何实现最大利润的均衡

E. 以上都不是

4. 从福利经济学角度出发，在交换和生产上，下列不符合帕累托最优状态的条件是(　　)。

A. 平均收益大于边际收益

B. 任何两种商品的产品转换率等于它们的商品替代率

C. 平均收益小于边际收益

D. 平均收益大于平均成本

E. 平均收益小于平均成本

5. 下列能由帕累托效率引出的是(　　)。

A. 交换的效率

B. 生产的效率

C. 产品组合的效率

D. 所有人平等地分享收入

E. 所有人并不能平等地分享收入

三、名词解释

1. 经济福利

2. 基尼系数

3. 帕累托最优

4. 实证经济学

5. 规范经济学

6. 帕累托改进

四、简答题

1. 简述局部均衡和一般均衡分析的区别与联系。

2. 简述洛伦兹曲线和基尼系数。

3. 简述平等与效率以及如何处理好两者的关系。

4. 论述帕累托最优和帕累托最优的实现条件。

第十二章　微观经济的相关政策

福利经济学提出的关于市场机制能够实现资源有效配置的原理，是以一系列假设为条件的，其中包括：(1)信息完全和信息对称；(2)存在完全竞争的市场；(3)生产和消费不受外部经济的影响；(4)交易费用可以忽略不计；(5)所有经济人是完全理性的。显然，上述前提条件在现实中难以具备，因此会出现“市场失灵”(market failure)。在市场失灵的情况下，就不可能达到资源的最优配置，这时就需要通过政府的干预来解决。在现代社会中，政府是社会公共利益的代表，可以通过制定和贯彻相应的政策来克服“市场失灵”所造成的困难和曲折。

第一节　信息不对称的市场

理论分析表明，只有完全竞争市场才能实现资源的最优配置，而实现资源最优配置的前提则是信息充分。事实上，信息充分是难以做到的，而信息不完全、信息不对称的现象则是普遍存在的。那么，造成信息不充分的原因是什么？信息不对称会对经济活动产生什么影响？这是下面要分析的主要问题。

一、信息不对称的市场

信息在市场经济中发挥着至关重要的作用，信息的完全与否直接影响不同交易方的策略选择。根据信息的掌握程度，我们可以将其分为信息完全和信息不完全。

信息完全是指在市场中每个经济主体都能够获得他们所需要的全部信息。这包含两层含义：一是指市场经济中各经济主体拥有与自身决策相关的所有信息。如某一位消费者想要购买一台平板电脑，信息完全就是指这一消费者能够拥有市场上所有平板电脑生产者和零售者的产品价格、产品性能、产品质量和产品耐用性等信息，从而其可以从众多产品中挑选一个能够使自身效用最大化的产品。二是指在市场经济的交易之中，不同交易方所拥有的信息是对称的，对称是指不同交易方之间拥有的信息量大小是相同的。如 A 知道信息 X，B 知道信息 Y，信息对称就是指 A 知道 B 知道信息 Y，B 知道 A 知道信息 X，而且 A 知道“B 知道 A 知道信息 X”，B 知道“A 知道 B 知道信息 Y”，如此进行循环。

那么，信息不完全就是与信息完全相对立的一面。信息不完全(incomplete information)是指在市场中每个经济主体都不能获得所需要的全部信息。信息不完全，或者是因为人们取得信息的能力有限，或者是因为获取信息的成本太高(与掌握此信息能够带来的收益相比较)，使人们不得不放弃一些获取信息的努力。具体来看，信息不完全是由以下具体几点所造成的：

一是专业化程度的提高加深了信息不完全。在简单经济中，由于人们之间的经济活动较为简单，不同劳动者之间的分工也相对简单，然而，在经济活动日益复杂的趋势中，劳动者的分工也日趋复杂，不同劳动者越来越局限于十分精细的分给自己的工作，因此，这在某种程度上阻碍了不同劳动之间的信息交流和互换。尤其是在经济全球化的浪潮之中，分工已经不再局限于一国内部的分工，而是形成了世界范围内的分工，世界范围内的劳动者之间的信息交流更加困难。

二是未来经济环境的不确定性深化了信息不完全。未来经济状态的不确定可以分为事件状态和市场的不确定两类。事件状态的不确定是指当前所制定的经济决策对未来经济所带来的不确定性结果。比如，人们决定是否购买股票很大程度上取决于这一股票未来的收益，而这种收益水平往往又涉及未来股票的价格和需求。市场的不确定性是指在市场中有一些人操纵了市场，市场信息并未完全透明，一些掌握内幕信息的人能够提前知道决策的方向，从而能够制定相应的策略。而还有一些人由于信息的缺乏往往后知后觉，从而不能够获得与信息量较大者同样多的经济利益。

三是信息搜寻成本过高引致信息不完全。虽然随着科学技术的进步，人们的搜寻行为通过网络或者电话等技术手段的应用已经变得简单，然而，当前经济条件下商品的纷繁和复杂也同样给人们带来了大量时间上的搜寻成本。比如，人们想要在淘宝网上买一件衣服，输入关键字后往往会出现大量的服装，消费者想要买一件合适的衣服最优化自己的效用，就需要了解所有店家中衣服的信息和价格，而花费几天几夜的时间可能都不会完全掌握所有的信息，由此可见，获取这种信息所花费的时间成本太高。因此，人们往往不愿意为了一件便宜的衣服去花费如此高昂的成本。而且，根据相关研究，搜寻的次数、成本是和下一次搜寻所带来的收益相联系的，只有当人们预期这一搜寻行为所带来的预期收益大于成本时，人们才会作进一步的搜寻行为，当搜寻的边际成本等于信息的边际收益时，信息搜寻处于最优状态。

四是交易方的投机趋利心理引致信息不完全。在经济人的假设条件下，人们都是考虑自身利益的最大化，因此，在经济活动中，交易各方往往出于自身利益最大化的角度去选择公开某些信息和隐藏某些信息。如在二手车的交易过程中，卖方往往希望隐藏一些不利于车价上涨的信息，而买方往往隐藏自己特别想买的理由，双方都是出于自身利益最大化角度的考虑，这势必会引致信息的不完全。

在信息不完全的市场中，价格不能灵敏地反映供求状况，价格机制难以充分发挥其协调供求和优化资源配置的功能。

信息不对称是信息不完全的一种表现。信息不对称（asymmetric information）是指在紧密联系的经济主体之间所产生的信息不平衡、不对等的状态。也就是说，有些人因某些特殊原因而拥有的信息，可以比另一些人更多、更充分，因而能在竞争中取得更大的优势。在劳动分工不充分和专业化程度较低的经济阶段，经济主体之间的信息差别不大，导致的利益差距也相当有限。随着劳动分工的发展和专业化程度的提高，各经济主体之间的信息差别会越来越大，信息分布也越来越不均衡，由此导致的生产能力和经济利益的差别也越来越大。因此，人们对信息不对称及其市场的研究也就越来越多。

事实上，市场上所有的经济主体都不可能取得完全信息，因此在紧密联系的两个主体之间，其中一个比另一个拥有更多信息是普遍的经济现象。大多数经济学教材都根据信息不对称发生的时间不同，将其分为事前不对称和事后不对称两种。发生在事前的信息不对称，会造成经济当事人的“逆向选择”；发生在事后的信息不对称，容易引发“道德风险”和产生“委托—代理”问题。一般来讲，“逆向选择”主要通过政府干预和市场信号传递来解决，“道德风险”和“委托—代理”问题主要通过制度变革和机制完善来解决。

二、逆向选择

逆向选择(adverse selection)是指交易的一方由于能够拥有比另一方更多的商品信息，因而可以获得更多利益，所以希望与对方签订合同，进行交易的选择行为，长此以往会造成优良产品被劣等产品驱逐出市场的现象，这也是信息不对称所造成市场资源配置扭曲的现象。这里我们以旧房交易为例，来说明这一问题。一般来讲，旧房的所有者对自己房屋的质量和缺陷比较了解，而购买者只能了解房屋的外形和表面状况。因此，在实际交易时，购买者常常会因这种信息的不对称而吃亏。购买者为了避免这类损失，就会把购买价格压得很低，结果使质量较好的二手房难以进入市场和实现交易，即质量较好的二手房被从二手房交易市场上驱逐出去，一些质量较差的二手房继续留在市场上进行交易。这类由于信息不对称而造成的逆向选择，不仅可以出现在卖方，也可以出现在买方。例如，身体不好、经常生病、医药费开支大的人更愿意购买医疗保险；居住环境差、失窃率高、财产不安全的居民更愿意购买财产保险；从事危险性大、安全系数低的在职人员更愿意购买人身意外保险；等等。这样就会造成保险公司承担的风险显著提高，甚至可能出现无力赔付的状况。因此，保险公司为了避免此类风险，不得不提高投保者的保费，其结果是保险市场的进一步萎缩。

由于逆向选择的存在，影响和破坏市场交易的正常进行，使市场价格不能正确地反映供求关系，价格机制不能充分发挥其在资源配置中的积极作用，最终导致社会资源的浪费和低效利用。

小链接

二手市场与信息不对称

二手房市场尽管也存在一定的信息不对称，但买者对房子的结构、房型、房龄、面积、周边的配套设施等影响住房需求的重要因素基本可以掌握，再加上政府的合理引导和规范，上海二手房市场有了较快的发展，为上海房地产市场的繁荣做出了一定的贡献。其实，对于中国而言，二手商品市场的建立对于扩大内需、促进经济发展是十分有效的措施。遗憾的是，其他二手商品市场只在很小的范围内存在，其规模、作用十分有限，造成这一问题的原因是因为在其他商品市场上信息严重不对称产生的逆向选择问题。

我们假定，在整个二手家具市场上，质量优良和质量低劣的沙发各占50%，其中质量优良的沙发价值为5 000元，而质量低劣的沙发的真实价值仅有2 000元。对于购买者来说，由于信息不对称现象的存在，其无法辨别沙发的优劣，那么就各有50%的可能性买到质量优良或者低劣的沙发，若该买主属于风险中性者，那么其所愿意支付的价格应为3 500元。这就导致质量优良的沙发拥有者不愿意出售其真实价值为5 000元的沙发，因此，其宁愿将质量优良的沙发退出交易市场。如此循环下去，在质量低劣的沙发中还可以再分为两类，那么质量较好的也同样会被排挤出市场。长此以往，最终二手商品交易市场上仅剩下质量最为低劣的产品，二手商品交易市场也随之萎靡，甚至消失。

逆向选择源自市场信息的事前不对称，因此，解决逆向选择问题实际上也就是要解决市场信息的事前不对称问题，或者说，是要使得市场信息由不对称趋向于基本对称。这里，市场信息及其显示、甄别被认为是有效的手段。如某厂商为了使消费者相信其商品质量而给消费者

"三包"、无条件退货的承诺，商场为了让消费者相信其不卖假货做出"假一罚十"的承诺，权威机构提供的证书，劳动者的受教育程度及学历证明等都是有效的市场信号，能在一定程度上避免逆向选择的产生。

三、道德风险与委托—代理问题

道德风险(moral hazard)又称为败德行为，是指交易双方在签订交易契约之后，占据信息优势的一方在使自身利益最大化的同时损害了另一方的利益，却并不承担由此造成的后果的行为。也可定义为，人们享有自己行为的收益，而将成本转嫁给别人，从而造成他人损失的可能性。道德风险的产生在于交易契约给交易双方建立起了一种关系，在这种关系中处于信息劣势的一方无法观察到信息优势一方的行为，最多只观察到产生的不利后果，而且又无法确定这种不利后果是否与信息优势一方有关，因此，只能成为这种败德行为的受害者。

"道德风险"这个概念源自于保险市场。道德风险的存在，不仅会使处于信息劣势一方遭受损失，而且会带来其他一些不利影响，如使市场上的道德规则遭到践踏、破坏原有的市场均衡、导致社会资源配置的低效率等。仍以汽车防盗保险为例。在汽车没有保险之前，车主会采取一些预防措施尽力来确保汽车的安全，而一旦保险公司对他的汽车进行全额保险，他就不会像以前那样积极防止自己的汽车被盗。于是，汽车被盗案会增多，由于信息不对称又使保险公司无法确认车主是否应承担责任，导致保险公司支付比原来多得多的赔偿费用。保险市场中存在的道德风险与保险公司提供的全额保险有关，保险公司如果改变让自身承担全部风险的做法，让投保人也来承担部分风险，其结果将会好些，这就是风险分担(risk sharing)。实施的做法是向投保人提供非全额保险，投保人造成的损失只按照一定比例赔偿，并要小于不发生损失时的财产额，这样就能使车主约束自己的行动，减少道德风险的发生。

委托—代理问题(principal-agent problem)是指由于信息不对称，处于信息劣势的委托人难以观察、知道代理人的全部和真实行为，代理人为了追求自己的利益而实施违背委托人利益的行为，实际上是一种道德风险的表现。产生委托—代理问题的条件有三个：(1)委托人与代理人追求的目标不一致，这些不一致性可能导致代理人用个人目标代替委托人的目标，做出对自己有利但有损于委托人的事情来。(2)委托人与代理人之间的信息不对称。这样，代理人利用这种信息优势来追求个人目标的实现。(3)代理人的业绩不仅取决于其活动和努力程度，还取决于其他的不可预测、不可抗拒的因素，因此，委托人很难根据结果去认定代理人的责任。

由于委托人不可能监督代理人的一切行为，经济中许多不确定因素是客观存在的，因此，委托人应该想办法使代理人的目标与自己的目标趋向一致或偏差不致太大。这样，代理人才会把委托人的目标当作自己的目标去努力，不会做出违背或太违背委托人利益的事情来。从委托人与代理人目标趋于一致的角度去解决委托—代理问题，就涉及有效的激励机制的设计和形成。委托—代理问题是现代企业普遍面临的问题，这里不详细展开。

由信息不对称而产生的逆向选择和道德风险，在经济生活中经常出现并阻碍市场对资源的配置。信息不完全使市场失灵，降低市场经济的运行效率。为了克服信息不完全造成的种种问题，政府要制定和执行一系列法规，以惩罚那些信用缺失的欺诈行为。例如，有关保护消费者权利的法规、有关广告的法规、有关上市公司信息发布的法规、有关保险的法规、有关劳动合同的法规等，都对解决信息不对称问题、维护市场经济秩序，有着不可或缺的重要作用。

小链接

银行信贷与信息不对称

无论是发展中国家还是发达国家,经济中的信息不对称问题都是客观存在的。在我国,银行与中小企业之间的信息不对称问题尤其突出。由于信息扭曲失真,银行要想准确掌握中小企业的经营能力、市场风险、信用状况,需要付出较高的信息搜寻成本,这就会提高中小企业的融资成本;而中小企业在高融资成本的压力下,可能会采取逃避债务的行为,这又将加大银行的贷款风险。出于风险和收益的考虑,银行往往会对中小企业的贷款实行信贷配给的政策,一部分中小企业的贷款需求将得不到满足。借款人与放款人之间的非对称信息造成逆向选择和道德风险问题,使贷款价格或利率无法发挥市场调节功能,这样银行往往会采取信贷配给政策。非对称信息问题在一个信贷市场越严重,配给行为发生的可能性就越大。当银行不能准确判断借款人的投资风险时,提高利率将可能使低风险的借款人退出市场(逆向选择行为),或者使借款人选择更高风险的项目(道德风险行为),从而使银行放款的平均风险上升。而那些愿意支付较高利息借款人,正是那些预期还款可能性低的借款人。结果,利率的提高可能降低而不是增加银行的预期收益,银行宁愿选择在相对低的利率水平上拒绝一部分贷款要求,而不愿意在高利率水平上满足所有借款人的申请。这样,一部分潜在的借款人将得不到贷款,信贷配给就出现了。

第二节 垄断和反垄断政策

垄断是市场经济发展的必然产物,反垄断政策是政府干涉经济,保证市场经济健康发展,维护非垄断经济利益的重要途径和方法。因此,垄断和反垄断的斗争,将贯穿市场经济发展的全过程。

一、垄断和效率损失

在竞争性行业,垄断通常会降低效率。原因如下:

首先,与竞争性厂商相比,垄断厂商的产量低而且价格高,垄断厂商通过限制产量抬高价格的方式榨取高额利润,消费者因此受到了损失。

其次,在竞争市场上,垄断厂商可以依仗其垄断地位保持高额利润,从而使改进技术和加强管理的动力大大下降。

再次,有些企业垄断权力的取得,往往靠政府部门赋予的特权,因此一些厂商为维持自己的垄断地位,常常采取寻租行为,不仅破坏了公平竞争,干扰了市场秩序,还使许多经济资源浪费在非生产性活动上。

二、自然垄断

有些行业具有这样的特点:企业的规模经济需要一个很大的产量和巨大的资本才能实现,以至于整个行业的产量只由一家或几家企业来生产。而且只要发挥这一企业的生产能力,就可以满足整个市场对该种产品的需求。在这类产品的生产中,行业内总会有某个或少数几家厂商凭借雄厚的经济实力和其他优势，最先达到这一生产规模，从而垄断了整个行业的生产和销售，如铁路、航空、邮电、煤气、供电等部门。设想一下，如果在同一城市或同一地区有两家水厂供水，相邻小区居民因为由不同水厂供水安装两套管道，不仅厂商的生产成本过高，而且水的价格也难以下降，对生产者和消费者都不利。因此，这种由于技术条件和需求条件共同作用而形成的垄断就是自然垄断。

三、政府的反垄断政策

显然，自然垄断有其存在的合理性，政府并不能禁止自然垄断，但可以对这种状况进行干预和管制。一些国家曾采用国有化的办法对该类行业加以控制。但事实证明，国有化企业往往效率较低，因而仍然让私人经营，同时加强管理尤其是定价管理，前面讨论过的边际成本定价和平均成本定价，是对自然垄断的管制方法。而对于其他垄断，政府往往会反对或加以禁止。

政府对垄断更强烈的反应是制定反垄断法或反托拉斯法。西方很多国家都不同程度地制定了反托拉斯法，其中最为突出的是美国，这里做简要的介绍。

19 世纪末和 20 世纪初，美国企业界出现了第一次大兼并，结果形成了一大批经济实力雄厚的大企业。这些大企业被叫作“垄断”厂商或托拉斯。这里的“垄断”不只局限于指一个企业控制一个行业的全部供给的“纯粹”情况，而且也包括几个大企业控制一个行业的大部分供给的情况。按照这一定义，美国的汽车工业、钢铁工业、化学工业等都属于垄断市场。垄断的形成和发展，深刻地影响社会各个阶级和阶层的利益。

1890～1950 年，美国国会通过一系列法案以反对垄断。其中包括谢尔曼法(1890)、克莱顿法(1914)、联邦贸易委员会法(1914)、罗宾逊—帕特曼法(1936)、惠特—李法(1938)和塞勒—凯弗维尔法(1950)，统称反托拉斯法。在其他西方国家中也先后出现了类似的法律规定。

美国的这些反托拉斯法规定，限制贸易的协议或共谋、垄断或企图垄断市场、兼并或排他性规定、价格歧视、不正当的竞争或欺诈行为等，都是非法的。

美国反托拉斯法的执行机构是联邦贸易委员会和司法部反托拉斯局。前者主要反对不正当的贸易行为，后者主要反对垄断活动。对违法者可以由法院提出警告、罚款、改组其公司直至判刑。

自 2008 年 8 月 1 日起，有“经济宪法”之称的《反垄断法》将正式实施。尽管就目前我国的法律体制、市场状况和执法机制而言，《反垄断法》尚不能完全发挥“经济宪法”的作用，但该法作为市场竞争法律制度的核心，无疑会对我国培育公平、有序的市场竞争环境发挥着重要作用，有助于促进企业的创新和经济效益的提高。

《反垄断法》的目标在于预防和制约垄断行为，维护市场竞争秩序，其本身并不反对企业做大、做强。一是《反垄断法》不反对更不禁止企业合法取得市场支配地位，只是禁止具有市场支配地位的企业滥用市场支配地位，排除、限制竞争，阻碍技术进步，损害消费者和其他经营者的合法权益的行为。二是关于对经营者的控制和审查，《反垄断法》强调既要防止经营者过度集中，形成垄断；又要有利于国内企业通过依法兼并做大、做强，发展规模经济，提高产业集中度。三是《反垄断法》在禁止垄断协议的同时，对中小经营者为提高经营效率、增强竞争力所达成的协议不予禁止。四是《反垄断法》通过禁止滥用行政权力排除、限制竞争，有利于建立和完善全国统一、开放、竞争、有序的大市场，有利于企业对全国乃至全球资源进行优化整合，从而有利于我国企业做大、做强。

小链接

反垄断案例解析

阿斯利康公司是一家全球知名的专利药生产企业，由前瑞典阿斯特拉公司和前英国捷利康公司合并而成，总部设在英国伦敦。阿斯利康公司在消化、心血管、肿瘤、中枢神经、麻醉、呼吸和抗感染等诸多治疗领域拥有居于世界领先地位的处方药产品。

阿斯利康公司最初于1979年在欧洲获得了质子泵抑制剂类消化性溃疡治疗药物PPIs(proton pump inhibitors)奥美拉唑通用学名的专利保护，并以洛赛克为商品名进行了该药物的发售。由于洛赛克的治疗效果比传统的H2受体拮抗剂类消化性溃疡治疗药物H2 blockers要好得多，因此，洛赛克很快就成为了治疗消化性溃疡乃至世界上最畅销的处方药—— 该产品曾在1998年实现了50亿美元的销售额，是世界上首个达到如此高业绩的处方药。

按照欧洲专利保护时限，阿斯利康公司应当在1999年丧失洛赛克的专利保护，仿制药企业的进入会极大降低此种药物的价格。但是，与制药领域正常商业进程相反的是，仿制药企业并未在1999年之后进入这一市场，洛赛克的价格也没有明显下降，这一不正常的高价引起了欧盟委员会的关注。

在两家仿制药企业投诉阿斯利康公司涉嫌滥用市场支配地位，排除、限制仿制药进入市场之后，欧盟委员会对阿斯利康公司进行了反垄断调查，经过长达近4年的调查，欧盟委员会认为阿斯利康公司在质子泵抑制剂类消化性溃疡治疗药物市场上从事了滥用其市场支配地位的行为，并于2003年7月正式向阿斯利康公司发出反垄断异议声明。

欧盟委员会在2005年6月正式宣布对阿斯利康公司违反欧盟和欧洲经济区竞争规则、滥用市场支配地位的行为处以6 000万欧元的罚款。欧盟委员会认为，阿斯利康公司严重滥用了其在质子泵抑制剂类消化性溃疡治疗药物市场上的支配地位。通过恶意利用专利制度和药品销售程序，阻止或延缓了仿制竞争对手公平合法进入市场，排除、限制了竞争，使得其能够以不公平高价销售洛赛克。

欧盟委员会同时明确表示，绝不禁止阿斯利康公司在质子泵抑制剂类消化性溃疡治疗药物市场上的支配地位，但坚决反对其滥用这一地位。

[资料来源]冯锋、高年、苏志英、徐新宇："反垄断经典案例解析——阿斯利康滥用市场支配地位案"，《中国价格监督检查》，2013年第5期。

第三节　外部影响

为使国民经济持续稳定发展，既要保持良好的市场环境，又要保持良好的生态环境。经济主体的微观活动不仅会对自身的利益产生影响，而且会对其外部环境产生影响。因此，政府必须对经济主体可能带来的外部不利影响加以干涉和制止。

一、外部影响及其分类

微观经济理论，特别是其中的"看不见的手"的原理主要依赖于一个隐含的假定：单个消费者或生产者的行为对其他人的福利没有影响，即不存在所谓“外部影响”(externality)。也就是说，经济单位的私人成本和私人利益应该等于其所造成的社会成本和社会利益。但是在实际经济中，这个假定往往不成立。在很多时候，某个人(生产者或消费者)的经济活动会给社会上其他成员带来好处，但他自己却不能由此得到补偿。此时，这个人从其活动中得到的私人利益就小于该活动所带来的社会利益。这种性质的外部影响即所谓的“外部经济”(positive externalities)。根据经济活动的主体是生产者还是消费者，外部经济可以分类为“生产的外部经济”和“消费的外部经济”。另一方面，在很多时候，某个人(生产者或消费者)的经济活动会给社会上其他成员带来危害，但他却并不支付抵偿这种危害的成本。此时，其活动所付出的私人成本就小于该活动的社会成本。这种性质的外部影响即所谓的“外部不经济”(negative externalities)。外部不经济也可以视经济主体的不同，分为“生产的外部不经济”和“消费的外部不经济”。

(一)生产的外部经济

当生产者的经济行动对他人产生有利影响，而自己却不能从中得到报酬时，便产生了生产的外部经济。例如，养蜂人的行为客观上使果农的产量增加。又如，一个企业对其工人进行培训，而这些工人可能转到其他单位去工作。该企业并不能从其他单位索回培训费用或得到其他形式的补偿。因此，该企业从培训工人中得到的私人利益就小于该活动的社会利益。

(二)消费的外部经济

当消费者的行动对他人产生有利影响，而自己却不能从中得到补偿时，便产生了消费的外部经济。例如，当某个人对自己的房屋和草坪进行保养时，隔壁邻居也从中得到了不用支付报酬的好处；某个人出门时精心打扮而使他人得到了愉悦的感觉。此外，一个人对自己孩子进行良好的教育，这显然也会使其邻居、所处社区甚至社会都得到好处。

(三)生产的外部不经济

当生产者的行动使他人付出了代价而又未给予补偿时，便产生了生产的外部不经济。例如，一个企业因为排放污水而污染了河流，或者因为排放烟尘而污染了空气，这种行为使附近的人们和整个社会都遭到了损失。又如，建造的高层住房侵害了他人的采光权等。因此，对于各种外部不经济的行为，必须通过有效的途径和方法加以限制和克服。

小链接

全球变化背景下生态技术与制度协同发展

全球气候变暖已经成为一个不争的事实。根据政府间气候变化专门委员会第四次评估报告第一工作组报告《气候变化 2007：自然基础》，自工业革命以来，全球大气二氧化碳、甲烷和氯化亚氮的浓度不仅明显增加，且远远超出了根据冰芯记录得到的 65 万年以来浓度的自然变化范围。其中，全球大气二氧化碳浓度已从工业化前的约 280ppm 增加到了 2005 年的 379ppm，远超记录的自然变化范围(180～330ppm)。

1988 年，联合国环境规划署及世界气象组织建立了政府间气候变化委员会，截至 2004 年，该委员会公布了 4 次气候评估报告。1990 年，联合国大会发起了就《气候变化框架公约》(简称《公约》)的谈判，两年之后在里约热内卢召开的“地球峰会”上，该公约开始接受签字。直至 1997 年的《京东协议书》首次设定了具有法定约束力的各国温室气体排放量，极大地巩固了《公约》，协议书于 2005 年 2 月正式生效，建立了国际排放贸易、联合履行和清洁发展三个灵活的机制。2009 年 12 月，在丹麦的哥本哈根举行了联合国第十五届气候变化会议，该会议旨在制定一份接替《京都协议书》，使全球节能减排、应对气候变化达成共识的协议。但由于与会各国利益不一致，导致该次会议“无果而终”。此后2010年在墨西哥举行的第十六次联合国气候大会，仅约20多个国家元首出席，此次会议未能完成“巴厘路线图”的谈判，会议成效一般。尽管一些基于多边与双边国际合作的相关机制，在某些方面可以作为公约和议定书框架下机制的补充，如亚太合作伙伴关系(APP)在部门层面分行业成立了8个合作任务小组，通过成员国之间的项目合作来推动生态经济的发展，世界银行建立了清洁技术基金(CTF)和气候战略基金(SCF)机制等，为发展生态经济的资金机制提供了有益的指导，但这些机制一般都存在“口惠而实不至”的现象，如作为专门致力于低碳技术转让的资金机制，全球环境基金(GEF)的资金规模远远不能满足低碳技术扩散与转移的需求。联合国气候变化框架公约秘书处预测，到2030年发展中国家发展低碳经济每年约需要1 000亿美元的资金规模，而当前GEF的可用资金总规模却仅仅为43亿美元，即使加上其他资金机制的支持，也远远不够。

[资料来源]马艳、王宝珠：“全球变化背景下生态技术与制度协同发展”，《学术月刊》，2014年第7期。

(四)消费的外部不经济

当消费者的行动使他人付出了代价而又未给予补偿时，便产生了消费的外部不经济。吸烟便是明显的例子，吸烟者危害了他人的身体健康，但未支付任何代价。又如，深夜在家里大声唱歌或奏乐影响周围邻居休息等。因此，制止各种消费的外部不经济行为，需要加强思想教育和提高人的文明程度。

二、社会成本与私人成本

为了进一步分析外部经济和外部不经济，再引入两个概念：社会成本(social cost)和私人成本(private cost)。

在现实生活中，社会成本和私人成本通常是不一致的。例如，炼钢厂未进行处理，将废气直接排放，节约了企业成本，但加剧了社会的污染程度。在这种情况下，社会成本大于私人成本。

社会成本是指社会为某项活动付出的代价，它通常包括私人成本与社会其他个体为此所支付的费用。私人成本是指个体进行某项活动所支付的成本，这里的个体可以是个人、企事业单位与社会团体等。如果社会成本得不到完全补偿，那么，个体受益的同时会使社会福利状况变差。

同社会成本与私人成本相对应的是社会收益与私人收益。在外部经济的时候，社会收益大于个人收益；而在外部不经济的时候，社会成本大于个人成本。

在外部影响下往往会使资源配置失当，原因非常简单。以外部经济为例，假定某人采取某项行动的私人收益为R_P，该行动所产生社会收益为R_S，由于存在外部经济，故私人收益小于社会收益：$R_P<R_S$，这人的私人成本C_P大于私人收益而小于社会收益，即有$R_P<C_P<R_S$，则他显然不会采取这项行动，尽管从社会角度看该行动是有利的。在这种情况下，帕累托最优没有实现，还存在改进的余地。如果这人采取这项行动，则他受损的部分为(C_P-R_P)，其他人由此而得到的好处为(R_S-R_P)。由于$(R_S-R_P)>(C_P-R_P)$，故可以从其他人得到的好处中拿出一部分来补偿行动者的损失，从而使某些人的状况变好，而没有任何人的状况变坏。一般而言，在外部经济的情况下，私人活动的水平要低于社会的最优水平。

同样，在外部不经济的情况下，由于私人成本小于社会成本，私人活动的水平常常要高于社会的最优水平。为简单起见，假设 $MR=P$，图 12－1 中水平直线 $D=MR$ 是某竞争厂商的需求曲线和边际收益曲线，MC 则为其边际成本曲线。由于存在生产的外部不经济（如生产造成的污染），故社会的边际成本高于私人的边际成本，从而社会边际成本曲线位于私人边际成本曲线的上方，它由虚线 $MC+ME$ 表示。虚线 $MC+ME$ 与私人边际成本曲线 MC 的垂直距离，亦即由于厂商增加一单位生产所引起的社会其他人增加的成本。竞争厂商为追求利润最大化，其产量定在价格亦其边际收益等于其边际成本处，即为 X^*；但使社会利益达到最大的产量应当使社会的边际收益等于社会的边际成本，即应当为 X^{**}。因此，生产的外部不经济使私人活动的水平超过社会的最优水平。

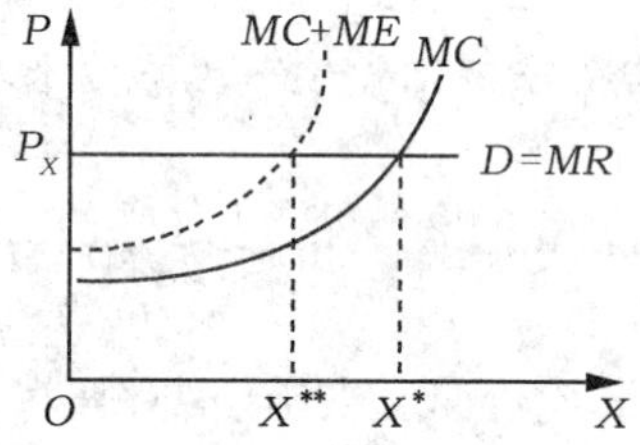

图 12－1　生产的外部不经济

三、政府对待外部经济和不经济的政策措施

在外部经济的情况下，私人活动的水平常常要低于社会的最优水平。例如，有些企业的投资虽能促进当地经济的发展，但由于投资环境不好，配套设施跟不上，企业可能亏损，因此不愿投资；农业对国民经济的发展有着重要的影响，但农民可能因收入过低而不愿从事农业生产等。由于这些经济活动存在外部经济，政府需要对其进行支持和鼓励，可以给予生产补贴或政策优惠。

如何纠正外部影响所造成的资源配置不当？西方经济学家提出以下政策建议：

第一，使用税收和津贴的方法。对造成外部不经济的企业，国家应该征税，其数额等于该企业给社会其他成员造成的损失，从而使该企业的私人成本恰好等于社会成本。例如，在生产污染情况下，政府向污染者征税，其税额等于治理污染所需要的费用；反之，对造成外部经济的企业，国家可以采取津贴的办法，使得企业的私人利益与社会利益相等。

第二，使用企业合并的方法。例如，一家企业的生产影响另外一家企业，如果影响是正的（外部经济），则第一家企业的生产就会低于社会最优水平；反之，如果影响是负的（外部不经济），则第一家企业的生产就会超过社会最优水平。但是，如果把这两家企业合并为一家企业，则此时的外部影响就被"内部化"了。合并后的企业为了自己的利益，将使生产确定在其边际成本等于边际收益的水平上。由于此时不存在外部影响，故合并企业的成本与收益就等于社会的成本与收益，于是资源配置达到帕累托最优状态。

第三，使用规定财产权的办法。在许多情况下，外部影响之所以导致资源配置失当，是由于财产权不明确。如果财产权是完全确定的并得到充分保障，则有些外部影响就不会发生。

例如,某条河流的上游污染者使下游用水者受到损害。如果给予下游用水者以使用一定质量水源的财产权,则上游的污染者则应该受罚。在这种情况下,上游污染者便会同下游用水者协商,将这种权利从他们那里买过来。同时,遭到损害的下游用水者也会使用他出售污染权而得到的收入来治理河水。总之,由于污染者为其不经济的外部影响支付了代价,故其私人成本与社会成本之间可以实现均衡。

上述对付外部影响的最后一种办法,涉及产权的确定和交易。所谓产权,是指通过法律程序确定的、个体占有或使用某种财富或资源的权利。美国芝加哥大学教授科斯认为,如果当事者谈判的费用即交易成本为零或较小,就可以通过确定产权,由当事人就外部不经济问题进行协商,以消除外部不经济的状况,达到资源的有效配置,而且这与产权的初始界定无关。科斯的这一观点被称为科斯定理(Coase theorem)。

科斯在1960年发表的《社会成本问题》中提出了一个著名的论点,即无论哪一方拥有产权,都能带来资源的有效配置。科斯举了这样一个例子:一个牧场主和一个农场主是邻居,牧场主的牛经常闯入农场主的田地并践踏庄稼,如果这片土地的产权没有界定(如公共地产),那么损害庄稼就是一种外部成本。现在,假定农场主拥有这片地的产权,那么牧场主必须为牛的过失而向农场主赔偿,否则农场主可与他对簿公堂。现在,践踏庄稼成了牧场主的内部成本,他会好好管教他的牛,减少牛损害庄稼的事件发生。但要注意,最优的结果并非是杜绝这类事件的发生,而是使牧场主管教牛的边际成本正好等于需付给农场主的赔偿费(损害庄稼的经济损失)。

科斯还认为,即使牧场主拥有这片土地的产权,拥有让他的牛践踏庄稼的权利,一个资源最佳配置的结局也同样能产生。因为,在这种产权界定下,农场主将愿意通过支付一定的费用,让牧场主不要放牛出来毁坏自己的庄稼,因为牛少毁坏一点庄稼,农场主的利润就能多一点,最后"均衡"的实现,使损害庄稼的程度将与农场主拥有土地产权的情形一模一样。

产权界定在不同人身上只是带来收入分配上的不同,当农场主拥有产权时,牧场主需支付补偿金;而当牧场主拥有产权时,农场主需支付补偿费用。在两种情况下,牛践踏庄稼的事件都下降到最低水平(不一定是零),但是不同的人承担了成本或享受了收益。

再来看化工厂排放污染的例子。假定厂商有排放废气的权利,而居民对"清洁空气"没有产权,厂商就不会把治理废气的费用打入生产成本,把废气产生的代价外部化,造成外部不经济问题。假如居民对"清洁空气"有产权,就可以要求厂商向他们付钱以获得排放废气的权利。厂商或者停止生产,或者支付与废气相关的费用,外部成本就会内部化,资源的有效配置就会实现。所以,只要明确界定污染的权利,不管是给予化工厂污染的权利,还是给予居民不受污染的权利,都可以通过化工厂与居民之间的自由交易,使污染量减少到符合帕累托最优条件的限度,也就是使污染减少到符合社会最优的标准。

第四节　公共产品与公共资源

合理配置公共资源、有效扩大公共产品,是增加社会福利和提高政府服务功能的重要途径,因此,要通过各种有效途径,加强政府对公共产品的管理和对公共资源的利用。

一、公共产品

公共产品(public goods)是与私人产品(private goods)相对应的概念。顾名思义,私人产品是供个人单独消费和享用的物品，能够通过市场交易达到资源优化配置；公共产品则是供集体共同消费和享用的物品，不能依靠市场交易实现资源的有效配置。

公共产品区别于私人物品的基本特征是非竞争性和非排他性。

竞争性是指消费者或消费数量的增加会带来生产成本的增加，即产品的边际成本为正。例如，你多吃一块糖，生产者就要多花费这一块糖的成本去生产它。而大多数公共产品没有竞争性，即在给定的公共产品供给水平下，消费者数量的增加不会引起产品成本的增加，即边际成本为零。例如，增加一些人收听广播，不会增加电台的工作成本。可见，公共产品不具有竞争性。

排他性是指某个消费者取得一种商品的消费权后，其他消费者就无权获得该商品的利益。某人买了一块糖后，他就有了消费权，在没经过他同意的情况下，其他人不能再消费这块糖。而大部分公共产品不具有排他性，每个公民都拥有消费权，即难以排除、限制任一消费者对它的消费。例如，一个人在收听广播时，不能限制、阻止另一个人的收听。可见，公共产品不具有排他性。

由于公共产品的非竞争性和非排他性特点，使得不承担成本就消费公共产品成为可能，即所谓的“免费搭车”(free ride)现象。理性的投资人出于自身利益，不愿生产公共产品，因为一旦生产成本无法收回，投资者就要遭受巨大损失。因此，公共产品通常由政府投资和供给。

仅具备非竞争性而不具备非排他性的产品称为准公共产品(quasi-public goods)。如电影院在没有客满的条件下是非竞争的，因为增加一个观众不会影响其他观众的观看，即增加观众的边际成本为零。但是，通过售票把不付钱的人排斥在电影院外，有一定的排他性。桥梁、高速公路、教育等也是如此，都属于准公共产品。

二、公共资源

通常把只具有竞争性却不具有排他性的物品叫作公共资源(common resource)，如空气、自然森林、草原牧场、渔场等。在现实经济中，公共资源很可能被过度地使用从而造成灾难性的后果。“公地的悲剧”说明了公共资源所面临的这种困境。

假设在一个乡村里有一块公共土地，村民们在这块公地上放牧。在这块公地上放牧的最优数量是多少？实际放牧的数量又会如何？由于这块公地没有明确的所有权，如果每一个村民都能够毫无限制地使用它，则实际放牧的数量将远远超过它的最优水平。由此引起的后果是，公地由于长期的过度放牧而日益衰落，这就是所谓的“公地的悲剧”。

在公共资源利用方面常会出现这种情况的原因，是每个可以利用公共资源的人面临着“囚徒困境”：自己加大利用而他人不加大利用则自己得利，自己加大利用但其他人也加大利用则自己不至于吃亏，最终是所有人都加大利用资源直至纳什均衡水平，而这个水平高于资源最佳利用效率，导致公共资源损害。

公共资源的悲剧在我国有许多例子。如在我国受沙漠化威胁的地区，当地居民关于保护还是毁坏防风防沙林带的选择，就是一种公共资源博弈问题：每个人都在想，如果只有自己砍几棵树，别人不砍就无关紧要，自己却可得利；如果其他人都砍而只有自己不砍，则防护林也保护不了，还不如自己也砍。结论是砍总是合算的，于是防护林带被完全破坏。

公共资源往往没有明确所有者，人人都可以自由获得、免费利用，如海洋、湖泊、草场等。我们知道，只要产权是明确的，就可以有效地解决外部经济问题。如果产权界定不清，公共资源通常会受到过度利用。由于湖泊是公共资源，外部成本不会被考虑，只会导致滥捕滥捞的现象。如果能对公共资源的产权进行重新构造，使之界定明确，则可以改进资源配置的效率。如果无法界定产权，则必须通过政府干预，才能使公共资源免遭滥用。

三、公共产品的最优数量

根据前面的学习我们知道，生产数量的最优水平在生产的边际成本等于边际收益时达到。然而，公共产品具有非竞争性和非排他性这两个特性，这就带来了公共产品的特殊性。非竞争性使得其边际成本为零，那么，其边际收益也应该为零，这就意味着其应该免费提供，这就是具有非排他性了。对于这样的产品，显然私人企业是不会提供的，也无法通过市场机制来实现公共产品价格和数量的均衡。那么，应该如何确定公共产品的最优数量呢？

就需求曲线而言，公共产品与私人产品的不同之处在于公共产品的需求并不是像私人产品那样在同一价格水平下将所有消费者的需求量进行加总。因为公共产品一旦提供出来，所有消费者不管愿意与否，其消费的数量是一样的，但是不同消费者从同一公共产品消费中所获得的效用是存在差异的，所以每个消费者愿意为这一公共产品所支付的价格是相异的。因此，公共产品的需求曲线就是由所有消费者的个别需求曲线纵向相加所获得。如图 12－2 所示，在既定的公共产品数量 Q_0 上，假定消费这一公共产品的消费者仅有 A、B 和 C 三人，且他们所愿意支付的单位价格分别为 P_A、P_B 和 P_C。那么，对于这一公共产品的单位价格就应该为 $P_0=P_A+P_B+P_C$。以此类推，我们将所有不同价格水平下消费者所愿意支付的价格纵向加总，就可以获得一条向右下方倾斜的需求曲线 D。若这时该公共产品的市场供给曲线为 S，那么，这两条线的交点便是我们所要求的均衡点。

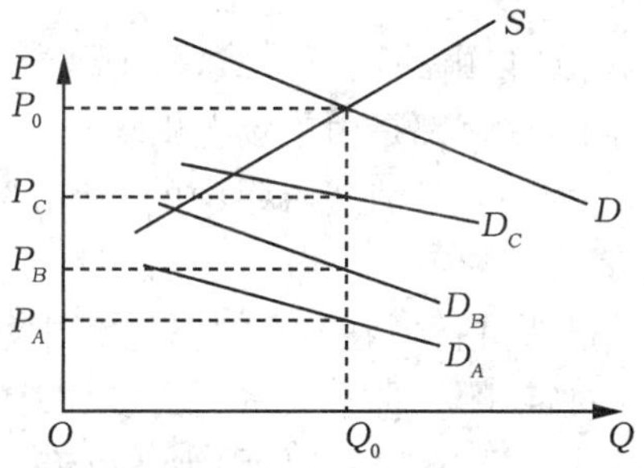

图 12－2　公共产品最优数量的决定

然而，在现实经济中，由于人们为了追求自身的利益，往往倾向于隐瞒自己所愿意支付公共产品的价格，我们这里所假设的支付意愿也仅仅是一种假设，想要获得真实的数据是十分困难的。因此，这为获得公共产品的最优数量增添了难度。

由于公共产品的非竞争性和非排他性的特点，一旦公共产品提供之后，我们一般很难阻止一部分人享受这一公共产品所带来的好处。比如，在小区里装上夜灯，一旦装上之后我们不能阻止一部分人走这条路而不享受夜灯带来的光明，这就带来了“搭便车”的问题。因此，有一部分的消费者往往会压低或者隐瞒自身真实的支付价格，尽量减少或者避免对这种公共产品的支付。因此，这就为公共产品的私人提供带来了困难，政府在公共产品上的职能体现就越发重要。

第五节 政府的公共选择

在明确政府职能的基础上，如何使政府做出正确的决策，避免政府失灵，这是公共选择所要解决的主要问题。

一、政府的经济职能

政府为弥补市场缺陷而担负的职能大致有以下三个方面：

一是提高效率方面的职能。如禁止垄断和管理自然垄断的政策和措施，关于解决外部性问题、提供公共物品、管理信息资源等方面的立法和政策，都体现了效率方面的职能。

二是维护公平方面的职能。如制定和贯彻价格、税收和转移支付等缩小贫富差距的再分配政策，就体现了这方面的职能。

三是稳定宏观经济的职能。宏观经济学中所讨论的财政政策、货币政策和产业政策等，就表现出这方面的职能。

这些职能需要政府通过健全法律、制定政策和落实措施来实现。政府立法、制定政策、采取措施，都属于决策活动。决策就是在若干方案中决定选用哪一个，这样就产生了两个问题：谁来决策和怎样决策。因为这些决策涉及众多群体乃至整个社会的利益，所以这样的决策称为公共选择，研究这方面的理论称为公共选择理论。

二、公共选择

相对于市场经济中自发、分散、自由的运行方式，政府职能具有人为、集中、统一的特点。在市场经济中，决策过程相当简单，一切都是由市场上供求双方的相互作用决定的。最终决定商品生产多少、如何生产或为谁生产的，是消费者手中的“货币选票”。在政府的公共选择中，问题就没有这么简单。

政府的公共选择一般通过投票进行。在这种决策过程中，公共政策的取舍、公共开支的多少，都由选民或选民代表投票决定，哪一种方案得到大多数人的赞同就能够实施。这种每人一票的决策方式是公平的，但不一定是有效率的。因为在决策过程中产生了两个问题：一是关于偏好显示的问题，二是关于偏好加总的问题。

从理想化的角度来说，政府通过加总个人的偏好来做决策，这种决策会影响每个人的福利。因此政府的决策机制会导致理性的社会选择，真实地反映出每个人的偏好。这种理性是指政府的决策遵循与个人偏好一致的原则。也就是说，这种选择应该是完全的、可传递的。然而，政府要做出这种选择是很困难的。

政府的公共选择由集体做出或由一些人代表集体做出，这种选择在民主制度下可有多种方式。一种方式是一致同意规则，即一种决策为当事人一致同意。这种方式当然理想，但决策成本太大，决策的成功率极低。因为只要有一个人不赞成，方案就要被否决。另二种方式是多数同意原则，即一种方案只要一半或 2/3 以上当事人同意即可通过。这种方法比较可行，通常被采用，但很可能出现投票悖论。假定甲、乙、丙三人面临 A、B、C 三种方案选择时，他们的偏好顺序是：

甲：A 优于 B，B 优于 C

乙：B 优于 C，C 优于 A

丙：C 优于 A，A 优于 B

结果是没有一个方案得到多数票，也许只能根据长官意志来决定。这一规律是美国经济学家阿罗(K.J.Arrow)发现的。他认为，在非独裁情况下，不可能有适用于所有个人偏好的社会福利函数，即满足所有个人偏好的社会选择，这称为阿罗不可能定理。

很多人认为，政治家也是追求私利的普通人，再加上委托代理所造成的政治家权力的扩大，使得他们致力于谋取个人利益，而不是通过加总个人偏好做出合乎选民利益的公共决策。这样就可能产生以下结果：

(1)在民主国家中，官僚的偏好就是全体选民的偏好；

(2)在集权国家中，统治者的偏好就是全体人民的偏好；

(3)在专制国家中，独裁者的偏好就是整个社会的偏好。

三、政府失灵

由于现实社会极其复杂，用来弥补市场经济缺陷的政府职能并不是完美无缺的。在许多情况下，政府这只“看得见的手”也失去了作用，我们称之为政府失灵。虽然有那么多市场失灵的情况需要政府的干预，但是政府对市场的调节受到很多因素的限制：

(一)有限信息

市场信息的不足是造成市场失灵的一个因素，政府往往要承担起提供信息的职能，或者代替某些市场交易者进行决策。但由于现实生活是相当复杂且难以预计的，政府也很难做到掌握充分信息，政府“犯错”的情况并不少见。

(二)有限控制

这是指政府对私人、市场的控制能力有限，政府采取某些公共政策后，对私人、市场的反应和对策往往无能为力。例如，政府采取医疗保险或公费医疗政策，却无法控制医疗费用的急速上升；一些国家为了吸引外资或鼓励投资，对外来资本或某些地区实行优惠政策，却没料到许多不应享受优惠的投资者也钻了空子。

(三)时滞限制

政府的公共政策从决策到执行都受到时滞的限制，如从问题产生到纳入政府考虑日程的这一段时间称为认识时滞(recognition lag)，从政府已认识某一问题到最后得出解决方案的这一段时间称为决策时滞(decision lag)，从政府公布某项决策并付诸实施到引起私人、市场反应的时间称为生效时滞(execution & effecting lag)。任何公共政策都难逃这些时滞，限制了政府调节能力的发挥。

(四)有限决策

即使政府拥有充分的信息，通过民主过程在不同方案之间做选择仍会产生困难。政府的决策会影响很多人，但真正做出决策的只是少数人，不管这少数人是选举产生的还是其他方式指定的，他们在决策时会自觉不自觉地倾向于自己所代表的阶层或集团的偏好和利益。一些人指出，即使通过选举产生的决策人也往往服务于特定的利益集团，而一旦既得利益集团形成后，这种格局就很难被打破。所以，民主政府的决策是否符合大多数人的利益是值得怀疑的。

由于政府失灵的客观存在，很多经济学家尽管并不否认市场失灵，仍然对政府干预经济持否定态度，因为他们认为政府失灵造成的后果比市场失灵更为糟糕。当然，各国经济实践证明，在市场失灵导致资源配置严重扭曲时，至少从短期来看，政府对经济的干预仍然是必需和值得的。

课后习题

一、单项选择题

1. 当某一经济活动存在负外部性时，其（　　）。

A. 私人成本小于社会成本　　B. 私人成本大于社会成本

C. 私人收益小于社会成本　　D. 私人收益大于社会成本

2. 为了提高资源配置效率，政府对竞争性行业厂商的垄断行为是（　　）的。

A. 提倡　　B. 不管　　C. 支持　　D. 管制

3. 根据科斯定理，如果上游工厂污染了下游居民的饮水，满足（　　）条件时，问题可以解决。

A. 交易成本为零　　B. 产权明确且交易成本为零

C. 产权明确　　D. 无论何时

4. 一个人的吸烟行为属于（　　）。

A. 消费的外部经济　　B. 生产的外部经济

C. 消费的外部不经济　　D. 生产的外部不经济

5. 假如某一工厂的生产造成污染，政府采取征税的措施，则征税额应等于（　　）。

A. 治污成本　　B. 私人边际成本

C. 社会边际成本　　D. 社会边际成本与私人边际成本之差

6. 下列不是市场有效性的条件的是（　　）

A. 完全对称信息　　B. 完全竞争　　C. 经济人完全理性　　D. 交易费用不为零

7. 某一活动存在正外部性是指该活动的（　　）。

A. 私人利益大于社会利益　　B. 私人成本大于社会成本

C. 私人利益小于社会利益　　D. 私人成本小于社会成本

8. 在一个没有调节的自由竞争的市场上，一个人可以在不使其他任何人的状况变坏的情况下使他自己的状况变好，这表明：（　　）。

A. 实现了资源的最优配置　　B. 收入分配不公

C. 存在市场失灵　　D. 以上都不对

9. 垄断市场出现资源配置的低效率是由于厂商制定的产品价格（　　）该产品的边际成本。

A. 小于　　B. 大于　　C. 等于　　D. 不确定

10. 一项公共产品是否值得生产，主要依据（　　）。

A. 政府意志　　B. 效益　　C. 公众意见　　D. 成本与效益的对比

二、多项选择题

1. 解决外部不经济可以采取的方法是（　　）。

A. 界定产权　　B. 征税　　C. 将外部性内部化　　D. 市场价格控制

2. 市场无法提供纯粹的公共产品，这是因为(　　)。

A. 公共产品不具有竞争性　　B. 消费者都想免费“搭便车”

C. 公共产品不具有排他性　　D. 公共产品具有竞争性和排他性

3. 下列存在“搭便车”问题的是(　　)。

A. 免费的草地　　B. 收学费的学校　　C. 路灯　　D. 私人经营的商店

4. 下列情况下会出现市场失灵的是(　　)。

A. 存在公共产品　　B. 存在外部性

C. 卡特尔勾结起来限制产量　　D. 市场上竞争非常激烈

5. 下列存在较明显的委托—代理关系的是(　　)。

A. 教师与学生　　B. 班长与组长　　C. 董事与经理　　D. 行人与马路清洁工

三、名词解释

1. 公共产品
2. 竞争性
3. 排他性
4. 公共资源
5. 社会成本
6. 准公共产品

四、计算题

假设有10个人住在一条街上，每个人愿意为增加一盏路灯支付2美元，而不管已提供的路灯数量。若提供 X 盏路灯的成本函数为 $C(X)=X^2$，试求最优路灯安装只数。

五、简答题

1. 什么叫市场失灵？哪些情况会导致市场失灵？

2. 垄断为什么不能实现帕累托最优？

3. 科斯定理的内容是什么？如何理解通过规定产权可以解决外部影响问题？

4. 公共产品与私人产品相比有什么特点？这种特点如何导致在公共产品生产上市场是失灵的？

参考文献

1. 高鸿业:《西方经济学》(第三版),中国人民大学出版社 2005 年版。

2. 尹伯成:《西方经济学简明教程》(第四版),上海人民出版社 2003 年版。

3. 黄亚均、郁义鸿:《微观经济学》,高等教育出版社 2000 年版。

4. 约瑟夫·斯蒂格利茨:《经济学》,中国人民大学出版社 1997 年版。

5.[美]罗伯特·平狄克、丹尼尔·鲁宾费尔德:《微观经济学》(第四版),中国人民大学出版社 2004 年版。

6.[美]哈尔·R. 范里安:《微观经济学:现代观点》(第七版),格致出版社、上海三联书店、上海人民出版社 2010 年版。

7. 孙斌艺:《微观经济学》,上海人民出版社 2014 年版。

8. 赵英军:《西方经济学(微观部分)》,机械工业出版社 2009 年版。

9. 于善波:《西方经济学案例》,中国商务出版社 2008 年版。

10. 梁小民:《微观经济学纵横谈》,生活·读书·新知三联书店 2000 年版。

11. 黎诣远:《微观经济分析》,清华大学出版社 2000 年版。

后 记

西方经济学经过近百年的发展,已形成较完整的理论体系和较丰富的思想内容。西方经济学可以分为微观经济学和宏观经济学两大部分。本书是西方经济学中的微观部分,包括均衡价格理论、价格弹性理论、消费者行为理论、生产者及成本理论、市场竞争和垄断理论、产品和要素的分配理论、微观经济政策理论等,其中对不确定性分析、市场博弈论、企业理论也作了简要的介绍。西方经济学是一门基础性的经济理论学科,对初学者来说,首先要学习和掌握其中最基本、最重要的原理和方法,为以后深入学习其他运用性经济学科打下扎实的思想理论基础。

本书由华东师范大学经济与管理学部商学院的陈承明教授和公共管理学院的曹艳春副教授组织部分师生合作编写而成。我们在原有《简明西方经济学》的基础上经过充实、提高和完善,编写完成了《微观经济学》和《宏观经济学》这两本教科书,本书是其中的微观部分。由于多年从事西方经济学的教学,熟知学生们所遇到的困难和问题,考虑到初学者和应用经济类专业学习者的需要,本书在突出理论重点的同时,也体现了系统性和通俗化,每章章末配有多种形式和联系实际的练习题,力图使西方经济学的教学变得更加轻松和有趣。

参加本书编写的人员有:陈承明(绪论、第一章、第二章),王宝珠(第三章、第四章),张靖哲(第五章、第六章),曹艳春(第七章、第八章),陈翀(第九章、第十章),刘杰(第十一章、第十二章)。在成书过程中,由曹艳春、王宝珠对书稿进行编纂和整理,最后由陈承明教授进行统一修改和定稿。

在本书的编写中,编者参考、借鉴和吸收了宋承宪、高鸿业、尹伯成、黄亚均、郁义鸿等专家、学者的有关研究成果和方法,在此表示感谢! 同时,还要感谢上海财经大学出版社的张美芳编辑,为此书的出版付出的辛勤劳动。

本书除了作为金融、贸易和工商管理等应用类经济专业的教材外,也可用于其他相关专业的教学,同时适用于广大社会读者的自学需要。由于本书的编写时间较为仓促,其中的缺点和错误在所难免,希望有关专家和读者不吝赐教。

编者

2016 年 1 月